中国工会统计年鉴

CHINESE TRADE UNIONS STATISTICS YEARBOOK

2011

中华全国总工会研究室编

Edited by Research Department of All China Federation of Trade Unions

中国统计出版社
China Statistics Press

图书在版编目(CIP)数据

中国工会统计年鉴. 2011 ：汉英对照 / 中华全国总工会研究室编. -- 北京 ：中国统计出版社，2012.11
ISBN 978-7-5037-6741-8

Ⅰ. ①中… Ⅱ. ①中… Ⅲ. ①工会工作-统计资料-中国-2011-年鉴-汉、英 Ⅳ. ①D412.6-54

中国版本图书馆 CIP 数据核字(2012)第 257554 号

中国工会统计年鉴—2011

作　　者/中华全国总工会研究室
责任编辑/项　鹏　赵淑焕
封面设计/李雪燕
出版发行/中国统计出版社
通信地址/北京市丰台区西三环南路甲 6 号　邮政编码/100073
电　　话/邮购(010)63376909　书店(010)68783171
网　　址/http://csp.stats.gov.cn
印　　刷/河北天普润印刷厂
经　　销/新华书店
开　　本/880×1230mm　1/16
印　　张/17
字　　数/510 千字
版　　别/2012 年 12 月第 1 版
版　　次/2012 年 12 月第 1 次印刷
定　　价/280.00 元

如有印装差错，由本社发行部调换。

《中国工会统计年鉴—2011》

编委会及编辑人员名单

《Chinese Trade Unions statistics yearbook—2011》
Editorial Board and Staff

编者说明

一、《中国工会统计年鉴》2011 年卷是一部全面反映中国职工各方面情况和中国工会工作发展情况的资料性年刊。本年鉴以 2010 年数据资料为主，收录了最新的中国国民经济发展状况和中国职工状况，以及各省、自治区、直辖市总工会组织建设和重点工作情况的大量统计数据。

二、本年鉴全书内容分为七个部分。（一）国民经济综合统计指标。介绍了国民经济主要指标的发展状况、发展速度和比例关系，以及人民物质文化生活的提高情况。（二）职工状况统计。介绍了有关中国职工人数、就业、工资和劳动争议仲裁等方面的情况。（三）各省、自治区、直辖市工会工作统计。介绍了工会组织建设状况以及工会干部协管和教育培训、保障、集体合同和民主管理、劳动保护、法律、经济技术和职工技协、财务和经审、文化体育和宣传教育、国际和对外交流等各项工作情况。（四）36 个大中城市职工家庭生活状况调查资料。介绍了 2010 年 36 个大中城市职工家庭基本状况、现金收支、家庭生活费用支出构成、耐用消费品拥有量等情况。（五）香港特别行政区主要社会经济指标。介绍了香港特别行政区主要社会、经济发展等方面的情况。（六）澳门主要社会经济指标。反映了澳门特别行政区主要社会、经济发展情况。（七）附录部分。介绍了我国台湾省社会经济发展情况和世界主要国家就业、工资等方面的情况。

三、本年鉴所涉及的全国性工会统计数据，均未包括香港特别行政区、台湾省和澳门。该项统计内容只包括已建立工会组织的基层单位的情况。

四、本年鉴的资料主要来自工会定期统计报表。有关国民经济综合指标数据和全国职工状况的统计数据来自国家统计局与劳动和社会保障部；有关台湾省的统计数据来自于中国台湾省的《统计月报》。

五、符号使用说明：年鉴各表中的“空格”表示该项统计指标数据不足本表最小单位数、数据不详或无该项数据；“#”表示其中的主要项；“ * ”或“①”表示本表下有注解。

Preface

Ⅰ. "China Trade Unions Statistics Yearbook" 2011 is an annual publication reflecting the overall status of staff and workers in China and the development status of China trade unions. This yearbook takes 2010 as the dominant factor and collects the newest statistics data of China national economic development status and China staff and workers' status, and the statistics data of the general survey of the work of provincial, autonomous region and municipal federation of trade unions.

II. This yearbook is divided into seven chapters. (1) Statistics of National Economy Indicators, introducing the development status of the main indicators of national economy, the development speed and the proportion relationship, and the raising of people's material and cultural life. (2) Statistics of Staff and Workers State, introducing the status of the number of staff and workers, employment, wages and labor dispute arbitration. (3) Statistics of Trade Unions Work in Each Province, Autonomous Region and Municipality Directly under Central Government, introducing the organization construction status, such as the employment status of staff and workers in grass-root units with trade unions, living security status of staff and workers, democratic management status of staff and workers, mass production and technical activities of staff and workers, fund auditing of trade unions, female staff and workers' status, as well as the work status of the staff and workers democratic and social participation in trade unions at each level, the establishment of collective contract system, participation in solving labor dispute and labor legal supervision and the set-up of economic enterprises and institutions. (4) Materials of Staff and Workers Household Living Conditions in 36 Big and Medium-sized Cities, introducing the basic household conditions, cash income and expenditure, composition of household living expenses and the number of household durable consumer goods in 36 big and medium-sized cities in 2010. (5) Main Social and Economic Indicators in Hong Kong Special Administration Region (SAR), introducing the main social and economic development status of Hong Kong SAR. (6) Main Social and Economic Indicators in Macao Special Administration Region (SAR), introducing the main social and economic development status of Macao SAR. (7) Annex, introducing the social and economic development status of Taiwan province and the employment and wages in the major countries of the world.

Ⅲ. The nation-wide statistics data of trade unions in this yearbook does not include Hong Kong SAR, Taiwan province and Macao SAR. It only includes the status of grass-root units with trade unions.

Ⅳ. The materials in this yearbook are mainly from the periodical statistics report forms of trade unions. The related comprehensive indicator data of national economy and the statistics data of the national staff and workers sate are from Sate Statistics Bureau and Ministry of Labor and Social Security. The related statistics data of Taiwan province is from "Statistics Monthly Report" of Taiwan province.

Ⅴ. Notations used in the yearbook: (blank space) indicates that the figure is not large enough to be measured with the smallest unit in the table, or data are unknown, or are not available; "#" indicates a major breakdown of the total; and " * " or "①" indicates footnotes at the end of the table.

目　录
CONTENTS

一、国民经济综合统计指标
Chapter 1　COMPREHENSIVE STATISTICAL INDICATORS OF NATIONAL ECONOMY

二、职工状况统计
Chapter 2 STATISTICS OF STAFF AND WORKERS' STATE

三、各省、自治区、直辖市工会工作统计
Chapter 3　STATISTICS OF TRADE UNIONS WORK IN EACH PROVINCE, AUTONOMOUS REGION AND MUNICIPALITY DIRECTLY UNDER THE CENTRAL GOVERNMENT

四、36 个大中城市职工家庭生活状况资料
Chapter 4 MAIN INDICATORS OF STAFF AND WORKERS HOUSEHOLD LIVING CONDITIONS IN 36 BIG AND MEDIUM-SIZED CITIES

五、香港特别行政区主要社会经济指标
Chapter 5 MAIN SOCIAL AND ECONOMIC INDICATORS IN HONGKONG SPECIAL ADMINISTRITIVE REGION

Chapter 6 六、澳门特别行政区主要社会经济指标
MAIN SOCIAL AND ECONOMIC INDICATORS IN MACAU SPECIAL ADMINISTRITIVE REGION

附录一、台湾省主要社会经济指标
Appendix Ⅰ MAIN SOCIAL AND ECONOMIC INDICATORS IN TAIWAN PROVINCE

附录二、国际劳工统计资料
Appendix Ⅱ STATISTICAL DATA OF INTERNATIONAL LABOURER

一、国民经济综合统计指标

Chapter 1 COMPREHENSIVE STATISTICAL INDICATORS OF NATIONAL ECONOMY

简要说明

本部分资料来源于《中国统计年鉴-2011》,主要包括我国国民经济发展的综合情况,由国家统计局综合司根据有关部门资料进行整理和编辑。

"全国行政区划"资料,由民政部根据国务院批准的、截止到上一年末全国行政区划变更情况汇总整理并提供。

国内生产总值数据是由国家统计局国民经济核算司根据不同产业部门、不同支出构成的特点和资料来源情况而采用不同方法计算的。国民总收入是在国内生产总值的基础上加上来自国外的净要素收入求得的。分地区的数据来自各省、自治区、直辖市统计局的国民经济核算资料。由于采取分级核算,各地区数据相加不等于全国总计。

城镇居民生活状况的数据来源于国家统计局住户调查办公室的城镇住户调查,是对城镇居民家庭抽样调查汇总的结果。城镇住户调查是由国家统计局住户调查办公室组织实施,国家统计局各调查总队及抽中市、县调查队依据国家统计局统一制定的城镇住户调查方案收集资料,逐级审核,由国家超级汇总。调查对象在2001年以前为全国非农业住户,2002年以后改为全国城市市区和县城关镇区住户。

价格指数编制由国家统计局城市社会经济调查司和农村社会经济调查司组织实施。由各省、自治区、直辖市及抽选出的市、县调查队依据国家统计局统一制定的价格统计调查制度从基层采集原始数据汇总后上报。编制居民消费、商品零售价格指数的资料采用抽样调查和重点调查相结合的方法取得,即在全国选择不同经济区域和分布合理的地区,以及有代表性的商品作为样本,对其市场价格进行定期调查,以样本推断总体。

规模以上工业企业统计数据主要是根据工业统计年度报表中有关资料整理汇总的。规模以上工业企业是指年主营业务收入在500万元以上工业企业。工业行业分类按2002年《国民经济行业分类》标准划分;企业大中小型划分按2003年《统计上大中小型企业划分办法(暂行)》标准执行。

乡镇企业基本情况资料根据国家统计局批准的农业部制定的《全国乡镇企业统计报表制度》,采取逐级汇总上报的全面调查方式取得,由农业部乡镇企业局提供。

外商投资企业的注册登记情况资料来源于国家工商行政管理总局。

Brief Explanation

The material of this chapter are originated from *China Statistic Yearbook-2011* mainly including the comprehensive status of China national economic development which are sorted out and edited by Department of Comprehensive Affairs of State Statistic Bureau according to the material of relevant ministries and departments.

Divisions of Administrative Areas in China are originated from the latest changes of division of administrative areas provided by Ministry of Civil Affairs.

Divisions of Administrative Areas in China are originated from the latest changes of division of administrative areas provided by Ministry of Civil Affairs.

Department of National Accounting of State Statistic Bureau calculates materials of Gross Domestic Product (GDP) and its industrial structure with different methods according to the characteristics of different industrial sectors and the source of materials. Data by region is from national economic accounting materials of each province, autonomous region and municipality directly under Central Government. Addition of the data of each region does not equal to national total.

Data on the living condition of urban residents come from the data collected through a sample survey on the urban households conducted by the Office of Household Surveys of the NBS. Urban household survey is organized by the Office of Household Survey of the NBS. The NBS survey offices in the provinces, autonomous regions and municipalities directly under the Central Government as well as the survey offices in selected cities and counties are responsible for collecting data in accordance with the survey scheme stipulated by the NBS and submitting the data to the offices at higher levels. The survey had covered only non-farm households until 2001. Starting from 2002, the survey covers the households in district areas of all city and county towns.

Compilation of statistics on price indices is organized by the Department of Urban Social and Economic Survey, NBS and the Department of Rural Social and Economic Survey, NBS. The urban socio-economic survey organizations of the provinces, autonomous regions and municipalities directly under the Central Government and of the selected cities and counties collect data from the grassroots units in accordance with the scheme of price survey system stipulated by the NBS, tabulate them and report them to the higher agencies. Data for compilation of the consumer price indices and the retail price indices in China are collected through a combination of sample surveys and surveys of key units. Areas distributed in different economic regions are selected as the sample areas and representative commodities are selected as the sample commodities. Regular surveys are conducted to collect data on their market prices. Population parameters are inferred on the basis of the sample data.

Data on industrial enterprises above designated size are collected mainly based on the relevant data in the annual industrial statistics reporting forms. The industrial enterprises above designated size are all industrial enterprises with revenue from principal business over 5 million Yuan. Data by branch of industry are based on the 2002's National Industrial Classification of all Economic Activities, and data by size of enterprise are based on the 2003's Preliminary Standards of Enterprises by Size.

Basic status of township enterprises is from Township Enterprises Bureau of Ministry of Agriculture.

Data on basic condition of registration of foreign funded enterprises are from State Administration for Industry and Commerce.

1.1 全国行政区划(2010 年底)

Divisions of Administrative Areas in China (End of 2010)

单位:个 (unit)

省级单位名称 Provinces, Autonomous Regions and Municipalities		地级区划数 Number of Regions at Prefecture Level	#地级市 #Cities at Prefecture Levell	县级区划数 Number of Regions at County Level	#市辖区 #Districts under the Jurisdiction of Cities	#县级市 #Cities at County Level	#县 Counties	#自治县 #Autonomous Counties
全国总计	**National Total**	**333**	**283**	**2856**	**853**	**370**	**1461**	**117**
北京市	Beijing			16	14		2	
天津市	Tianjin			16	13		3	
河北省	Hebei	11	11	172	36	22	108	6
山西省	Shanxi	11	11	119	23	11	85	
内蒙古自治区	Inner Mongolia	12	9	101	21	11	17	
辽宁省	Liaoning	14	14	100	56	17	19	8
吉林省	Jilin	9	8	60	20	20	17	3
黑龙江省	Heilongjiang	13	12	128	64	18	45	1
上海市	Shanghai			18	17		1	
江苏省	Jiangsu	13	13	105	55	26	24	
浙江省	Zhejiang	11	11	90	32	22	35	1
安徽省	Anhui	17	17	105	44	5	56	
福建省	Fujian	9	9	85	26	14	45	
江西省	Jiangxi	11	11	100	19	11	70	
山东省	Shandong	17	17	140	49	31	60	
河南省	Henan	17	17	159	50	21	88	
湖北省	Hubei	13	12	103	38	24	38	2
湖南省	Hunan	14	13	122	34	16	65	7
广东省	Guangdong	21	21	121	54	23	41	3
广西壮族自治区	Guangxi	14	14	109	34	7	56	12
海南省	Hainan	2	2	20	4	6	4	6
重庆市	Chongqing			40	19		17	4
四川省	Sichuan	21	18	181	43	14	120	4
贵州省	Guizhou	9	4	88	10	9	56	11
云南省	Yunnan	16	8	129	12	11	77	29
西藏自治区	Tibet	7	1	73	1	1	71	
陕西省	Shaanxi	10	10	107	24	3	80	
甘肃省	Gansu	14	12	86	17	4	58	7
青海省	Qinghai	8	1	43	4	2	30	7
宁夏回族自治区	Ningxia	5	5	22	9	2	11	
新疆维吾尔自治区	Xinjiang	14	2	98	11	19	62	6
香港特别行政区	Hong Kong							
澳门特别行政区	Macao							
台湾省	Taiwan							

1.1 续表
Continued

省级单位名称 Provinces, Autonomous Regions and Municipalities		乡镇级区划数 Number of Regions at Townships Level	#镇 #Towns	#乡 #Towns	#街道办事处 #Street Communities
全国总计	**National Total**	**40906**	**19410**	**14571**	**6923**
北京市	Beijing	322	142	40	140
天津市	Tianjin	243	115	20	108
河北省	Hebei	2227	1007	953	266
山西省	Shanxi	1397	563	633	201
内蒙古自治区	Inner Mongolia	863	463	179	221
辽宁省	Liaoning	1507	581	324	602
吉林省	Jilin	897	426	194	277
黑龙江省	Heilongjiang	1278	473	423	382
上海市	Shanghai	210	109	2	99
江苏省	Jiangsu	1307	877	98	332
浙江省	Zhejiang	1512	728	443	341
安徽省	Anhui	1523	912	349	262
福建省	Fujian	1102	595	334	173
江西省	Jiangxi	1539	788	610	141
山东省	Shandong	1874	1118	156	600
河南省	Henan	2371	949	929	493
湖北省	Hubei	1230	741	199	290
湖南省	Hunan	2419	1109	1052	258
广东省	Guangdong	1581	1134	11	436
广西壮族自治区	Guangxi	1234	702	424	108
海南省	Hainan	222	183	21	18
重庆市	Chongqing	1014	587	252	175
四川省	Sichuan	4668	1821	2585	262
贵州省	Guizhou	1560	689	757	114
云南省	Yunnan	1366	597	689	80
西藏自治区	Tibet	692	140	542	10
陕西省	Shaanxi	1745	922	648	175
甘肃省	Gansu	1351	466	761	124
青海省	Qinghai	396	137	229	30
宁夏回族自治区	Ningxia	235	99	93	43
新疆维吾尔自治区	Xinjiang	1021	237	621	162
香港特别行政区	Hong Kong				
澳门特别行政区	Macao				
台湾省	Taiwan				

1.2 国民经济和社会发展总量指标
Principal Aggregate Indicators on National Economic and Social Development

指　　标	Item	1978	1990	2000	2009	2010
人口(万人)	**Population (10 000 persons)**					
总人口(年末)	Population at Year-end	96259	114333	126743	133450	134091
男性人口	Male	49567	58904	65437	68647	68748
女性人口	Female	46692	55429	61306	64803	65343
城镇人口	Urban	17245	30195	45906	64512	66978
乡村人口	Rural	79014	84138	80837	68938	67113
就业(万人)	**Employment (10 000 persons)**					
就业人员数	Employment	40152	64749	72085	75828	76105
城镇登记失业人数	Registrated Unemployment in Urban Areas	530	383	595	921	908
国民经济核算(亿元)	**National Accounting (100 million yuan)**					
国民总收入	Gross National Income	3645.2	18718.3	98000.5	341401.5	403260.0
国内生产总值	Gross Domestic Product	3645.2	18667.8	99214.6	340902.8	401202.0
第一产业	Primary Industry	1027.5	5062.0	14944.7	35226.0	40533.6
第二产业	Secondary Industry	1745.2	7717.4	45555.9	157638.8	187581.4
第三产业	Tertiary Industry	872.5	5888.4	38714.0	148038.0	173087.0
支出法国内生产总值	Gross Domestic Product by Expenditure Approach	3605.6	19347.8	98749.0	346316.6	394307.6
最终消费支出	Final Consumption Expenditure	2239.1	12090.5	61516.0	166820.1	186905.3
居民消费	Household Consumption Expenditures	1759.1	9450.9	45854.6	121129.9	133290.9
政府消费	Government Consumption Expenditure	480.0	2639.6	15661.4	45690.2	53614.4
资本形成总额	Gross Capital Formation	1377.9	6747.0	34842.8	164463.2	191690.8
固定资本形成总额	Gross Fixed Capital Formation	1073.9	4827.8	33844.4	156679.8	182340.4
存货增加	Changes in Inventories	304.0	1919.2	998.4	7783.4	9350.5
货物和服务净出口	Net Export of Goods and Services	-11.4	510.3	2390.2	15033.3	15711.5
固定资产投资(亿元)	**Investment in Fixed Assets (100 million yuan)**					
全社会固定资产投资总额	Total Investment in Fixed Assets		4517	32917.7	224598.8	278121.9
城 镇	Urban		3274.4	26221.8	193920.4	241430.9
#房地产开发	Real Estate Development		253.25	4984.1	36241.8	48259.4
农村	Rural		1242.6	6695.9	30678.4	36691.0
全社会施工房屋建筑面积(万平方米)	Floor Space of Buildings under Construction (10 000 sq. m)		137171.0	265293.5	754189.4	885173.4
全社会竣工房屋建筑面积(万平方米)	Floor Space of Buildings Completed (10 000 sq. m)		107952	181974.4	302116.5	304306.1
消费	**Consumption**					
社会消费品零售总额(亿元)	Total Retail Sales of Consumer Goods (100 million yuan)	1558.6	8300.1	39105.7	132678.4	156998.4
对外贸易	**Foreign Trade**					
货物进出口总额(亿美元)	Total Value of Exports and Imports (USD 100 million)	206.4	1154.4	4742.9	22075.4	29740.0
出口额	Exports	97.5	620.9	2492.0	12016.1	15777.5
进口额	Imports	108.9	533.5	2250.9	10059.2	13962.4
实际利用外资额	**Actually Utilization of Foreign Capital**					
外商直接投资(亿美元)	Foreign Direct Investments (USD 100 million)		34.87	407.15	900.33	1057.4
外商其他投资(亿美元)	Other Foreign Investments (USD 100 million)		2.7	86.4	17.7	30.9
财政(亿元)	**Government Finance (100 million yuan)**					
国家财政收入	Government Revenue	1132.3	2937.1	13395.2	68518.3	83101.5
中央	Central Government	175.8	992.4	6989.2	35915.7	42488.5
地方	Local Governments	956.5	1944.7	6406.1	32602.6	40613.0
国家财政支出	Government Expenditure	1122.1	3083.6	15886.5	76299.9	89874.2
中央	Central Government	532.1	1004.5	5519.9	15255.8	15989.7
地方	Local Governments	590.0	2079.1	10366.7	61044.1	73884.4

1.2 续表
Continued

指　　标	Item	1978	1990	2000	2009	2010
物价总指数（上年=100）	**Price Indices (preceding year=100)**					
居民消费价格指数	Consumer Price Index	100.7	103.1	100.4	99.3	103.3
商品零售价格指数	Retail Price Index	100.7	102.1	98.5	98.8	103.1
工业品出厂价格指数	Producer Price Indices for Manufactured Goods	100.1	104.1	102.8	94.6	105.5
原材料、燃料、动力购进价格指数	Purchasing Price Indices of Raw Material, Fuel and Power		105.6	105.1	92.1	109.6
固定资产投资价格指数	Investment in Fixed Assets Price Indices			101.1	97.6	103.6
能源生产与消费（万吨标准煤）	**Production and Consumption of Energy (10 000 tons of SCE)**					
能源生产总量	Total Energy Production	62770	103922	135048	274619	296916
能源消费总量	Total Energy Consumption	57144	98703	145531	306647	324939
家庭规模	**Family**					
城镇居民平均每户家庭人口（人）	Average Household Size in Urban Areas (person)		3.50	3.13	2.89	2.88
农村居民平均每户常住人口（人）	Average Household Size in Rural Areas (person)		4.80	4.20	3.98	3.95
婚姻	**Marriages and Divorces**					
结婚登记总数（万对）	Registered Number of Marriages (10 000 couples)	597.8	951.1	848.5	1212.4	1241.0
离婚数（万对）	Number of Divorces (10 000 couples)	28.5	80.0	121.3	246.8	267.8
居住	**Housing**					
城市人均住宅建筑面积（平方米）	Per Capita Gross Living Space in Cities (sq. m)				31.3	31.6
农村居民人均住房面积（平方米）	Per Capita Net Floor Space of Rural Residents (sq. m)	8.1	17.8	24.8	33.6	34.1
生活	**Living**					
城镇居民人均可支配收入（元）	Per Capita Annual Disposable Income of Urban Households (yuan)	343	1510	6280	17175	19109
农村居民人均纯收入（元）	Per Capita Net Income of Rural Residents (yuan)	134	686	2253	5153	5919
城乡人民币储蓄存款余额（亿元）	Outstanding Amount of Saving Deposits in Urban and Rural Areas (100 million yuan)	211	7120	64332	260772	303302
社会保险	**Welfare and Social Insurance**					
社会保险基金收入（亿元）	Revenue of Social Insurance Fund (100 million yuan)		186.8	2644.9	16115.6	18823
社会保险基金支出（亿元）	Expenses of Social Insurance Fund (100 million yuan)		151.9	2385.6	12302.6	14819
卫生	**Health Care**					
医院、卫生院（个）	Number of Hospitals and Health Centers (unit)	64311	62126	66095	59918	59683
执业（助理）医师（万人）	Number of Licensed (Assistant) Doctors (10 000 persons)	97.8	176.3	207.6	232.9	241.3
医院、卫生院床位数（万张）	Number of Beds of Hospitals and Health Centers (10 000 units)	184.7	259.2	290.8	408.1	440.2
城市市政建设	**Municipal Works**					
年供水总量（亿吨）	Annual Supply of Tap Water (100 million tons)	78.8	382.3	469.0	496.7	507.9
人工煤气供气量（亿立方米）	Volume of Coal Gas Supply (100 million cu. m)		174.7	152.4	361.6	279.9
天然气供气量（亿立方米）	Volume of Natural Gas Supply (100 million cu. m)		64.2	82.1	405.1	487.6
年末实有道路长度（万公里）	Length of Paved Roads at Year-end (10 000 km)	2.7	9.5	16.0	26.9	29.4
排水管道长度（万公里）	Length of Sewer Pipelines (10 000 km)	2.0	5.8	14.2	34.4	37.0
年末公共交通运营数（万辆）	Number of Public Vehicles in Operation at Year-end (10 000 units)	2.6	6.2	22.6	37.1	38.3
园林绿地面积（万公顷）	Areas of Green Land (10 000 hectare)	8.2	47.5	86.5	199.3	213.4
环境、灾害	**Environment and Disaster**					
化学需氧量排放量（万吨）	COD Discharge (10 000 tons)			1445	1278	1238
二氧化硫排放量（万吨）	Sulphur Dioxide Emission (10 000 tons)			1995	2214	2185
交通事故发生数（起）	Number of Traffic Accidents (unit)		250244	616971	238351	219521
交通事故直接财产损失（万元）	Loss of Traffic Accidents (10 000 yuan)		35362	263290	91437	92634
火灾发生数（起）	Number of Fire Disasters (unit)		57302	189185	129381	132497
火灾直接经济损失（万元）	Direct Economic Losses of Fire (10 000 yuan)		51181.8	152217.3	162390.7	195945

注：1. 本表价值指标除邮电业务总量按不变价格计算外，其余均按当年价格计算。邮电业务总量2000年及以前按1990年不变价格计算，以后按2000年不变价格计算。
2. 2000年及以后保险业务包括外资公司。

Note: a) Figures in value terms in this table are at current prices, except that on the business volume of postal and telecommunication services which is at 1990 constant prices before 2000 and at 2000 constant prices since 2000.
b) Insurance business includes foreign insurance companies since 2000.

1.3 国民经济和社会发展速度指标
Speed Indicators on National Economic and Social Development

单位:%　　　　(%)

指　标	Item	2010 年为以下各年% (2010 as percentage of the fpllowing years)				平均增长速度 Average Annual Growth Rate		
		1978	1990	2000	2009	1979-2010	1991-2010	2001-2010
人口	**Population**							
总人口(年末)	Population at Year-end	139.3	117.3	105.8	100.5	1.0	0.8	0.6
男性人口	Male	138.7	116.7	105.1	100.1	1.0	0.8	0.5
女性人口	Female	139.9	117.9	106.6	100.8	1.1	0.8	0.6
城镇人口	Urban	388.4	221.8	145.9	103.8	4.3	4.1	3.8
乡村人口	Rural	84.9	79.8	83.0	97.4	-0.5	-1.1	-1.8
就业	**Employment**							
就业人员数	Employment	189.5	117.5	105.6	100.4	2.0	0.8	0.5
城镇登记失业人数	Registrated Unemployment in Urban Areas	171.3	237.1	152.6	98.6	1.7	4.4	4.3
国民经济核算	**National Accounting**							
国民总收入	Gross National Income	2069.4	732.6	275.7	110.8	9.9	10.5	10.7
国内生产总值	Gross Domestic Product	2058.9	730.8	270.9	110.4	9.9	10.5	10.5
第一产业	Primary Industry	418.9	219.7	151.2	104.3	4.6	4.0	4.2
第二产业	Secondary Industry	3202.9	1053.2	296.1	112.4	11.4	12.5	11.5
第三产业	Tertiary Industry	2762.4	762.8	288.9	109.6	10.9	10.7	11.2
固定资产投资	**Investment in Fixed Assets**							
全社会固定资产投资总额	Total Investment in Fixed Assets		6157.2	844.9	123.8		22.6	23.0
城 镇	Urban		7373.3	920.7	124.5		23.8	24.2
#房地产开发	Real Estate Development		19056.0	968.3	133.2		31.2	25.5
农 村	Rural		2952.8	548.0	119.6		18.3	17.3
全社会施工房屋建筑面积	Floor Space of Buildings under Construction		645.3	333.7	117.4		9.8	12.8
全社会竣工房屋建筑面积	Floor Space of Buildings Completed		281.9	167.2	100.7		5.3	5.3
消费	**Consumption**							
社会消费品零售总额	Total Retail Sales of Consumer Goods	10073.0	1891.5	401.5	118.3	15.5	15.8	14.9
对外贸易	**Foreign Trade**							
货物进出口总额	Total Value of Exports and Imports	14408.9	2576.2	627.0	134.7	16.8	17.6	20.2
出口额	Exports	16182.1	2541.1	633.1	131.3	17.2	17.6	20.3
进口额	Imports	12821.3	2617.1	620.3	138.8	16.4	17.7	20.0
实际利用外资额	**Actually Utilization of Foreign Capital**							
外商直接投资	Foreign Direct Investments		3032.3	259.7	117.4		18.6	10.0
外商其他投资	Other Foreign Investments		1151.5	35.7	174.3		13.0	-9.8
财政	**Government Finance**							
国家财政收入	Government Revenue	7339.4	2829.4	620.4	121.3	14.4	18.2	20.0
中央	Central Government	24172.8	4281.3	607.9	118.3	18.7	20.7	19.8
地方	Local Governments	4246.0	2088.4	634.0	124.6	12.4	16.4	20.3
国家财政支出	Government Expenditure	8009.5	2914.6	565.7	117.8	14.7	18.4	18.9
中央	Central Government	3004.9	1591.9	289.7	104.8	11.2	14.8	11.2
地方	Local Governments	12523.4	3553.6	712.7	121.0	16.3	19.5	21.7
能源生产与消费	**Production and Consumption of Energy**							
能源生产总量	Total Energy Production	473.0	285.7	219.9	108.1	5.0	5.4	8.2
能源消费总量	Total Energy Consumption	568.6	329.2	223.3	106.0	5.6	6.1	8.4
家庭规模	**Family**							
城镇居民平均每户家庭人口	Average Household Size in Urban Areas		82.3	92.0	99.7		-1.0	-0.8
农村居民平均每户常住人口	Average Household Size in Rural Areas		82.4	94.2	99.4		-1.0	-0.6

1.3 续表
Continued

指　　标	Item	2009年为以下各年%（2009 as percentage of the fpllowing years）				平均增长% Average Annual Growth Rate		
		1978	1990	2000	2009	1979-2010	1991-2010	2001-2010
婚姻	**Marriages and Divorces**							
结婚登记总数	Registered Number of Marriages	207.6	130.5	146.3	102.4	2.3	1.3	3.9
离婚数	Number of Divorces	939.6	334.7	220.8	108.5	7.3	6.2	8.2
居住	**Housing**							
城市人均住宅建筑面积	Per Capita Gross Living Space in Cities				101.0			
农村居民人均住房面积	Per Capita Net Floor Space of Rural Residents	420.7	191.5	137.4	101.5	4.6	3.3	3.2
生活	**Living**							
城镇居民人均可支配收入	Per Capita Annual Disposable Income of Urban Households	965.2	487.2	251.6	107.8	7.3	8.2	9.7
农村居民人均纯收入	Per Capita Net Income of Rural Residents	954.4	306.7	197.4	110.9	7.3	5.8	7.0
城乡人民币储蓄存款余额	Outstanding Amount of Saving Deposits in Urban and Rural Areas	144018.1	4260.0	471.5	116.3	25.5	20.6	16.8
社会保险	**Welfare and Social Insurance**							
社会保险基金收入	Revenue of Social Insurance Fund		10076.9	711.7	116.8		25.9	21.7
社会保险基金支出	Expenses of Social Insurance Fund		9757.0	621.2	120.5		25.7	20.0
卫生	**Health Care**							
医院、卫生院	Number of Hospitals and Health Centers	92.8	96.1	90.3	99.6	-0.2	-0.2	-1.0
执业(助理)医师	Number of Licensed (Assistant) Doctors	246.7	136.9	116.3	103.6	2.9	1.6	1.5
医院、卫生院床位数	Number of Beds of Hospitals and Health Centers	238.3	169.8	151.4	107.9	2.8	2.7	4.2
城市市政建设	**Municipal Works**							
年供水总量	Annual Supply of Tap Water	644.5	132.8	108.3	102.2	6.0	1.4	0.8
人工煤气供气量	Volume of Coal Gas Supply		160.2	183.7	77.4		2.4	6.3
天然气供气量	Volume of Natural Gas Supply		759.5	593.9	120.4		10.7	19.5
年末实有道路长度	Length of Paved Roads at Year-end	1091.9	309.9	184.0	109.4	7.8	5.8	6.3
排水管道长度	Length of Sewer Pipelines	1889.7	637.2	260.2	107.5	9.6	9.7	10.0
年末公共交通运营数	Number of Public Vehicles in Operation at Year-end	1482.3	617.7	169.5	103.2	8.8	9.5	5.4
园林绿地面积	Areas of Green Land	2611.3	449.3	246.7	107.1	10.7	7.8	9.5
环境、灾害	**Environment and Disaster**							
化学需氧量排放量	COD Discharge			85.7	96.9			-1.5
二氧化硫排放量	Sulphur Dioxide Emission			109.5	98.7			0.9
交通事故发生数	Number of Traffic Accidents		87.7	35.6	92.1		-0.7	-9.8
交通事故直接财产损失	Loss of Traffic Accidents		262.0	35.2	101.3		4.9	-9.9
火灾发生数	Number of Fire Disasters		231.2	70.0	102.4		4.3	-3.5
火灾直接经济损失	Direct Economic Losses of Fire		382.8	128.7	120.7		6.9	2.6

注:本表速度指标中,国民总收入、国内生产总值及三次产业增加值、农林牧渔业总产值、邮电业务总量、城乡居民收入和平均工资指标均按可比价格计算。固定资产投资平均增长速度按累计法计算。

Note: The indices and growth rates of the follow indicators are calculated at comparable prices: gross national income, gross domestic product, value-added of the tertiary industry, gross output value of farming, forestry, animal husbandry and fishery, business volume of post and telecommunications services, per capita income of urban and rural and rural residents, average wages and welfare. The average annual growth rate of total investment in fixed assets are calculated at the accumulate method.

1.4 国民经济和社会发展结构指标
Structural Indicators on National Economic and Social Development

单位:% (%)

指　　标	Item	1978	1990	2000	2010
人口	**Population**				
城乡结构	Urban and Rural Composition				
城镇	Urban	17.9	26.4	36.2	49.9
乡村	Rural	82.1	73.6	63.8	50.1
就业	**Employment**				
产业结构	Industrial Composition				
第一产业	Primary Industry	70.5	60.1	50.0	36.7
第二产业	Secondary Industry	17.3	21.4	22.5	28.7
第三产业	Tertiary Industry	12.2	18.5	27.5	34.6
国民经济核算	**National Accounting**				
国内生产总值产业结构	Industrial Composition				
第一产业	Primary Industry	28.2	27.1	15.1	10.1
第二产业	Secondary Industry	47.9	41.3	45.9	46.8
第三产业	Tertiary Industry	23.9	31.6	39.0	43.1
财政	**Government Finance**				
财政收入结构	Composition of Government Revenue				
中央	Central Government	15.5	33.8	52.2	51.1
地方	Local Governments	84.5	66.2	47.8	48.9
财政支出结构	Composition of Government Expenditures				
中央	Central Government	47.4	32.6	34.7	17.8
地方	Local Governments	52.6	67.4	65.3	82.2
利用外资	**Utilization of Foreign Capital**				
实际利用外资结构	Composition of Foreign Capital Actually Utilized				
对外借款	Loans from Abroad		63.5	16.8	
外商直接投资	Direct Investment by Foreign Entrepreneurs		33.9	68.6	97.2
外商其他投资	Other Investment by Foreign Entrepreneurs		2.6	14.6	2.8
农业	**Agriculture**				
农林牧渔业产值结构	Composition of Gross Output Value of Agriculture				
农业	Farming	80.0	64.7	55.7	53.3
林业	Forestry	3.4	4.3	3.8	3.7
牧业	Animal Husbandry	15.0	25.7	29.7	30.0
渔业	Fishery	1.6	5.4	10.9	9.3
工业	**Industry**				
工业企业资产结构	Composition of Capital of Industrial Enterprises				
大型企业	Large Enterprises			56.3	39.8
中型企业	Medium-sized Enterprises			12.9	32.2
小型企业	Small Enterprises			30.8	27.9
建筑业	**Construction**				
建筑业总产值结构	Composition of Gross Output Value of Construction Industry				
国有企业	Stare-owned Enterprise		69.5	40.4	18.9
集体企业	Collective-owned Enterprises		30.5	32.3	3.8
港澳台商投资企业	Enterprise with Funds from Hong Kong, Macao & Taiwan			0.8	0.5
外商投资企业	Foreign Funded Enterprise			0.5	0.5
其他	Other Enterprise			25.9	76.4

1.5 国内生产总值
Gross Domestic Product

本表按当年价格计算。

Data in this table are calculated at current prices.

单位:亿元 (100 million yuan)

年份 Year	国民总收入 Gross National Product	国内生产总值 Gross Domestic Product	第一产业 Primary Industry	第二产业 Secondary Industry	工业 Industry	建筑业 Construc-tion	第三产业 Tertiary Industry	人均国内生产总值(元) Per Capita GDP (yuan)
1978	3645.2	3645.2	1027.5	1745.2	1607.0	138.2	872.5	381.2
1979	4062.6	4062.6	1270.2	1913.5	1769.7	143.8	878.9	419.3
1980	4545.6	4545.6	1371.6	2192.0	1996.5	195.5	982.0	463.3
1981	4889.5	4891.6	1559.5	2255.5	2048.4	207.1	1076.6	492.2
1982	5330.5	5323.4	1777.4	2383.0	2162.3	220.7	1163.0	527.8
1983	5985.6	5962.7	1978.4	2646.2	2375.6	270.6	1338.1	582.7
1984	7243.8	7208.1	2316.1	3105.7	2789.0	316.7	1786.3	695.2
1985	9040.7	9016.0	2564.4	3866.6	3448.7	417.9	2585.0	857.8
1986	10274.4	10275.2	2788.7	4492.7	3967.0	525.7	2993.8	963.2
1987	12050.6	12058.6	3233.0	5251.6	4585.8	665.8	3574.0	1112.4
1988	15036.8	15042.8	3865.4	6587.2	5777.2	810.0	4590.3	1365.5
1989	17000.9	16992.3	4265.9	7278.0	6484.0	794.0	5448.4	1519.0
1990	18718.3	18667.8	5062.0	7717.4	6858.0	859.4	5888.4	1644.0
1991	21826.2	21781.5	5342.2	9102.2	8087.1	1015.1	7337.1	1892.8
1992	26937.3	26923.5	5866.6	11699.5	10284.5	1415.0	9357.4	2311.1
1993	35260.0	35333.9	6963.8	16454.4	14188.0	2266.5	11915.7	2998.4
1994	48108.5	48197.9	9572.7	22445.4	19480.7	2964.7	16179.8	4044.0
1995	59810.5	60793.7	12135.8	28679.5	24950.6	3728.8	19978.5	5045.7
1996	70142.5	71176.6	14015.4	33835.0	29447.6	4387.4	23326.2	5845.9
1997	78060.9	78973.0	14441.9	37543.0	32921.4	4621.6	26988.1	6420.2
1998	83024.3	84402.3	14817.6	39004.2	34018.4	4985.8	30580.5	6796.0
1999	88479.2	89677.1	14770.0	41033.6	35861.5	5172.1	33873.4	7158.5
2000	98000.5	99214.6	14944.7	45555.9	40033.6	5522.3	38714.0	7857.7
2001	108068.2	109655.2	15781.3	49512.3	43580.6	5931.7	44361.6	8621.7
2002	119095.7	120332.7	16537.0	53896.8	47431.3	6465.5	49898.9	9398.1
2003	135174.0	135822.8	17381.7	62436.3	54945.5	7490.8	56004.7	10542.0
2004	159586.8	159878.3	21412.7	73904.3	65210.0	8694.3	64561.3	12335.6
2005	183618.5	184937.4	22420.0	87598.1	77230.8	10367.3	74919.3	14185.4
2006	215883.9	216314.4	24040.0	103719.5	91310.9	12408.6	88554.9	16499.7
2007	266411.0	265810.3	28627.0	125831.4	110534.9	15296.5	111351.9	20169.5
2008	315274.7	314045.4	33702.0	149003.4	130260.2	18743.2	131340.0	23707.7
2009	341401.5	340902.8	35226.0	157638.8	135239.9	22398.8	148038.0	25607.5
2010	403260.0	401202.0	40533.6	187581.4	160867.0	26714.4	173087.0	29991.8

注:1. 1980 年及以后国民总收入(原称国民生产总值)与国内生产总值的差额为国外净要素收入。
2. 2010 年为初步核实数据,以下至 1.10 表均同。

Note: a) Since 1980, the difference between the Gross Domestic Product and the Gross National Income (formerly, the Gross National Product) is the net factor income from the rest of the world.
b) Data of 2010were preliminary verification. The same applies to the tables from this table to table 1.10.

1.6 国内生产总值指数(上年=100)
Indices of Gross Domestic Product

本表按不变价格计算。

Data in this table are calculated at constant prices.

(上年=100) (preceding year=100)

年份 Year	国民生产总值 Gross National Product	国内生产总值 Gross Domestic Product	第一产业 Primary Industry	第二产业 Secondary Industry	#工业 Industry	#建筑业 Construction	第三产业 Tertiary Industry	人均国内生产总值 Per Capita GDP
1978	111.7	111.7	104.1	115.0	116.4	99.4	113.8	110.2
1979	107.6	107.6	106.1	108.2	108.7	102.0	107.9	106.1
1980	107.8	107.8	98.5	113.6	112.7	126.7	106.0	106.5
1981	105.2	105.2	107.0	101.9	101.7	103.2	110.4	103.9
1982	109.2	109.1	111.5	105.6	105.8	103.4	113.0	107.5
1983	111.1	110.9	108.3	110.4	109.7	117.1	115.2	109.3
1984	115.3	115.2	112.9	114.5	114.9	110.9	119.3	113.7
1985	113.2	113.5	101.8	118.6	118.2	122.2	118.2	111.9
1986	108.5	108.8	103.3	110.2	109.6	115.9	112.0	107.2
1987	111.5	111.6	104.7	113.7	113.2	117.9	114.4	109.8
1988	111.3	111.3	102.5	114.5	115.3	108.0	113.2	109.5
1989	104.2	104.1	103.1	103.8	105.1	91.6	105.4	102.5
1990	104.1	103.8	107.3	103.2	103.4	101.2	102.3	102.3
1991	109.1	109.2	102.4	113.9	114.4	109.6	108.9	107.7
1992	114.1	114.2	104.7	121.2	121.2	121.0	112.4	112.8
1993	113.7	114.0	104.7	119.9	120.1	118.0	112.2	112.7
1994	113.1	113.1	104.0	118.4	118.9	113.7	111.1	111.8
1995	109.3	110.9	105.0	113.9	114.0	112.4	109.8	109.7
1996	110.2	110.0	105.1	112.1	112.5	108.5	109.4	108.9
1997	109.6	109.3	103.5	110.5	111.3	102.6	110.7	108.2
1998	107.3	107.8	103.5	108.9	108.9	109.0	108.4	106.8
1999	107.9	107.6	102.8	108.1	108.5	104.3	109.3	106.7
2000	108.6	108.4	102.4	109.4	109.8	105.7	109.7	107.6
2001	108.1	108.3	102.8	108.4	108.7	106.8	110.3	107.5
2002	109.5	109.1	102.9	109.8	110.0	108.8	110.4	108.4
2003	110.6	110.0	102.5	112.7	112.8	112.1	109.5	109.3
2004	110.4	110.1	106.3	111.1	111.5	108.1	110.1	109.4
2005	110.7	111.3	105.2	112.1	111.6	116.0	112.2	110.7
2006	113.3	112.7	105.0	113.4	112.9	117.2	114.1	112.0
2007	114.6	114.2	103.7	115.1	114.9	116.2	116.0	113.6
2008	109.8	109.6	105.4	109.9	109.9	109.5	110.4	109.1
2009	108.9	109.2	104.2	109.9	108.7	118.6	109.6	108.7
2010	110.8	110.4	104.3	112.4	112.2	113.7	109.6	109.9

1.7 国内生产总值指数(1978 年=100)
Indices of Gross Domestic Product

本表按不变价格计算。

Data in this table are calculated at constant prices.

(1978 年=100) (year of 1978=100)

年份 Year	国民生产总值 Gross National Product	国内生产总值 Gross Domestic Product	第一产业 Primary Industry	第二产业 Secondary Industry	#工业 Industry	#建筑业 Construction	第三产业 Tertiary Industry	人均国内生产总值 Per Capita GDP
1978	111.7	111.7	104.1	115.0	116.4	99.4	113.8	110.2
1979	107.6	107.6	106.1	108.2	108.7	102.0	107.9	106.1
1980	107.8	107.8	98.5	113.6	112.7	126.7	106.0	106.5
1981	105.2	105.2	107.0	101.9	101.7	103.2	110.4	103.9
1982	109.2	109.1	111.5	105.6	105.8	103.4	113.0	107.5
1983	111.1	110.9	108.3	110.4	109.7	117.1	115.2	109.3
1984	115.3	115.2	112.9	114.5	114.9	110.9	119.3	113.7
1985	113.2	113.5	101.8	118.6	118.2	122.2	118.2	111.9
1986	108.5	108.8	103.3	110.2	109.6	115.9	112.0	107.2
1987	111.5	111.6	104.7	113.7	113.2	117.9	114.4	109.8
1988	111.3	111.3	102.5	114.5	115.3	108.0	113.2	109.5
1989	104.2	104.1	103.1	103.8	105.1	91.6	105.4	102.5
1990	104.1	103.8	107.3	103.2	103.4	101.2	102.3	102.3
1991	109.1	109.2	102.4	113.9	114.4	109.6	108.9	107.7
1992	114.1	114.2	104.7	121.2	121.2	121.0	112.4	112.8
1993	113.7	114.0	104.7	119.9	120.1	118.0	112.2	112.7
1994	113.1	113.1	104.0	118.4	118.9	113.7	111.1	111.8
1995	109.3	110.9	105.0	113.9	114.0	112.4	109.8	109.7
1996	110.2	110.0	105.1	112.1	112.5	108.5	109.4	108.9
1997	109.6	109.3	103.5	110.5	111.3	102.6	110.7	108.2
1998	107.3	107.8	103.5	108.9	108.9	109.0	108.4	106.8
1999	107.9	107.6	102.8	108.1	108.5	104.3	109.3	106.7
2000	108.6	108.4	102.4	109.4	109.8	105.7	109.7	107.6
2001	108.1	108.3	102.8	108.4	108.7	106.8	110.3	107.5
2002	109.5	109.1	102.9	109.8	110.0	108.8	110.4	108.4
2003	110.6	110.0	102.5	112.7	112.8	112.1	109.5	109.3
2004	110.4	110.1	106.3	111.1	111.5	108.1	110.1	109.4
2005	110.7	111.3	105.2	112.1	111.6	116.0	112.2	110.7
2006	113.3	112.7	105.0	113.4	112.9	117.2	114.1	112.0
2007	114.6	114.2	103.7	115.1	114.9	116.2	116.0	113.6
2008	109.8	109.6	105.4	109.9	109.9	109.5	110.4	109.1
2009	108.9	109.2	104.2	109.9	108.7	118.6	109.6	108.7
2010	110.8	110.4	104.3	112.4	112.2	113.7	109.6	109.9

1.8 各地区生产总值

Gross Regional Product and Indices by Region

本表绝对值按当年价格计算，指数按不变价格计算。

Level data in this table are calculated at current prices while indices at constant prices.

地 区	Region	地区生产总值(亿元) Gross Regional Product (100 million yuan)					指数(上年=100) Indices (preceding year=100)				
		2006	2007	2008	2009	2010	2006	2007	2008	2009	2010
北 京	Beijing	8117.78	9846.81	11115.00	12153.03	14113.58	113.0	114.5	109.1	110.2	110.3
天 津	Tianjin	4462.74	5252.76	6719.01	7521.85	9224.46	114.7	115.5	116.5	116.5	117.4
河 北	Hebei	11467.60	13607.32	16011.97	17235.48	20394.26	113.4	112.8	110.1	110.0	112.2
山 西	Shanxi	4878.61	6024.45	7315.40	7358.31	9200.86	112.8	115.9	108.5	105.4	113.9
内蒙古	Inner Mongolia	4944.25	6423.18	8496.20	9740.25	11672.00	119.1	119.2	117.8	116.9	115.0
辽 宁	Liaoning	9304.52	11164.30	13668.58	15212.49	18457.27	114.2	115.0	113.4	113.1	114.2
吉 林	Jilin	4275.12	5284.69	6426.10	7278.75	8667.58	115.0	116.1	116.0	113.6	113.8
黑龙江	Heilongjiang	6211.80	7104.00	8314.37	8587.00	10368.60	112.1	112.0	111.8	111.4	112.7
上 海	Shanghai	10572.24	12494.01	14069.86	15046.45	17165.98	112.7	115.2	109.7	108.2	110.3
江 苏	Jiangsu	21742.05	26018.48	30981.98	34457.30	41425.48	114.9	114.9	112.7	112.4	112.7
浙 江	Zhejiang	15718.47	18753.73	21462.69	22990.35	27722.31	113.9	114.7	110.1	108.9	111.9
安 徽	Anhui	6112.50	7360.92	8851.66	10062.82	12359.33	112.5	114.2	112.7	112.9	114.6
福 建	Fujian	7583.85	9248.53	10823.01	12236.53	14737.12	114.8	115.2	113.0	112.3	113.9
江 西	Jiangxi	4820.53	5800.25	6971.05	7655.18	9451.26	112.3	113.2	113.2	113.1	114.0
山 东	Shandong	21900.19	25776.91	30933.28	33896.65	39169.92	114.7	114.2	112.0	112.2	112.3
河 南	Henan	12362.79	15012.46	18018.53	19480.46	23092.36	114.4	114.6	112.1	110.9	112.5
湖 北	Hubei	7617.47	9333.40	11328.89	12961.10	15967.61	113.2	114.6	113.4	113.5	114.8
湖 南	Hunan	7688.67	9439.60	11555.00	13059.69	16037.96	112.8	115.0	113.9	113.7	114.6
广 东	Guangdong	26587.76	31777.01	36796.71	39482.56	46013.06	114.8	114.9	110.4	109.7	112.4
广 西	Guangxi	4746.16	5823.41	7021.00	7759.16	9569.85	113.6	115.1	112.8	113.9	114.2
海 南	Hainan	1044.91	1254.17	1503.06	1654.21	2064.50	113.2	115.8	110.3	111.7	116.0
重 庆	Chongqing	3907.23	4676.13	5793.66	6530.01	7925.58	112.4	115.9	114.5	114.9	117.1
四 川	Sichuan	8690.24	10562.39	12601.23	14151.28	17185.48	113.5	114.5	111.0	114.5	115.1
贵 州	Guizhou	2338.98	2884.11	3561.56	3912.68	4602.16	112.8	114.8	111.3	111.4	112.8
云 南	Yunnan	3988.14	4772.52	5692.12	6169.75	7224.18	111.6	112.2	110.6	112.1	112.3
西 藏	Tibet	290.76	341.43	394.85	441.36	507.46	113.3	114.0	110.1	112.4	112.3
陕 西	Shaanxi	4743.61	5757.29	7314.58	8169.80	10123.48	113.9	115.8	116.4	113.6	114.6
甘 肃	Gansu	2276.70	2702.40	3166.82	3387.56	4120.75	111.5	112.3	110.1	110.3	111.8
青 海	Qinghai	648.50	797.35	1018.62	1081.27	1350.43	113.3	113.5	113.5	110.1	115.3
宁 夏	Ningxia	725.90	919.11	1203.92	1353.31	1689.65	112.7	112.7	112.6	111.9	113.5
新 疆	Xinjiang	3045.26	3523.16	4183.21	4277.05	5437.47	111.0	112.2	111.0	108.1	110.6

1.9 各地区生产总值构成和指数(2010 年)
Composition of Gross Domestic Product and Indices by Region (2010)

本表按当年价格计算。

Data in this table are calculated at current prices.

单位:亿元 (100 millon yuan)

地区	Region	地区生产总值 Gross Regional Product	第一产业 Primary Industry	第二产业 Secondary Industry	工业 Industry	建筑业 Construction	第三产业 Tertiary Industry
北京	Beijing	14113.58	124.36	3388.38	2763.99	624.39	10600.84
天津	Tianjin	9224.46	145.58	4840.23	4410.85	429.38	4238.65
河北	Hebei	20394.26	2562.81	10707.68	9554.03	1153.65	7123.77
山西	Shanxi	9200.86	554.48	5234.00	4657.97	576.03	3412.38
内蒙古	Inner Mongolia	11672.00	1095.28	6367.69	5618.40	749.29	4209.02
辽宁	Liaoning	18457.27	1631.08	9976.82	8789.27	1187.55	6849.37
吉林	Jilin	8667.58	1050.15	4506.31	3929.31	577.00	3111.12
黑龙江	Heilongjiang	10368.60	1302.90	5204.11	4608.27	595.84	3861.59
上海	Shanghai	17165.98	114.15	7218.32	6536.21	682.11	9833.51
江苏	Jiangsu	41425.48	2540.10	21753.93	19277.65	2476.28	17131.45
浙江	Zhejiang	27722.31	1360.56	14297.93	12657.78	1640.15	12063.82
安徽	Anhui	12359.33	1729.02	6436.62	5407.40	1029.22	4193.68
福建	Fujian	14737.12	1363.67	7522.83	6397.71	1125.12	5850.62
江西	Jiangxi	9451.26	1206.98	5122.88	4286.76	836.12	3121.40
山东	Shandong	39169.92	3588.28	21238.49	18861.45	2377.04	14343.14
河南	Henan	23092.36	3258.09	13226.38	11950.88	1275.50	6607.89
湖北	Hubei	15967.61	2147.00	7767.24	6726.53	1040.71	6053.37
湖南	Hunan	16037.96	2325.50	7343.19	6305.11	1038.08	6369.27
广东	Guangdong	46013.06	2286.98	23014.53	21462.72	1551.81	20711.55
广西	Guangxi	9569.85	1675.06	4511.68	3860.46	651.22	3383.11
海南	Hainan	2064.50	539.83	571.00	385.21	185.79	953.67
重庆	Chongqing	7925.58	685.38	4359.12	3697.83	661.29	2881.08
四川	Sichuan	17185.48	2482.89	8672.18	7431.45	1240.73	6030.41
贵州	Guizhou	4602.16	625.03	1800.06	1516.87	283.19	2177.07
云南	Yunnan	7224.18	1108.38	3223.49	2604.07	619.42	2892.31
西藏	Tibet	507.46	68.72	163.92	39.73	124.19	274.82
陕西	Shaanxi	10123.48	988.45	5446.10	4558.97	887.13	3688.93
甘肃	Gansu	4120.75	599.28	1984.97	1602.87	382.10	1536.50
青海	Qinghai	1350.43	134.92	744.63	613.65	130.98	470.88
宁夏	Ningxia	1689.65	159.29	827.91	643.05	184.86	702.45
新疆	Xinjiang	5437.47	1078.63	2592.15	2161.39	430.76	1766.69

1.9 续表
Continued

地 区	Region	交通运输仓储和邮政业 Transport, Storage and Post	批发和零售业 Wholesale and Retail Trades	住宿和餐饮业 Hotels and Catering Services	金融业 Financial Intermediation	房地产业 Real Estate	其他服务业 Others Services	人均地区生产总值(元) Per Capita GRP (yuan)
北 京	Beijing	712.01	1888.51	317.34	1863.61	1006.52	4812.85	75943
天 津	Tianjin	585.37	1090.68	157.66	572.99	377.59	1454.36	72994
河 北	Hebei	1745.91	1529.26	265.02	615.42	697.79	2270.37	28668
山 西	Shanxi	654.08	695.51	231.62	448.30	192.00	1190.87	26283
内蒙古	Inner Mongolia	875.61	1051.96	332.24	346.44	309.25	1293.52	47347
辽 宁	Liaoning	926.81	1651.66	369.61	639.27	733.37	2528.65	42355
吉 林	Jilin	373.93	753.37	180.01	190.12	212.32	1401.37	31599
黑龙江	Heilongjiang	469.31	880.83	240.13	288.19	370.79	1612.34	27076
上 海	Shanghai	834.40	2594.34	266.45	1950.96	1002.50	3184.86	76074
江 苏	Jiangsu	1768.30	4447.50	710.98	2105.92	2600.95	5497.80	52840
浙 江	Zhejiang	1076.67	2646.14	523.67	2326.58	1618.17	3872.59	51711
安 徽	Anhui	527.02	887.66	193.78	396.17	532.17	1656.88	20888
福 建	Fujian	871.16	1310.94	266.47	767.58	679.03	1955.44	40025
江 西	Jiangxi	446.22	666.89	200.71	241.49	340.56	1225.53	21253
山 东	Shandong	1971.00	4257.40	670.97	1361.45	1622.15	4460.17	41106
河 南	Henan	873.30	1293.50	605.23	697.68	773.23	2364.95	24446
湖 北	Hubei	753.61	1291.68	385.11	561.27	564.41	2497.29	27906
湖 南	Hunan	832.28	1434.68	354.91	463.16	464.21	2820.03	24719
广 东	Guangdong	1825.29	4647.76	1074.85	2658.76	2813.95	7690.94	44736
广 西	Guangxi	480.17	656.83	241.34	384.53	405.79	1214.46	20219
海 南	Hainan	101.90	220.65	69.45	78.12	188.33	295.22	23831
重 庆	Chongqing	389.55	624.33	142.11	496.56	266.38	962.15	27596
四 川	Sichuan	573.75	1016.03	478.42	654.70	558.56	2748.95	21182
贵 州	Guizhou	480.32	367.52	180.73	231.51	139.64	777.35	13119
云 南	Yunnan	193.26	685.38	190.34	375.08	223.45	1224.80	15752
西 藏	Tibet	22.12	31.43	15.75	27.08	14.54	163.90	17319
陕 西	Shaanxi	474.60	856.65	218.16	384.75	315.95	1438.82	27133
甘 肃	Gansu	227.18	272.13	97.40	100.54	110.02	729.23	16113
青 海	Qinghai	61.26	81.44	16.30	54.53	25.41	231.94	24115
宁 夏	Ningxia	145.17	89.50	31.00	97.87	60.53	278.38	26860
新 疆	Xinjiang	222.47	276.28	68.06	225.20	143.44	831.24	25034

1.10 各地区生产总值构成(2010 年)
Composition of Gross Regional Product (2010)

本表指数按不变价格计算。
Indices in this table are calculated at constant prices.

地 区	Region	构成% Composition(%)			指数(上年=100) Indices (previous year =100)			
		第一产业 Primary Industry	第二产业 Secondary Industry	第三产业 Tertiary Industry	地区生产总值 Gross Regional Product	第一产业 Primary Industry	第二产业 Secondary Industry	第三产业 Tertiary Industry
北 京	Beijing	0.9	24.0	75.1	110.3	98.4	113.7	109.3
天 津	Tianjin	1.6	52.5	46.0	117.4	103.3	120.2	114.2
河 北	Hebei	12.6	52.5	34.9	112.2	103.5	113.4	113.1
山 西	Shanxi	6.0	56.9	37.1	113.9	106.1	118.3	109.4
内蒙古	Inner Mongolia	9.4	54.6	36.1	115.0	106.1	118.2	112.4
辽 宁	Liaoning	8.8	54.1	37.1	114.2	105.8	116.8	112.5
吉 林	Jilin	12.1	52.0	35.9	113.8	103.7	118.8	110.7
黑龙江	Heilongjiang	12.6	50.2	37.2	112.7	106.2	114.5	111.8
上 海	Shanghai	0.7	42.1	57.3	110.3	93.4	116.8	105.7
江 苏	Jiangsu	6.1	52.5	41.4	112.7	104.9	113.1	113.3
浙 江	Zhejiang	4.9	51.6	43.5	111.9	103.2	112.4	112.3
安 徽	Anhui	14.0	52.1	33.9	114.6	104.6	120.7	110.1
福 建	Fujian	9.3	51.0	39.7	113.9	103.3	118.1	110.6
江 西	Jiangxi	12.8	54.2	33.0	114.0	104.0	118.2	111.2
山 东	Shandong	9.2	54.2	36.6	112.3	103.6	112.8	113.5
河 南	Henan	14.1	57.3	28.6	112.5	104.5	114.8	111.4
湖 北	Hubei	13.4	48.6	37.9	114.8	104.6	120.2	111.3
湖 南	Hunan	14.5	45.8	39.7	114.6	104.3	120.2	111.7
广 东	Guangdong	5.0	50.0	45.0	112.4	104.5	114.7	110.6
广 西	Guangxi	17.5	47.1	35.4	114.2	104.6	120.5	111.1
海 南	Hainan	26.1	27.7	46.2	116.0	106.3	119.2	120.1
重 庆	Chongqing	8.6	55.0	36.4	117.1	106.1	122.7	112.4
四 川	Sichuan	14.4	50.5	35.1	115.1	104.4	122.0	110.2
贵 州	Guizhou	13.6	39.1	47.3	112.8	104.7	116.6	112.1
云 南	Yunnan	15.3	44.6	40.0	112.3	104.2	115.8	111.5
西 藏	Tibet	13.5	32.3	54.2	112.3	103.2	114.1	113.7
陕 西	Shaanxi	9.8	53.8	36.4	114.6	105.8	118.0	112.1
甘 肃	Gansu	14.5	48.2	37.3	111.8	105.5	115.3	109.9
青 海	Qinghai	10.0	55.1	34.9	115.3	105.9	119.3	112.1
宁 夏	Ningxia	9.4	49.0	41.6	113.5	107.4	116.0	111.6
新 疆	Xinjiang	19.8	47.7	32.5	110.6	104.5	112.6	110.8

1.11 城镇居民家庭基本情况(2010 年)
Basic Conditions of Urban Households (2010)

项　目	Item	全国 National	按收入等级分 (Grouped by Percentile of Households)			
			最低收入户 (10%) Lowest Income Households (first decile group)	#困难户 (5%) Poor Households (firse five percent group)	低收入户 (10%) Low Income Households (second decile group)	中等偏下户 (20%) Lower Middle Income Households (second quintile group)
调查户数(户)	Number of Households Surveyed (household)	65607	6569	3279	6570	13144
调查户比重(%)	Proportion (%)	100.00	10.01	5.00	10.01	20.03
平均每户家庭人口(人)	Average Household Size (person)	2.88	3.29	3.32	3.20	3.02
平均每户就业人口(人)	Average Number of Employed Persons per Household (person)	1.49	1.32	1.22	1.52	1.52
平均每户就业面(%)	Proportion of Employed Persons per Household(%)	51.74	40.12	36.75	47.50	50.33
平均每一就业者负担人数(包括就业者本人)(人)	Number of Persons Supported by Each Employee (including the employee himself or herself) (person)	1.93	2.49	2.72	2.11	1.99
平均每人全部年收入(元)	Per Capita Annual Income (yuan)	21033.42	6703.70	5483.09	10247.04	13970.99
平均每人可支配收入(元)	Per Capita Disposable Income (yuan)	19109.44	5948.11	4739.15	9285.25	12702.08
平均每人消费性支出(元)	Per Capita Annual Living Expenditure (yuan)	13471.45	5471.84	4715.33	7360.17	9649.21

1.11 续表 Continued

项　目	Item	按收入等级分 (Grouped by Percentile of Households) 中等收入户 (20%) Middle Income Households (third quintile group)	中等偏上户 (20%) Upper Middle Income Households (fourth quintile group)	高收入户 (10%) High Income Households (ninth decile group)	最高收入户 (10%) Highest Income Households (tenth decile group)
调查户数(户)	Number of Households Surveyed (household)	13103	13121	6553	6548
调查户比重(%)	Proportion (%)	19.97	20.00	9.99	9.98
平均每户家庭人口(人)	Average Household Size (person)	2.82	2.70	2.61	2.51
平均每户就业人口(人)	Average Number of Employees per Household (person)	1.48	1.49	1.51	1.54
平均每户就业面(%)	Percentage of Employed Persons per Household(%)	52.48	55.19	57.85	61.35
平均每一就业者负担人数(包括就业者本人)(人)	Number of Persons Supported by Each Employee (including the employee himself or herself) (person)	1.91	1.81	1.73	1.63
平均每人全部年收入(元)	Per Capita Annual Income (yuan)	18920.72	25497.81	34254.64	56435.17
平均每人可支配收入(元)	Per Capita Disposable Income (yuan)	17224.01	23188.90	31044.04	51431.57
平均每人消费性支出(元)	Per Capita Annual Living Expenditure (yuan)	12609.43	16140.36	21000.42	31761.63

1.12 各地区居民消费价格指数和商品零售价格指数(2010年)
Consumer Price Indices and Retail Price Indices of Commodities by Region(2010)

(上年=100) (preceding year=100)

地 区	Region	居民消费价格指数 Consumer Price Index			商品零售价格指数 Retail Price Index of commodities		
		总指数 General	城市 Urban Areas	农村 Rural Areas	总指数 General	城市 Urban Areas	农村 Rural Areas
北 京	Beijing	102.4	102.4		100.4	100.4	
天 津	Tianjin	103.5	103.5		103.4	103.4	
河 北	Hebei	103.1	102.8	103.6	103.1	102.7	103.5
山 西	Shanxi	103.0	103.1	102.8	102.3	102.5	102.0
内蒙古	Inner Mongolia	103.2	103.0	103.5	103.0	102.9	103.3
辽 宁	Liaoning	103.0	102.8	104.0	103.2	102.9	104.8
吉 林	Jilin	103.7	103.4	104.1	104.1	104.1	104.3
黑龙江	Heilongjiang	103.9	103.6	104.9	103.1	102.5	105.5
上 海	Shanghai	103.1	103.1		101.7	101.7	
江 苏	Jiangsu	103.8	103.6	104.3	103.2	103.0	103.6
浙 江	Zhejiang	103.8	104.0	103.7	103.9	103.9	103.9
安 徽	Anhui	103.1	103.0	103.4	103.2	102.6	104.0
福 建	Fujian	103.2	103.1	103.4	103.4	103.3	103.6
江 西	Jiangxi	103.0	102.9	103.3	102.7	102.6	102.9
山 东	Shandong	102.9	102.6	103.5	102.7	102.4	103.2
河 南	Henan	103.5	103.4	103.8	103.7	103.5	104.0
湖 北	Hubei	102.9	102.8	103.1	103.1	103.0	103.4
湖 南	Hunan	103.1	103.1	103.2	103.1	102.9	103.3
广 东	Guangdong	103.1	103.1	103.2	103.3	103.4	103.1
广 西	Guangxi	103.0	102.9	103.4	103.0	103.0	103.2
海 南	Hainan	104.8	104.5	105.8	104.6	104.0	106.0
重 庆	Chongqing	103.2	103.2		101.7	101.7	
四 川	Sichuan	103.2	103.3	103.1	103.0	102.7	103.3
贵 州	Guizhou	102.9	103.1	102.6	103.0	102.9	103.1
云 南	Yunnan	103.7	103.8	103.6	103.6	103.5	103.7
西 藏	Tibet	102.2	102.2	102.2	101.0	101.0	101.0
陕 西	Shaanxi	104.0	103.7	104.7	103.6	103.1	104.5
甘 肃	Gansu	104.1	104.4	103.6	104.6	105.3	103.2
青 海	Qinghai	105.4	105.1	105.8	104.3	104.0	105.0
宁 夏	Ningxia	104.1	103.7	104.6	103.2	102.7	104.5
新 疆	Xinjiang	104.3	103.6	105.8	104.6	103.9	106.4

1.13 全国规模以上工业企业主要经济指标(2010 年)
Main Indicators of Industrial Enterprises above Designated Size (2010)

项 目	Item	企业单位数(个) Number of Enterprises (unit)	工业总产值(当年价格) Gross Industrial Output Value (current prices)	资产总计 Total Assets	主营业务收入 Revenue from Principal Business	利润总额 Total Profits	全部从业人员年平均人数(万人) Annual Average Number of Employed Person (10000 persons)
全国总计	**Total**	**452872**	**698591**	**592882**	**697744**	**53050**	**9544.7**
按轻重工业分	**Grouped by Light & Heavy Industries**						
轻工业	Light Industry	188040	200072	137815	197074	15019	3773.3
重工业	Heavy Industry	264832	498519	455067	500670	38031	5771.4
按企业规模分	**Grouped by Size of Enterprises**						
大型企业	Large Enterprises	3742	229947	236257	238017	17630	2307.8
中型企业	Medium-sized Enterprises	42906	203925	191195	200997	17347	3082.4
小型企业	Small Enterprises	406224	264719	165430	258730	18072	4154.5
按登记注册类型分	**By Status of Registration**						
内资企业	Domestic Funded	378827	508673	444330	509015	38030	6899.0
国有企业	State-owned Enterprises	8726	57013	79888	58957	3303	638.0
集体企业	Collective-owned Enterprises	9166	10383	5473	10335	806	188.8
股份合作企业	Cooperative Enterprises	4481	3789	2629	3756	319	62.3
联营企业	Joint Ownership Enterprises	704	1237	1422	1201	70	18.2
国有联营企业	State Joint Ownership Enterprises	130	723	1023	689	28	6.7
集体联营企业	Collective Joint Ownership Enterprises	222	218	106	216	17	5.2
国有与集体联营企业	Joint State-collective Enterprises	175	154	180	156	10	3.9
其他联营企业	Other Joint Ownership Enterprises	177	143	113	141	15	2.4
有限责任公司	Limited Liability Corporations	70078	156232	168139	159709	11987	2018.5
国有独资公司	State Sole Funded Corporations	1479	27305	43488	29213	1910	338.7
其他有限责任公司	Other Limited Liability Corporations	68599	128928	124651	130496	10076	1679.8
股份有限公司	Share-holding Corporations Limited	9562	63804	68099	64414	6203	616.1
私营企业	Private Enterprises	273259	213339	116868	207838	15103	3312.1
私营独资企业	Private-funded Enterprises	59926	38809	15275	37812	3192	588.2
私营合伙企业	Private Partnership Enterprises	10432	6254	2526	6106	574	111.4
私营有限责任公司	Private Limited Liability Corporations	192614	154715	90447	150788	10233	2435.8
私营股份有限公司	Private Share-holding Corporations Ltd.	10287	13561	8619	13133	1103	176.7
其他企业	Other Enterprises	2851	2876	1812	2804	240	45.0
港、澳、台商投资企业	Enterprises with Funds from Hong Kong, Macao and Taiwan	34069	65358	52495	64893	5113	1235.2
合资经营企业(港或澳、台资)	Joint-venture Enterprises	10583	22976	20369	22624	1847	328.1
合作经营企业(港或澳、台资)	Cooperative Enterprises	1223	1977	1625	1935	158	41.9
港、澳、台商独资经营企业	Enterprises with Sole Investment	21671	37459	27451	37388	2849	836.5
港、澳、台商投资股份有限公司	Share-holding Corporations Ltd.	592	2944	3051	2947	259	28.6
外商投资企业	Foreign Funded Enterprises	39976	124560	96057	123836	9906	1410.5
中外合资经营企业	Joint-venture Enterprises	15036	56652	43253	56515	5238	474.9
中外合作经营企业	Cooperation Enterprises	1237	2485	2204	2443	215	34.6
外资企业	Enterprises with Sole Funds	23027	60596	45120	60088	4021	851.3
外商投资股份有限公司	Share-holding Corporations Ltd.	676	4826	5480	4790	432	49.8

注:规模以上企业为年主营业务收入在 500 万元以上的企业

a) Industrial enterprises above designated size are those with annual revenue from principal business over 5 million yuan.

1.14 乡镇企业基本情况(2010 年)
Basic Status of Town and Township Enterprises(2010)

地区	Region	乡镇企业单位数(个) Number of Town and Township Enterprises	乡镇集体企业 Number of Town and Township Collective-owned Enterprises	乡镇企业职工人数(人) Number of Staff and Workers in Town and Township Enterprises (person)	乡镇集体企业职工 Number of Staff and Workers in Town and Township Collective-owned Enterprises	乡镇企业增加值(万元) Value Added of Town and Township Enterprises (10000 yuan)	乡镇集体企业增加值 Value Added of Town and Township Collective-owned Enterprises
全国总计	**National Total**	**6167031**	**116428**	**98157502**	**3898697**	**828272119**	**28162002**
北京	Beijing	22769	2073	846440	123096	6603927	825559
天津	Tianjin	41573	605	1353565	48445	13918283	728360
河北	Hebei	157890	4211	5742060	246590	62873729	2639609
山西	Shanxi	71927	1849	2465431	126584	21068874	920320
内蒙古	Inner Mongolia	166823	1965	1642967	28309	10768780	278654
辽宁	Liaoning	145398	2875	3570409	174749	59139377	2424603
吉林	Jilin	75466	787	1262010	35888	8908734	222450
黑龙江	Heilongjiang	62339	707	839483	15146	5383902	292928
上海	Shanghai	33996	780	2390659	89048	27029577	632408
江苏	Jiangsu	652969	2342	16044369	201508	188330952	4177144
浙江	Zhejiang	772844	8988	11490124	211981	91121679	2664527
安徽	Anhui	255065	2946	3461644	241485	12763863	409369
福建	Fujian	252469	9388	5984961	302099	40515461	1579221
江西	Jiangxi	158080	2320	3144062	63612	20912602	314205
山东	Shandong	596687	4811	13036285	271070	151045571	4219533
河南	Henan	265905	2620	5937214	202946	40696146	1232619
湖北	Hubei	276656	3875	5003651	163042	37871724	1601885
湖南	Hunan	851958	31963	6865395	619259	33230388	2439419
广东	Guangdong	393360	16567	11150022	914660	57527304	3425727
广西	Guangxi	248842	1839	2858592	76536	8580790	256707
海南	Hainan	15832	715	212806	21965	592605	57709
重庆	Chongqing	73135	394	2352419	44036	15201225	80124
四川	Sichuan	251339	2968	5078015	137808	41424916	664246
贵州	Guizhou						
云南	Yunnan	33654	782	1563090	53454	8854245	210943
西藏	Tibet						
陕西	Shaanxi	111532	3465	2487112	135960	11340131	291498
甘肃	Gansu	34612	1074	1154323	97652	3984386	288770
青海	Qinghai	8126	201	89218	5696	344784	10011
宁夏	Ningxia	19335	422	264267	8034	1521729	74091
新疆	Xinjiang	13805	920	307902	21660	1919938	42727

注：本表数据来自农业部乡镇企业局。
Note: The data in this table is from Town and Township Enterprise Bureau of Ministry of Agriculture.

1.15 各地区外商投资企业年底注册登记情况
Registeration Status of Foreign Funded Enterprises by Region at the Year-end

地区	Region	企业数(户) Number of Enterprises (unit)		投资总额(亿美元) Total Investment (100 million USD)		注册资本(亿美元) Registered Capital (100 million USD)		#外方 Foreign Investors	
		2009	2010	2009	2010	2009	2010	2009	2010
全国总计	**National Total**	**434248**	**445244**	**25000**	**27059**	**14035**	**15738**	**11369**	**12590**
地区合计	Region Total	434009	445004	24031	25952	13492	14977	10918	12116
北京	Beijing	23293	24853	1066	1192	625	715	507	579
天津	Tianjin	12288	12918	977	1096	549	620	461	521
河北	Hebei	9559	9531	370	403	199	217	141	159
山西	Shanxi	3535	3665	205	229	101	111	64	69
内蒙古	Inner Mongolia	3675	3693	240	232	135	122	95	91
辽宁	Liaoning	19893	18377	1318	1476	849	975	693	802
吉林	Jilin	4203	4309	193	223	106	123	79	84
黑龙江	Heilongjiang	5957	5814	181	196	109	120	81	91
上海	Shanghai	52278	55666	3084	3394	1819	2009	1479	1640
江苏	Jiangsu	50241	51666	4444	5081	2395	2739	2045	2326
浙江	Zhejiang	28252	28769	1640	1832	950	1069	722	825
安徽	Anhui	5579	5633	279	303	160	173	116	129
福建	Fujian	23609	23463	1175	1248	654	694	562	594
江西	Jiangxi	6822	7574	369	439	231	281	195	243
山东	Shandong	30579	29486	1120	1245	647	729	479	545
河南	Henan	10676	10254	347	379	191	205	139	149
湖北	Hubei	7237	7486	377	429	220	243	162	181
湖南	Hunan	5220	5410	280	324	158	161	124	115
广东	Guangdong	90189	93756	3939	4213	2343	2495	1988	2091
广西	Guangxi	4391	5327	272	280	150	155	121	125
海南	Hainan	4531	4171	903	259	162	145	118	98
重庆	Chongqing	4447	4827	278	349	162	204	120	157
四川	Sichuan	11521	12050	461	544	280	335	214	259
贵州	Guizhou	1966	1936	36	41	21	25	16	19
云南	Yunnan	3880	3833	159	179	93	105	68	78
西藏	Tibet	243	264	6	5	4	3	3	3
陕西	Shaanxi	5097	5378	162	180	97	110	72	83
甘肃	Gansu	2045	2116	49	63	23	28	15	19
青海	Qinghai	495	499	28	23	17	14	8	9
宁夏	Ningxia	669	529	25	40	14	18	10	10
新疆	Xinjiang	1639	1751	48	52	31	33	23	25

主要统计指标解释

行政区划 指国家对行政区域的划分。根据有关法规规定，我国的行政区域划分如下：(1)全国分为省、自治区、直辖市；(2)省、自治区分为自治州、县、自治县、市；(3)自治州分为县、自治县、市；(4)县、自治县分为乡、民族乡、镇；(5)直辖市和较大的市分为区、县；(6)国家在必要时设立的特别行政区。

国民经济行业分类 自 2003 年定期报表开始使用新的《国民经济行业分类》(GB/T4754-2002)。该分类是由国家统计局组织修订，经国家质量监督检验检疫总局批准，于 2002 年 5 月 10 日发布实施。这次修订是在 1994 年分类标准的基础上，参照联合国《全部经济活动的国际标准产业分类》(ISIC/Rev.3)进行的。修订后的《国民经济行业分类》(GB/T4754-2002)共有门类 20 个，大类 95 个，中类 396 个，小类 913 个。新增门类 4 个，大类增加 3 个，中类增加 28 个，小类增加 67 个。

企业(单位)登记注册类型 是以在工商行政管理机关登记注册的各类企业为划分对象，经工商行政管理部门对企业登记注册的类型为依据，将企业登记注册类型分为内资企业、港澳台商投资企业和外商投资企业三大类。内资企业包括国有企业、集体企业、股份合作企业、联营企业、有限责任公司、股份有限公司、私营企业和其他企业；港澳台商投资企业和外商投资企业分别包括合资经营企业、合作经营企业、独资经营企业和股份有限公司。对不在工商行政管理部门进行登记的行政机关、事业单位和社会团体，主要按其经费来源和管理方式进行划分。

国有企业 指企业全部资产归国家所有，并按《中华人民共和国企业法人登记管理条例》规定登记注册的非公司制的经济组织。不包括有限责任公司中的国有独资公司。

集体企业 指企业资产归集体所有，并按《中华人民共和国企业法人登记管理条例》规定登记注册的经济组织。

股份合作企业 指以合作制为基础，由企业职工共同出资入股，吸收一定比例的社会资产投资组建，实行自主经营，自负盈亏，共同劳动，民主管理，按劳分配与按股分红相结合的一种集体经济组织。

联营企业 指两个及两个以上相同或不同所有制性质的企业法人或事业单位法人，按自愿、平等、互利的原则，共同投资组成的经济组织。联营企业包括国有联营企业、集体联营企业、国有与集体联营企业和其他联营企业。

有限责任公司 指根据《中华人民共和国公司登记管理条例》规定登记注册，由两个以上，五十个以下的股东共同出资，每个股东以其所认缴的出资额对公司承担有限责任，公司以其全部资产对其债务承担责任的经济组织。有限责任公司包括国有独资公司以及其他有限责任公司。

股份有限公司 指根据《中华人民共和国公司登记管理条例》规定登记注册，其全部注册资本由等额股份构成并通过发行股票筹集资本，股东以其认购的股份对公司承担有限责任，公司以其全部资产对其债务承担责任的经济组织。

私营企业 指由自然人投资设立或由自然人控股，以雇佣劳动为基础的营利性经济组织。包括按照《公司法》、《合伙企业法》、《私营企业暂行条例》规定登记注册的私营有限责任公司、私营股份有限公司、私营合伙企业和私营独资企业。

其他企业 指上述企业之外的其他内资经济组织。

与港澳台商合资经营企业 指港澳台地区投资者与内地企业依照《中华人民共和国中外合资经营企业法》及有关法律的规定，按合同规定的比例投资设立、分享利润和分担风险的企业。

与港澳台商合作经营企业 指港澳台地区投资者与内地企业依照《中华人民共和国中外合作经营企业法》及有关法律的规定，依照合作合同的约定进行投资或提供条件设立、分配利润和分担风险的企业。

港澳台商独资经营企业 指依照《中华人民共和国外资企业法》及有关法律的规定，在内地由港澳台地区投资者全额投资设立的企业。

港澳台商投资股份有限公司 指根据国家有关规定，经外经贸部依法批准设立，其中港、澳、台商的股本占公司注册资本的比例达 25%以上的股份有限公司。凡其中港、澳、台商的股本占公司注册资本的比例小于 25%的，属于内资企业中的股份有限公司。

中外合资经营企业 指外国企业或外国人与中国内地企业依照《中华人民共和国中外合资经营企业法》及有关法律的规定，按合同规定的比例投资设立、分享利润和分担风险的企业。

中外合作经营企业 指外国企业或外国人与中国内地企业依照《中华人民共和国中外合作经营企业法》及有关法律的规定，依照合作合同的约定进行投资或提供条件设立、分配利润和分担风险的企业。

外资企业　指依照《中华人民共和国外资企业法》及有关法律的规定,在中国内地由外国投资者全额投资设立的企业。

外商投资股份有限公司　指根据国家有关规定,经外经贸部依法批准设立,其中外资的股本占公司注册资本的比例达25%

以上的股份有限公司,凡其中外资股本占公司注册资本的比例小于25%的,属于内资企业中的股份有限公司。

行政机关、事业单位和社会团体　参照企业登记注册类型,主要按其经费来源和管理方式划分。具体规定如下:

⑴行政机关:包括国家机关和政党机关,原则上均列为"国有"。但有特殊规定的,如供销社等,则列为"集体"。

⑵事业单位:包括经国家机构编制部门和有关业务主管部门批准成立的各类事业单位,不包括实行企业管理的事业单位。事业单位的划分办法如下:

①由国家财政预算拨款或列入财政预算外资金管理以及经费主要来源于国有主管部门或国有上级单位的事业单位,列为"国有"。

②经费主要来源于集体单位的事业单位,列为"集体"。

③公民个人(或个人合伙)开办的事业单位,列为"私营"。

④上述以外的其他事业单位,如果其经费来源不明确,按管理方式进行归类。

⑶社会团体:包括经民政部门批准成立以及未纳入社会团体管理条例范围的工会、妇联等各类社会团体。社会团体的划分办法如下:

①未纳入民政部社会团体管理条例范围的工会、妇联、共青团、青联、工商联、科协、侨联等社会团体,国家拨款设立的基金会或基金管理组织以及经费主要来源于国有业务主管部门或国有上级单位的社会团体,列为"国有"。

②经费主要来源于集体单位的社会团体,列为"集体"。

③公民个人(或个人合伙)开办的社会团体,划为"私营"。

④上述以外的其他社会团体,如果其经费来源不明确,改按管理方式进行归类。

国内生产总值(GDP)　指按市场价格计算的一个国家(或地区)所有常住单位在一定时期内生产活动的最终成果。国内生产总值有三种表现形态,即价值形态、收入形态和产品形态。从价值形态看,它是所有常住单位在一定时期内生产的全部货物和服务价值超过同期投入的全部非固定资产货物和服务价值的差额,即所有常住单位的增加值之和;从收入形态看,它是所有常住单位在一定时期内创造并分配给常住单位和非常住单位的初次收入之和;从产品形态看,它是所有常住单位在一定时期内最终使用的货物和服务价值与货物和服务净出口价值之和。在实际核算中,国内生产总值有三种计算方法,即生产法、收入法和支出法。三种方法分别从不同的方面反映国内生产总值及其构成。对于一个地区来说,称为地区生产总值或地区GDP。

国民总收入(GNI)　即国民生产总值,指一个国家(或地区)所有常住单位在一定时期内收入初次分配的最终结果。一国常住单位从事生产活动所创造的增加值在初次分配中主要分配给该国的常住单位,但也有一部分以生产税及进口税(扣除生产和进口补贴)、劳动者报酬和财产收入等形式分配给非常住单位;同时,国外生产所创造的增加值也有一部分以生产税及进口税(扣除生产和进口补贴)、劳动者报酬和财产收入等形式分配给该国的常住单位,从而产生了国民总收入的概念。它等于国内生产总值加上来自国外的净要素收入。与国内生产总值不同,国民总收入是个收入概念,而国内生产总值是个生产概念。

三次产业　三产业的划分是世界上较为常用的产业结构分类,但各国的划分不尽一致。我国的三次产业划分是:

第一产业是指农业、林业、畜牧业、渔业和农林牧渔服务业。

第二产业是指采矿业,制造业,电力、煤气及水的生产和供应业,建筑业。

第三产业是指除第一、二产业以外的其他行业。

城镇家庭人口　指居住在一起,经济上合在一起共同生活的家庭成员。凡计算为家庭人口的成员其全部收支都包括在本家庭中。

城镇就业面　指就业人口占家庭人口的百分比。

城镇就业者负担人数　指家庭人口与就业人口之比。

城镇家庭总收入　指家庭成员得到的工资性收入、经营净收入、财产性收入、转移性收入之和,不包括出售财物收入和借贷收入。

城镇家庭可支配收入　指家庭成员得到可用于最终消费支出和其他非义务性支出以及储蓄的总和,即居民家庭可以用来自由支配的收入。它是家庭总收入扣除交纳的个人所得税、个人交纳的社会保障支出以及记账补贴后的收入。计算公式为:

可支配收入=家庭总收入-交纳个人所得税-个人交纳的社会保障支出-记账补贴

城镇家庭总支出　指除借贷支出以外的全部家庭支出。包括消费性支出、购房建房支出、转移性支出、财产性支出、社会保障支出。

城镇家庭消费性支出 指家庭用于日常生活的支出，包括食品、衣着、居住、家庭设备用品及服务、医疗保健、交通和通信、教育文化娱乐服务、其他商品和服务等八大类支出。

城镇家庭收入分组方法 是将所有调查户按户人均可支配收入由低到高排队，按 10%，10%，20%，20%，20%，10%，10% 的比例依次分成：最低收入户、低收入户、中等偏下收入户、中等收入户、中等偏上收入户、高收入户、最高收入户等七组。总体中最低 5% 的户为困难户。

居民消费价格指数 是反映一定时期内城乡居民所购买的生活消费品和服务项目价格变动趋势和程度的相对数，是对城市居民消费价格指数和农村居民消费价格指数进行综合汇总计算的结果。通过该指数可以观察和分析消费品的零售价格和服务项目价格变动对城乡居民实际生活费支出的影响程度。

城市居民消费价格指数 是反映一定时期内城市居民家庭所购买的生活消费品价格和服务项目价格变动趋势和程度的相对数。通过该指数可以观察和分析消费品的零售价格和服务项目价格变动对城镇居民收入和消费支出的影响。

农村居民消费价格指数 是反映一定时期内农村居民家庭所购买的生活消费品价格和服务项目价格变动趋势和程度的相对数。该指数可以观察农村消费品的零售价格和服务项目价格变动对农村居民收入和生活消费支出的影响。

商品零售价格指数 是反映一定时期内城乡商品零售价格变动趋势和程度的相对数。商品零售价格的变动与国家的财政收入、市场供需的平衡、消费与积累的比例关系有关。因此，该指数可以从一个侧面对上述经济活动进行观察和分析。

Explanatory Notes of Main Statistic Indicators

Divisions of Administrative Areas refers to the division of administrative areas by the State. The relative laws stipulate that 1) the whole country is divided into provinces, autonomous regions and municipalities directly under the Central Government; 2) provinces and autonomous regions are further divided into autonomous prefectures, counties, autonomous counties and cities; 3) autonomous prefectures are further divided into counties, autonomous counties and cities; 4) counties and autonomous counties are further divided into townships, ethnic townships and towns; 5) municipalities directly under the Central Government and large cities are divided into districts and counties, 6) the State shall, when necessary, establish special administrative regions.

Industrial Classification of the National Economy The new *Industrial Classification of the National Economy* (GB/T 4754-2002) is introduced starting from the compilation of 2003 annual statistics. The revision, based on the 1994 classification, was organized by the National Bureau of Statistics taking into consideration of the *International Standards of the Industrial Classification of All Economic Activities* (ISIC/Rev. 3) of the United Nations. The new *Classification* was promulgated by the National Administration of Quality Supervision, Inspection and Quarantine on May 10, 2002. The revised version of the *Industrial Classification of the National Economy* (GB/T 4754-2002) is composed of 20 major divisions, 95 divisions, 396 major groups and 913 groups, of which 4 major divisions, 3 divisions, 28 major groups and 67 groups are new respectively.

Registration Status of Enterprises Enterprises are classified into 3 categories, namely domestic-funded enterprises, enterprises with investment from Hong Kong, Macau and Taiwan, and enterprises with foreign investment, according to the registration status of an enterprise in industrial and commercial administration agencies. Domestic-funded enterprises include State-owned enterprises, collective-owned enterprises, cooperative enterprises, joint ownership enterprises, limited liability corporations, share-holding corporations Ltd., private enterprises and other enterprises. Included in the enterprises with investment from Hong Kong, Macau and Taiwan and enterprises with foreign investment are joint-venture enterprises, cooperative enterprises, sole investment enterprises and share-holding corporations Ltd. For government agencies, institutions and social organizations which are not registered in industrial and commercial administration agencies, they are classified mainly by their sources of funding and manner of management.

State-owned Enterprises refer to non-corporation economic units where the entire assets are owned by the State and which have been registered in accordance with the *Regulation of the People's Republic of China on the Management of Registration of Corporate Enterprises*. Not included from this category are solely State-funded corporations in the limited liability corporations.

Collective-owned Enterprises refer to economic units where the assets are owned collectively and which have been registered in accordance with the *Regulation of the People's Republic of China on the Management of Registration of Corporate Enterprises*.

Cooperative Enterprises refer to a form of collective economic units (enterprises) where capitals come mainly from employees as their shares, with certain proportion of capital from the outside, where production is organized on the basis of independent operation, independent accounting for profits and losses, joint work, democratic management, and a distribution system that integrates remuneration according to work with dividend according to capital share.

Joint Ownership Enterprises refer to economic units established by two or more corporate enterprises or corporate institutions of the same or different ownership, through joint investment on the basis of voluntary participation, equality, and mutual benefits. They include State joint ownership enterprises; collective joint ownership enterprises; joint State-collective enterprises; and other joint ownership enterprises.

Limited Liability Corporations refer to economic units established with investment from 2-50 investors and registered in accordance with the *Regulation of the People's Republic of China on the Management of Registration of Corporations*, each investor bearing limited liability to the corporation depending on its share of investment, and the corporation bearing liability to its debt to the maximum of its total assets. Limited liability corporations include solely State-funded limited liability corporations and other limited liability corporations.

Share-holding Corporations Ltd. refer to economic units registered in accordance with the *Regulation of the People's Republic of China on the Management of Registration of Corporations*, with total registered capital divided into equal shares and raised through issuing stocks. Each investor bears limited liability to the corporation depending on the holding of shares, and the corporation bears liability to its debt to the maximum of its total assets.

Private Enterprises refer to profit-making economic units invested and established by natural persons, or controlled by natural persons using employed labour. Included in this category are private limited liability corporations, private share-holding corporations Ltd., private partnership enterprises and private-funded enterprises registered in accordance with the *Company Law*, *the Law on Partnership Business* and *Interim Regulations on Private Enterprises.*

Other Domestic-funded Enterprises refer to domestic-funded economic units other than those mentioned above.

Joint Venture Enterprises with Funds from Hong Kong, Macau and Taiwan are enterprises established by investors from Hong Kong, Macau and Taiwan with enterprises in the mainland of China in accordance with the *Law of the People's Republic of China on Sino-foreign Equity Joint Ventures* and other relevant laws, where the establishment of the investment and the sharing of profits and risks are stipulated under joint venture contracts.

Cooperative Enterprises with Funds from Hong Kong, Macau and Taiwan established by investors from Hong Kong, Macau and Taiwan with enterprises in the mainland of China in accordance with the *Law of the People's Republic of China on Sino-foreign Contractual Joint Venture* and other relevant laws, where the investment or provision of facilities and the sharing of profits and risks are stipulated under cooperative contracts.

Enterprises with Sole (exclusive) Investment from Hong Kong, Macau and Taiwan refer to enterprises established in the mainland of China with exclusive investment from investors from Hong Kong, Macau and Taiwan in accordance with the *Law of the People's Republic of China on Wholly Foreign-owned Enterprises* and other relevant laws.

Share-holding CorporationsLtd. with Investment from Hong Kong, Macau and Taiwan refer to share-holding corporations Ltd. established with the approval from the former Ministry of Foreign Trade and Economic Relations in line with relevant State regulations, where the share of investment from Hong Kong, Macau or Taiwan businessmen exceeds 25% of the total registered capital of the corporation. In case the share of investment from Hong Kong, Macau or Taiwan is less than 25% of the total registered capital, the enterprise is to be classified as domestic-funded share-holding corporation Ltd.

Joint Venture Enterprises with Foreign Investment refer to enterprises jointly established by foreign enterprises or foreigners with enterprises in the mainland of China in accordance with the *Law of the People's Republic of China on Sino-foreign Equity Joint Ventures* and other relevant laws, where the sharing of investment, profits and risks is stipulated under contract.

Cooperative Enterprises with Foreign Investment refer to enterprises jointly established by foreign enterprises or foreigners with enterprises in the mainland of China in accordance with the *Law of the People's Republic of China on Sino-foreign Contractual Joint Venture* and other relevant laws, where the investment or provision of facilities and the sharing of profits and risks are stipulated under cooperative contracts.

Enterprises with Sole (exclusive) Foreign Investment refer to enterprises established in the mainland of China with exclusive investment from foreign investors in accordance with the *Law of the People's Republic of China on Wholly Foreign-owned Enterprises* and other relevant laws.

Share-holding CorporationsLtd. with Foreign Investment refer to share-holding corporations Ltd. established with the approval from the former Ministry of Foreign Trade and Economic Relations in line with relevant State regulations, where the share of investment from foreign investors exceeds 25% of the total registered capital of the corporation. In case the share of foreign investment is less than 25% of the total registered capital, the enterprise is to be classified as domestic-funded share-holding corporation Ltd.

Government Agencies, Institutions and Social Organizations are classified into the following categories by source of funds and manner of management taking reference of the registration status of enterprises:

(1) Government agencies: include State and party agencies, classified in principle as State-owned. There are exceptions, such as supply and marketing cooperatives which are classified as collective-owned.

(2) Institutions: include institutions of various types established with the approval by organization and staffing departments of the government, but exclude institutions where enterprise management system is introduced. Institutions are further classified as follows:

(a) Institutions for which their main budgets are from government budget appropriations or extra-budget funds, or allocated from the budget of their competent government agencies. Such institutions are classified as state-owned.

(b) Institutions for which their budget mainly come from collective units. Such institutions are classified as collective-owned.

(c) Social institutions established by individual or a group of citizens, which are classified as private.

(d) Institutions other than those mentioned above for which their sources of budget are not clear. Such institutions are classified by the manner of management.

(3) Social organizations: include social organizations established with the approval from the Ministry of Civil Affairs, and organizations that are not covered by social organization management regulations such as trade unions, women's federations etc.. Social organizations are further classified as follows:

(a) Social organizations that are not covered by social organization management regulations of the Ministry of Civil Affairs such as trade unions, women federations, communist youth leagues, youth associations, industrial and commerce associations, scientist associations, overseas Chinese associations, etc., foundations and fund management organizations established with funds from the state, and social organizations whose funds mainly come from the budget of their competent government agencies. Such institutions are classified as State-owned.

(b) Social organizations for which their budget mainly come from collective units. Such institutions are classified as collective-owned.

(c) Social organizations established by individual or a group of citizens, which are classified as private.

(d) Social organizations other than those mentioned above for which their sources of budget are not clear. Such organizations are classified by the manner of management.

Gross Domestic Product (GDP) refers to the final products at market prices produced by all resident units in a country (or a region) during a certain period of time. Gross domestic product is expressed in three different perspectives, namely value, income, and products respectively. GDP in its value perspective refers to the total value of all goods and services produced by all resident units during a certain period of time, minus the total value of input of goods and services of the nature of non-fixed assets; in other words, it is the sum of the value-added of all resident units. GDP from the perspective of income includes the primary income created by all resident units and distributed to resident and non-resident units. GDP from the perspective of products refers to the value of all goods and services for final demand by all resident units plus the net exports of goods and services during a given period of time. In the practice of national accounting, gross domestic product is calculated from three approaches, namely production approach, income approach and expenditure approach, which reflect gross domestic product and its composition from different angles.

For a region, it is called as Gross Regional Product(GRP) or regional GDP.

Gross National Income (GNI) also known as Gross National Product, refers to the final result of the primary distribution of the income created by all the resident units of a country (or a region) during a certain period of time. The value-added created by the resident units of a country engaged in production activities is distributed, during the primary distribution, mainly to the resident units of that country, while part of it is distributed to the non-resident units in the form of production tax and import duties (minus subsidies to production and import), compensation of employees and property income. In the meantime, a part of the value-added created abroad is distributed to the resident units of the country in the form of production tax and import duties (minus subsidies to production and import), compensation of employees and property income. The concept of Gross National Income is thus developed, which equals to Gross Domestic Product plus the net factor income from abroad. Unlike GDP which is a concept of production, GNP is a concept of income.

Three Strata of Industry Classification of economic activities into three strata of industry is a common practice in the world, although the grouping varies to some extent from country to country. In China economic activities are categorized into the following three strata of industry:

Primary industry refers to agriculture, forestry, animal husbandry and fishery and services in support of these industries.

Secondary industry refers to mining and quarrying, manufacturing, production and supply of electricity, water and gas, and construction.

Tertiary industry refers to all other economic activities not included in the primary or secondary industries.

Population of Urban Households refer to members of households living and sharing economically together in the urban areas. All the income and expenditure of all the members of such households are included in the income and expenditure of the household.

Proportion of Urban Employmentrefers to the proportion of employed population to the population of urban households.

Number of Dependents per Urban Employee refers to the ratio between number of persons in an urban household and the number of employed persons.

Total Income of Urban Households refers to the sum of wage income; net business income; income from properties; and income from transfers of members of the households. Income from selling of properties and income from borrowing are not included.

Disposable Income of Urban Households refers to the actual income at the disposal of members of the households which can be used for final consumption, other non-compulsory expenditure and savings. This equals to total income minus income tax, personal contribution to social security and subsidy for keeping diaries in being a sample household. The following formula is used:

Disposable income = total household income -income tax -personal contribution to social security -subsidy for keeping diaries for a sampled household

Total Expenditure of Urban Households refers to all expenditure of households except expenditure on lending. It includes expenditure on consumption; on purchasing or building houses; on transfers; on properties; and on social security.

Consumption Expenditure of Urban Households refers to total expenditure of households for consumption in daily life, including expenditure on the eight categories of food; clothing; housing; household appliances and services; health care and medical services; transport and communications; education, cultural and recreational services; and miscellaneous goods and services.

Urban Households by Income Group All households in the sample are grouped, by per capita disposable income of the household, into groups of lowest income, low income, lower middle income, middle income, upper middle income, high income and highest income, each group consisting of 10%, 10%, 20%, 20%, 20%, 10% and 10% of all households respectively. The lowest 5% of households are also referred to as poor households.

Consumer Price Indices reflect the trend and degree of changes in prices of consumer goods and services purchased by urban and rural households during a given period. They are obtained by combining Consumer Price Indices of Urban Household and Consumer Price Indices of Rural Household. The Indices enable the observation and analysis of the degree of impact of the changes in the prices of retailed goods and services on the actual living expenses of urban and rural residents.

Consumer Price Indices of Urban Household reflect the trend and degree of changes in prices of consumer goods and services purchased by urban households during a given period. It can be used to observe and analyze the impact of price changes in consumer goods and services on urban household income and consumption expenditure.

Consumer Price Indices of Rural Household reflect the trend and degree of changes in prices of consumer goods and services purchased by rural households during a given period. It can be used to observe the impact of change in retail prices of consumer goods and service prices on rural household income and consumption expenditure on living.

Retail Price Indices reflect the trend and degree of change in retail prices of commodities during a given period. The change in retail prices of commodities is related to government revenue, the equilibrium of market supply and demand, and the ratio of consumption to accumulation. Therefore, the retail price indices are useful from an oblique perspective for observing and analyzing the changes of the above economic activities.

二、职工状况统计
Chapter 2　STATISTICS OF STAFF AND WORKERS' STATE

简 要 说 明

本部分资料来源于国家统计局《中国统计年鉴-2011》，主要反映我国劳动经济方面的基本情况，包括 31 个省、自治区、直辖市的主要劳动统计数据。

就业基本情况及分组资料、职工工资总额等资料，是国家统计局人口和就业统计司根据《劳动统计报表制度》、《劳动力调查制度》及《乡村社会经济调查方案》搜集资料，加工整理。

私营企业及个体工商业就业人员，由国家工商行政管理总局提供。

Brief Explanation

The materials of this part are from *China Statistic Yearbook -2010* of State Statistic Bureau, main reflecting the basic status of the labor economic aspect of China, including the main labor statistic data of 31 provinces, autonomous regions and municipalities directly under Central Government.

Data on basic conditions of employment, data by groups, total wage bills of staff and workers are collected and compiled through The Reporting Form System on Labor Statistics, The Sample Survey System on Labor Force, The System of Rural Social and Economic Surveys by the Department of Population and Employment Statistics, the NBS.

Data on the number of employed persons in private enterprises and self-employed individuals are provided by the State Administration for Industry and Commerce.

2.1 按城乡分就业人员数(年底数)
Number of Employed Persons at Year-end in Urban and Rural Areas

单位:万人 (10000 persons)

年份 Year	合计 Total	城镇 Urban Area						
		小计 Sub-total	#国有单位 State-owned Units	#集体单位 Collective-owned Units	#股份合作单位 Share Holding Units	#联营单位 Joint-owned Units	#有限责任公司 Limited Liability Corporations	#股份有限公司 Share Holding Corporations Ltd.
1952	20729	2486	1580	23				
1957	23771	3205	2451	650				
1965	28670	5136	3738	1227				
1970	34432	6312	4792	1424				
1975	38168	8222	6426	1772				
1978	40152	9514	7451	2048				
1980	42361	10525	8019	2425				
1985	49873	12808	8990	3324		38		
1990	64749	17041	10346	3549		96		
1991	65491	17465	10664	3628		49		
1992	66152	17861	10889	3621		56		
1993	66808	18262	10920	3393		66		164
1994	67455	18653	11214	3285		52		292
1995	68065	19040	11261	3147		53		317
1996	68950	19922	11244	3016		49		363
1997	69820	20781	11044	2883		43		468
1998	70637	21616	9058	1963	136	48	484	410
1999	71394	22412	8572	1712	144	46	603	420
2000	72085	23151	8102	1499	155	42	687	457
2001	73025	23940	7640	1291	153	45	841	483
2002	73740	24780	7163	1122	161	45	1083	538
2003	74432	25639	6876	1000	173	44	1261	592
2004	75200	26476	6710	897	192	44	1436	625
2005	75825	27331	6488	810	188	45	1750	699
2006	76400	28310	6430	764	178	45	1920	741
2007	76990	29350	6424	718	170	43	2075	788
2008	77480	30210	6447	662	164	43	2194	840
2009	77995	31120	6420	618	160	37	2433	956
2010	76105	34687	6516	597	156	36	2613	1024

2.1 续表
Continued

年份 Year	城镇 Urban Area				乡村 Rural Area			
	#私营企业 Private Enterprises	#港澳台商投资单位 Units With Funds from Hong Kong, Macao and Taiwan	#外商投资单位 Foreign Funded Units	#个体 Self-employed Individuals	小计 Sub-total	#乡镇企业 Township and Village Enterprises	#私营企业 Private Enterprises	#个体 Self-employed individuals
1952								
1957				104	20566			
1965				171	23534			
1970				96	28120			
1975				24	29946			
1978				15	30638	2827		
1980				81	31836	3000		
1985			6	450	37065	6979		
1990	57	4	62	614	47708	9265	113	1491
1991	68	69	96	692	48026	9609	116	1616
1992	98	83	138	740	48291	10625	134	1728
1993	186	155	133	930	48546	12345	187	2010
1994	332	211	195	1225	48802	12017	316	2551
1995	485	272	241	1560	49025	12862	471	3054
1996	620	265	275	1709	49028	13508	551	3308
1997	750	281	300	1919	49039	13050	600	3522
1998	973	294	293	2259	49021	12537	737	3855
1999	1053	306	306	2414	48982	12704	969	3827
2000	1268	310	332	2136	48934	12820	1139	2934
2001	1527	326	345	2131	49085	13086	1187	2629
2002	1999	367	391	2269	48960	13288	1411	2474
2003	2545	409	454	2377	48793	13573	1754	2260
2004	2994	470	563	2521	48724	13866	2024	2066
2005	3458	557	688	2778	48494	14272	2366	2123
2006	3954	611	796	3012	48090	14680	2632	2147
2007	4581	680	903	3310	47640	15090	2672	2187
2008	5124	679	943	3609	47270	15451	2780	2167
2009	5544	721	978	4245	46875	15588	3063	2341
2010	6071	770	1053	4467	41418	15893	3347	2540

2.2 按三次产业分就业人员数(年底数)
Number of Employed Persons at Year-end by Type of Industry

年 份 Year	经济活动人口(万人) Economically Active Population (10000 persons)	就业人员(万人) Total (10000 persons)				构成(合计=100) Composition in Percentage		
			第一产业 Primary Industry	第二产业 Secondary Industry	第三产业 Tertiary Industry	第一产业 Primary Industry	第二产业 Secondary Industry	第三产业 Tertiary Industry
1952	21106	20729	17317	1531	1881	83.5	7.4	9.1
1957	23971	23771	19309	2142	2320	81.2	9.0	9.8
1962		25910	21276	2059	2575	82.1	8.0	9.9
1965		28670	23396	2408	2866	81.6	8.4	10.0
1970		34432	27811	3518	3103	80.8	10.2	9.0
1975		38168	29456	5152	3560	77.2	13.5	9.3
1978	40682	40152	28318	6945	4890	70.5	17.3	12.2
1979	41592	41024	28634	7214	5177	69.8	17.6	12.6
1980	42903	42361	29122	7707	5532	68.7	18.2	13.1
1981	44165	43725	29777	8003	5945	68.1	18.3	13.6
1982	45674	45295	30859	8346	6090	68.1	18.4	13.5
1983	46707	46436	31151	8679	6606	67.1	18.7	14.2
1984	48433	48197	30868	9590	7739	64.0	19.9	16.1
1985	50112	49873	31130	10384	8359	62.4	20.8	16.8
1986	51546	51282	31254	11216	8811	60.9	21.9	17.2
1987	53060	52783	31663	11726	9395	60.0	22.2	17.8
1988	54630	54334	32249	12152	9933	59.3	22.4	18.3
1989	55707	55329	33225	11976	10129	60.1	21.6	18.3
1990	65323	64749	38914	13856	11979	60.1	21.4	18.5
1991	66091	65491	39098	14015	12378	59.7	21.4	18.9
1992	66782	66152	38699	14355	13098	58.5	21.7	19.8
1993	67468	66808	37680	14965	14163	56.4	22.4	21.2
1994	68135	67455	36628	15312	15515	54.3	22.7	23
1995	68855	68065	35530	15655	16880	52.2	23	24.8
1996	69765	68950	34820	16203	17927	50.5	23.5	26
1997	70800	69820	34840	16547	18432	49.9	23.7	26.4
1998	72087	70637	35177	16600	18860	49.8	23.5	26.7
1999	72791	71394	35768	16421	19205	50.1	23.0	26.9
2000	73992	72085	36043	16219	19823	50.0	22.5	27.5
2001	74432	73025	36513	16284	20228	50.0	22.3	27.7
2002	75360	73740	36870	15780	21090	50.0	21.4	28.6
2003	76075	74432	36546	16077	21809	49.1	21.6	29.3
2004	76823	75200	35269	16920	23011	46.9	22.5	30.6
2005	77877	75825	33970	18084	23771	44.8	23.8	31.4
2006	78244	76400	32561	19225	24614	42.6	25.2	32.2
2007	78645	76990	31444	20629	24917	40.8	26.8	32.4
2008	79243	77480	30654	21109	25717	39.6	27.2	33.2
2009	79812	77995	29708	21684	26603	38.1	27.8	34.1
2010	78388	76105	27931	21842	26332	36.7	28.7	34.6

2.3 各地区按三次产业分就业人员数(2010 年)
Number of Employed Persons in Urban units by Sector and Region (2010)

地区 Region	就业人员(万人) Total Employed Persons (10000 persons)				构成(合计=100)		
		第一产业 Primary Industry	第二产业 Secondary Industry	第三产业 Tertiary Industry	第一产业 Primary Industry	第二产业 Secondary Industry	第三产业 Tertiary Industry
全国总计 National Total	**76105.0**	**27930.5**	**21842.1**	**26332.3**	**36.7**	**28.7**	**34.6**
北京 Beijing	1317.7	65.1	275.8	976.8	4.9	20.9	74.1
天津 Tianjin	520.8	75.9	213.5	231.4	14.6	41.0	44.4
河北 Hebei	3790.2	1469.6	1261.1	1059.5	38.8	33.3	28.0
山西 Shanxi	1665.1	638.2	440.2	586.7	38.3	26.4	35.2
内蒙古 Inner Mongolia	1184.7	571.0	206.2	407.5	48.2	17.4	34.4
辽宁 Liaoning	2238.1	700.2	586.4	951.5	31.3	26.2	42.5
吉林 Jilin	1248.7	524.9	266.3	457.5	42.0	21.3	36.6
黑龙江 Heilongjiang	1743.4	774.8	337.4	631.2	44.4	19.4	36.2
上海 Shanghai	924.7	36.3	347.4	540.9	3.9	37.6	58.5
江苏 Jiangsu	4731.7	883.3	2141.9	1706.5	18.7	45.3	36.1
浙江 Zhejiang	3989.2	633.9	1914.0	1441.3	15.9	48.0	36.1
安徽 Anhui	3846.8	1538.5	1132.4	1175.8	40.0	29.4	30.6
福建 Fujian	2181.3	636.5	815.9	728.9	29.2	37.4	33.4
江西 Jiangxi	2306.1	867.2	684.2	754.8	37.6	29.7	32.7
山东 Shandong	5654.7	2004.4	1839.9	1810.4	35.4	32.5	32.0
河南 Henan	6041.6	2711.7	1753.4	1576.5	44.9	29.0	26.1
湖北 Hubei	3116.5	920.6	907.9	1288.0	29.5	29.1	41.3
湖南 Hunan	4007.7	1871.9	860.9	1275.0	46.7	21.5	31.8
广东 Guangdong	5776.9	1483.3	2018.0	2275.6	25.7	34.9	39.4
广西 Guangxi	2945.3	1571.2	619.5	754.7	53.3	21.0	25.6
海南 Hainan	445.7	222.1	53.6	170.1	49.8	12.0	38.2
重庆 Chongqing	1912.1	632.7	555.7	723.7	33.1	29.1	37.8
四川 Sichuan	4997.6	2142.1	1153.6	1701.9	42.9	23.1	34.1
贵州 Guizhou	2402.2	1192.1	285.0	925.1	49.6	11.9	38.5
云南 Yunnan	2814.1	1671.5	382.6	759.9	59.4	13.6	27.0
西藏 Tibet	175.0	93.0	19.4	62.7	53.1	11.1	35.8
陕西 Shaanxi	1952.0	856.0	487.8	608.2	43.9	25.0	31.2
甘肃 Gansu	1431.9	731.5	216.3	484.1	51.1	15.1	33.8
青海 Qinghai	294.1	123.4	66.4	104.3	41.9	22.6	35.5
宁夏 Ningxia	326.0	128.3	86.2	111.5	39.4	26.4	34.2
新疆 Xinjiang	852.6	436.1	119.8	296.6	51.2	14.1	34.8

2.4 按登记注册类型和行业分城镇单位就业人员数(2010 年)
Number of Employed Persons in Urban Units at Year-end by Status of Registration and Sector(2010)

单位:万人 (10000 persons)

项 目	Item	合计 Total	国有单位 State-owned Units	城镇集体单位 Urban Collective-owned Units	其他单位 Units of Other Types of Ownership
全国总计	**National Total**	**13051.5**	**6516.4**	**597.5**	**5937.6**
农、林、牧、渔业	Agriculture, Forestry, Animal Husbandry and Fishing	375.7	357.4	4.4	14.0
采矿业	Mining	562.0	234.1	18.8	309.1
制造业	Manufacturing	3637.2	416.5	134.4	3086.2
电力、煤气及水的生产和供应业	Production and Distribution of Electricity, Gas and Water	310.5	203.9	5.2	101.4
建筑业	Construction	1267.5	278.7	161.7	827.1
交通运输、仓储和邮政业	Transport, Storage and Post	631.1	403.3	19.8	208.0
信息传输、计算机服务和软件业	Information Transmission, Computer Service and Software	185.8	62.5	1.0	122.3
批发和零售业	Wholesale and Retail Trade	535.1	137.3	48.0	349.9
住宿和餐饮业	Hotel and Restaurants	209.2	54.6	9.6	145.1
金融业	Financial Intermediation	470.1	144.3	52.1	273.7
房地产业	Real Estate	211.6	45.4	9.2	157.1
租赁和商务服务业	Leasing and Business Services	310.1	131.5	37.6	140.9
科学研究、技术服务和地质勘查业	Scientific Research, Technical Services, and Geological Prospecting	292.3	219.6	4.2	68.6
水利、环境和公共设施管理业	Water Management of Conservancy, Environment and Public Facilities	218.9	189.9	10.5	18.5
居民服务和其他服务业	Services to Households and Other Services	60.2	28.9	7.8	23.5
教育	Education	1581.8	1517.4	17.5	46.8
卫生、社会保障和社会福利业	Health, Social Securities and Social Welfare	632.5	562.6	51.4	18.6
文化、体育和娱乐业	Culture, Sports and Entertainment	131.4	113.1	2.2	16.2
公共管理和社会组织	Public Management and Social Organization	1428.5	1415.6	2.2	10.7

2.5 各地区按行业分城镇单位就业人员数(2010 年)
Number of Employed Persons in Urban units by Sector and Region (2010)

单位：万人 (10000 persons)

地区	Region	合计 Total	农、林、牧、渔业 Farming, Forestry, Animal Husbandry and Fishing	采矿业 Mining	制造业 Manufacturing	电力、燃气及水的生产和供应业 Production and Distribution of Electricity, Gas and Water	建筑业 Construction	交通运输、仓储及邮政业 Transport, Storage and Post
全国总计	**National Total**	**13051.5**	**375.7**	**562.0**	**3637.2**	**310.5**	**1267.5**	**631.1**
北京	Beijing	646.6	3.2	4.5	100.6	6.8	39.4	51.0
天津	Tianjin	205.7	0.7	9.0	75.3	3.3	10.2	12.5
河北	Hebei	519.6	6.6	27.8	119.7	19.9	36.5	25.1
山西	Shanxi	394.4	3.2	79.6	71.7	9.9	22.5	20.4
内蒙古	Inner Mongolia	249.2	26.7	18.5	37.2	10.1	13.6	16.3
辽宁	Liaoning	518.1	27.9	35.2	144.8	16.6	31.2	30.2
吉林	Jilin	267.6	16.7	15.6	60.8	8.2	13.4	14.5
黑龙江	Heilongjiang	460.0	92.9	42.2	66.8	14.3	27.0	25.2
上海	Shanghai	392.9	1.5	0.1	141.3	5.4	11.3	36.3
江苏	Jiangsu	763.8	9.9	12.6	335.5	12.9	52.3	31.2
浙江	Zhejiang	883.6	1.4	1.7	351.7	12.6	180.2	25.2
安徽	Anhui	372.9	6.1	32.1	76.0	9.6	42.1	15.1
福建	Fujian	507.1	6.7	4.8	241.2	9.2	62.4	16.7
江西	Jiangxi	297.4	12.1	9.0	71.6	9.5	29.4	15.3
山东	Shandong	956.2	5.1	66.8	346.4	20.4	80.3	34.7
河南	Henan	751.7	7.1	52.6	158.8	21.1	93.7	29.1
湖北	Hubei	510.3	13.8	9.9	138.5	11.9	72.5	25.4
湖南	Hunan	505.7	5.3	15.4	106.2	12.2	75.6	21.0
广东	Guangdong	1118.5	8.8	3.4	476.7	18.8	64.4	56.1
广西	Guangxi	316.7	10.8	4.4	62.5	9.0	30.5	18.0
海南	Hainan	81.3	12.3	0.9	8.0	2.0	6.8	4.3
重庆	Chongqing	266.4	1.9	9.4	62.5	6.6	48.0	14.3
四川	Sichuan	570.6	5.0	20.4	124.2	15.3	99.9	23.1
贵州	Guizhou	224.3	2.1	11.8	36.9	7.0	23.3	9.5
云南	Yunnan	322.8	14.5	15.2	58.8	8.5	37.6	13.4
西藏	Tibet	22.2	0.9	0.2	0.8	0.8	0.8	0.7
陕西	Shaanxi	364.8	4.4	24.7	81.0	11.0	25.2	19.1
甘肃	Gansu	194.3	5.3	9.1	35.3	6.8	15.4	10.1
青海	Qinghai	52.6	1.7	2.0	9.8	1.2	4.1	3.3
宁夏	Ningxia	59.3	2.6	5.8	10.6	3.7	3.0	2.9
新疆	Xinjiang	255.0	58.3	17.5	26.0	6.1	15.0	11.1

2.5 续表1
Continued 1

地区	Region	信息传输、计算机服务和软件业 Information Transmission, Computer Service and Software	批发和零售业 Wholesale and Retail Trade	住宿和餐饮业 Hotel and Restaurants	金融业 Financial Intermediation	房地产业 Real Estate	租赁和商务服务业 Leasing and Business Services	科学研究、技术服务和地质勘查业 Seientific Research, Technical Services, and Cieological Prospecting
全国总计	**National Total**	**185.8**	**535.1**	**209.2**	**470.1**	**211.6**	**310.1**	**292.3**
北京	Beijing	41.7	55.4	28.0	27.2	31.5	77.8	45.7
天津	Tianjin	2.2	12.4	4.8	7.0	3.6	6.9	6.5
河北	Hebei	6.3	22.5	4.5	24.2	4.2	4.9	8.9
山西	Shanxi	4.1	17.6	4.2	13.8	2.6	6.4	6.0
内蒙古	Inner Mongolia	3.9	6.7	2.4	10.1	1.5	2.8	4.3
辽宁	Liaoning	7.0	16.9	6.4	20.7	8.8	12.2	12.0
吉林	Jilin	5.2	8.9	3.0	10.2	3.6	4.5	6.7
黑龙江	Heilongjiang	5.6	17.7	3.7	14.2	4.9	5.9	12.0
上海	Shanghai	6.7	26.4	11.7	23.6	11.2	18.6	23.2
江苏	Jiangsu	8.7	29.0	10.6	26.9	7.3	12.0	10.9
浙江	Zhejiang	11.2	31.0	15.6	29.4	13.6	26.0	14.0
安徽	Anhui	3.8	14.0	3.7	14.7	4.9	4.6	6.7
福建	Fujian	4.6	13.9	7.6	12.9	9.0	12.3	5.4
江西	Jiangxi	3.3	7.9	1.6	10.5	2.1	2.9	5.1
山东	Shandong	6.6	38.2	11.0	33.2	11.4	11.9	11.0
河南	Henan	4.9	38.2	9.9	22.6	9.0	11.3	11.5
湖北	Hubei	4.5	21.5	7.7	16.1	6.6	5.1	10.8
湖南	Hunan	5.7	16.3	9.0	18.6	9.7	8.4	8.3
广东	Guangdong	17.6	42.6	25.2	41.2	29.0	30.1	18.1
广西	Guangxi	3.6	11.9	4.3	9.8	4.3	8.9	7.0
海南	Hainan	0.7	3.5	4.4	2.1	3.2	2.2	1.7
重庆	Chongqing	2.9	11.1	4.3	10.7	5.6	5.3	5.5
四川	Sichuan	6.3	17.1	5.5	21.3	5.4	5.9	13.6
贵州	Guizhou	2.7	10.3	2.6	6.4	3.9	3.3	4.3
云南	Yunnan	3.5	15.6	5.8	9.0	4.1	7.2	6.2
西藏	Tibet	0.4	0.6	0.3	0.8		0.1	0.7
陕西	Shaanxi	7.1	12.4	6.3	14.1	5.1	3.5	12.8
甘肃	Gansu	1.8	5.7	1.9	6.8	1.7	1.9	5.2
青海	Qinghai	0.8	1.7	0.5	2.0	0.6	0.8	2.3
宁夏	Ningxia	0.6	1.5	0.4	2.7	0.8	1.4	1.2
新疆	Xinjiang	1.8	6.4	2.3	7.1	2.3	4.8	4.8

2.5 续表2
Continued 2

地区 Region		水利、环境和公共设施管理业 Water Management of Conservancy, Environment and Public Facilities	居民服务和其他服务业 Services to Households and Other Services	教育 Education	卫生、社会保障和社会福利业 Health, Social Securities and Social Welfare	文化、体育和娱乐业 Culture, Sports and Entertainment	公共管理和社会组织 Public Management and Social Organization
全国总计	**National Total**	**218.9**	**60.2**	**1581.8**	**632.5**	**131.4**	**1428.5**
北京	Beijing	8.8	7.4	40.6	20.7	15.3	41.1
天津	Tianjin	3.5	6.9	16.4	9.0	1.8	13.7
河北	Hebei	10.1	2.0	86.3	27.8	5.0	77.2
山西	Shanxi	6.4	0.7	48.6	16.1	4.6	55.9
内蒙古	Inner Mongolia	7.3	2.0	34.7	12.3	3.3	35.3
辽宁	Liaoning	12.8	2.9	52.3	25.6	5.1	49.5
吉林	Jilin	8.1	1.1	36.7	15.3	3.7	31.4
黑龙江	Heilongjiang	9.7	6.5	46.1	19.7	3.9	41.6
上海	Shanghai	5.9	3.3	26.1	16.7	4.7	18.7
江苏	Jiangsu	12.3	1.0	85.5	36.3	5.7	63.1
浙江	Zhejiang	10.9	1.6	61.1	32.4	6.2	57.5
安徽	Anhui	6.4	0.5	60.5	22.0	3.4	46.7
福建	Fujian	4.4	1.4	44.7	15.7	3.7	30.4
江西	Jiangxi	5.6	0.5	47.6	16.8	3.2	43.5
山东	Shandong	11.6	3.5	109.1	43.5	6.7	105.0
河南	Henan	12.2	1.9	114.1	40.8	7.0	105.7
湖北	Hubei	8.9	1.2	65.7	30.1	5.1	55.0
湖南	Hunan	8.7	1.5	70.2	31.1	4.6	78.0
广东	Guangdong	14.0	6.4	112.3	50.3	9.4	94.2
广西	Guangxi	7.4	0.8	58.1	22.9	3.2	39.4
海南	Hainan	2.2	0.3	11.8	4.1	1.2	9.7
重庆	Chongqing	3.7	0.9	35.0	11.6	2.6	24.6
四川	Sichuan	9.8	1.0	82.0	33.0	4.4	77.4
贵州	Guizhou	3.3	1.0	41.9	11.9	1.8	40.3
云南	Yunnan	5.3	0.8	51.8	15.8	3.6	46.1
西藏	Tibet	0.2		4.0	1.5	0.6	8.8
陕西	Shaanxi	7.9	1.7	55.1	19.2	4.6	49.4
甘肃	Gansu	3.4	0.2	34.2	10.0	2.8	36.8
青海	Qinghai	1.1	0.3	7.5	3.2	0.7	8.9
宁夏	Ningxia	1.8		7.9	3.3	0.8	8.3
新疆	Xinjiang	5.1	0.6	33.9	13.8	2.7	35.3

2.6 各地区按行业分私营企业和个体就业人数(2010 年)
Number of Engaged Persons in Private Enterprises and Self-employed Individuals at Year-end by Sector and Region (2010)

单位:万人 (10000 persons)

地 区 Region	合计 Total	#制造业 Manufacturing	#建筑业 Construction	#交通运输、仓储及邮政业 Transport, Storage and Post	#批发和零售业 Wholesale and Retail Trade	#住宿和餐饮业 Hotel and Restaurants	#租赁和商务服务业 Leasing and Business Services	#居民服务和其他服务业 Services to Households and Other Services
全国总计 National Total	**16425.1**	**4170.2**	**723.5**	**487.6**	**6388.5**	**996.4**	**815.4**	**956.0**
北 京 Beijing	526.0	45.9	22.1	15.0	146.4	29.2	65.2	21.2
天 津 Tianjin	140.6	40.9	6.0	6.1	44.5	5.6	11.0	5.3
河 北 Hebei	542.5	148.9	13.8	17.8	237.4	30.1	11.6	31.8
山 西 Shanxi	290.4	45.3	5.5	5.9	143.1	23.4	7.5	27.2
内 蒙 古 Inner Mongolia	258.8	30.9	8.0	13.1	114.5	26.5	9.8	22.3
辽 宁 Liaoning	717.3	149.9	34.2	67.2	259.2	37.9	27.4	41.4
吉 林 Jilin	309.2	40.9	28.7	12.3	125.9	29.2	8.5	22.6
黑 龙 江 Heilongjiang	393.9	52.0	11.4	15.2	159.5	38.3	14.5	59.7
上 海 Shanghai	616.2	131.9	45.1	22.2	219.2	19.2	71.1	16.8
江 苏 Jiangsu	2004.4	867.2	175.8	38.9	571.6	59.6	68.1	74.0
浙 江 Zhejiang	1339.1	638.2	53.5	24.2	380.5	47.8	57.1	53.1
安 徽 Anhui	570.8	100.6	18.7	10.6	264.4	42.4	21.3	43.1
福 建 Fujian	484.8	118.6	12.8	7.7	206.5	25.3	30.8	29.5
江 西 Jiangxi	535.1	161.9	8.4	16.8	214.7	34.9	11.4	30.2
山 东 Shandong	1185.0	340.1	47.9	38.0	493.3	61.3	50.1	63.7
河 南 Henan	700.4	153.0	18.9	14.9	328.1	49.7	23.5	47.3
湖 北 Hubei	632.1	115.3	22.8	22.8	276.0	51.6	23.1	48.8
湖 南 Hunan	562.3	80.7	14.8	16.3	250.1	27.3	68.4	32.0
广 东 Guangdong	1540.8	419.9	35.0	27.6	638.3	86.2	89.3	82.7
广 西 Guangxi	412.5	67.2	7.1	19.6	213.3	25.9	15.7	19.6
海 南 Hainan	91.4	5.9	6.6	4.8	33.3	7.7	7.0	7.3
重 庆 Chongqing	327.8	49.8	14.0	8.8	135.2	21.2	29.3	17.9
四 川 Sichuan	765.0	136.2	23.5	25.0	305.9	69.7	41.6	55.0
贵 州 Guizhou	168.5	23.6	4.1	6.1	75.5	14.0	5.3	12.6
云 南 Yunnan	441.6	66.0	27.9	9.6	183.7	38.0	15.5	26.2
西 藏 Tibet	36.8	2.1	3.8	0.8	15.6	5.5	1.4	3.2
陕 西 Shaanxi	338.2	66.6	30.0	8.1	134.6	34.9	12.1	21.0
甘 肃 Gansu	177.5	21.6	8.8	2.8	87.0	20.6	4.7	13.0
青 海 Qinghai	60.4	11.0	5.4	1.6	21.9	6.9	0.8	3.8
宁 夏 Ningxia	81.0	11.2	3.1	1.7	37.9	7.2	3.4	8.7
新 疆 Xinjiang	174.6	26.5	5.9	6.3	71.6	19.3	9.1	15.0

2.7 各地区按行业分城镇私营企业和个体就业人数(2010 年)
Number of Engaged Persons in Urban Private Enterprises and Self-employed Individuals at Year-end by Sector and Region (2010)

单位:万人 (10000 persons)

地区 Region	合计 Total	#制造业 Manufacturing	#建筑业 Construction	#交通运输、仓储及邮政业 Transport, Storage and Post	#批发和零售业 Wholesale and Retail Trade	#住宿和餐饮业 Hotel and Restaurants	#租赁和商务服务业 Leasing and Business Services	#居民服务和其他服务业 Services to Households and Other Services
全国总计 National Total	**10538.4**	**2151.4**	**494.7**	**322.9**	**4280.6**	**713.3**	**646.4**	**685.0**
北京 Beijing	323.2	11.5	8.7	6.6	88.7	21.0	46.8	15.4
天津 Tianjin	123.3	33.4	5.4	5.5	39.8	4.6	10.1	4.7
河北 Hebei	294.1	59.4	9.6	10.2	136.2	20.2	9.2	19.6
山西 Shanxi	170.7	16.1	4.0	3.3	94.1	15.6	5.9	17.1
内蒙古 Inner Mongolia	216.0	24.4	7.6	10.8	94.9	23.1	9.1	19.2
辽宁 Liaoning	511.4	87.5	27.0	46.5	193.9	31.0	24.2	32.0
吉林 Jilin	247.3	31.5	27.3	10.3	102.5	21.4	7.7	20.0
黑龙江 Heilongjiang	293.9	34.2	8.8	11.3	114.0	28.4	12.6	52.6
上海 Shanghai	343.1	53.5	25.9	13.6	121.5	16.4	45.1	12.0
江苏 Jiangsu	1297.3	475.3	109.5	29.3	408.4	52.5	57.9	57.6
浙江 Zhejiang	758.8	259.7	34.0	15.6	269.8	36.1	44.8	38.4
安徽 Anhui	397.4	57.5	11.0	6.7	190.7	37.0	13.5	34.4
福建 Fujian	278.4	65.4	8.6	5.1	115.1	16.1	19.7	16.6
江西 Jiangxi	247.5	53.3	4.0	10.2	108.8	22.1	6.6	19.2
山东 Shandong	636.6	144.0	30.3	19.9	279.3	36.0	39.1	35.7
河南 Henan	375.2	61.9	12.5	6.1	186.9	28.8	17.8	27.7
湖北 Hubei	451.8	71.5	19.4	15.1	207.6	32.6	20.1	35.2
湖南 Hunan	372.7	39.4	12.5	10.1	162.9	20.9	56.2	23.0
广东 Guangdong	1233.1	293.3	30.3	24.4	523.9	71.3	83.9	67.5
广西 Guangxi	241.5	34.7	5.2	11.3	120.5	18.5	12.2	14.7
海南 Hainan	79.8	4.4	6.2	4.3	28.7	6.6	6.6	6.4
重庆 Chongqing	266.4	30.1	12.8	7.3	114.6	19.2	27.2	15.8
四川 Sichuan	458.9	64.2	18.0	15.7	191.7	43.4	31.3	33.6
贵州 Guizhou	99.2	13.0	3.3	3.4	44.3	8.9	4.3	8.1
云南 Yunnan	324.6	45.0	25.3	7.1	136.7	28.0	14.5	20.0
西藏 Tibet	30.9	1.8	2.7	0.7	13.5	4.4	1.3	2.8
陕西 Shaanxi	117.5	47.2	6.3	2.6	30.9	8.9	4.0	7.1
甘肃 Gansu	123.6	11.6	6.7	2.0	63.5	14.9	4.0	9.2
青海 Qinghai	43.2	5.2	4.8	1.5	17.1	5.7	0.7	2.8
宁夏 Ningxia	48.6	5.2	2.2	1.2	23.3	5.1	1.9	5.5
新疆 Xinjiang	132.4	16.3	4.8	5.4	56.7	14.6	8.2	11.4

2.8 各地区私营企业就业人数(2010 年底)

Number of Employed Persons in Private Enterprises at Year-end by Region (2010)

单位:万个、万人 (10000 enterprises,10000 persons)

地区 Region	户数 Number of Enterprises	就业人员 Number of Employed Persons	#投资者 #Investors	城镇就业人员 Number of Employed Persons in Urban Areas	#投资者 #Investors	乡村就业人员 Number of Employed Persons in Rural Areas	#投资者 #Investors
全国总计 National Total	**845.5**	**9417.6**	**1794.0**	**6070.9**	**1259.8**	**3346.7**	**534.2**
北京 Beijing	49.6	411.9	95.6	258.0	64.5	153.9	31.2
天津 Tianjin	14.3	101.0	29.6	93.0	27.4	8.0	2.2
河北 Hebei	26.6	214.3	56.4	133.4	43.0	80.9	13.4
山西 Shanxi	15.9	118.8	35.2	67.0	24.4	51.7	10.8
内蒙古 Inner Mongolia	11.3	121.5	25.4	103.1	23.2	18.4	2.2
辽宁 Liaoning	30.8	371.1	56.4	271.6	45.0	99.5	11.4
吉林 Jilin	12.7	140.1	25.5	118.9	23.0	21.2	2.5
黑龙江 Heilongjiang	15.7	190.5	36.5	147.7	28.7	42.8	7.7
上海 Shanghai	70.6	572.5	131.9	314.1	74.7	258.4	57.2
江苏 Jiangsu	104.8	1528.6	193.8	958.9	140.6	569.8	53.2
浙江 Zhejiang	63.9	870.6	132.6	472.3	86.5	398.3	46.0
安徽 Anhui	22.9	239.2	49.1	133.3	27.1	105.9	22.0
福建 Fujian	26.7	301.5	61.1	188.4	32.6	113.1	28.5
江西 Jiangxi	17.0	260.7	38.7	87.5	13.7	173.2	25.0
山东 Shandong	53.0	647.7	117.1	374.1	82.1	273.6	35.0
河南 Henan	30.2	315.1	69.5	177.4	43.4	137.7	26.1
湖北 Hubei	26.7	267.3	61.8	200.8	50.7	66.4	11.1
湖南 Hunan	18.5	296.1	47.7	191.6	32.7	104.5	15.0
广东 Guangdong	94.8	851.9	179.9	727.5	158.8	124.4	21.1
广西 Guangxi	13.7	189.4	35.9	100.5	21.9	89.0	14.0
海南 Hainan	8.0	52.9	17.4	47.6	16.9	5.3	0.5
重庆 Chongqing	15.4	201.4	33.6	164.6	27.6	36.8	6.0
四川 Sichuan	36.1	372.2	78.0	232.0	57.4	140.3	20.6
贵州 Guizhou	7.8	73.1	17.5	47.6	11.9	25.4	5.6
云南 Yunnan	15.6	227.6	31.8	186.3	28.6	41.3	3.2
西藏 Tibet	0.7	15.1	1.7	13.3	1.6	1.7	0.1
陕西 Shaanxi	18.8	229.2	83.5	92.7	30.3	136.5	53.3
甘肃 Gansu	8.0	81.4	15.6	59.4	12.2	22.0	3.4
青海 Qinghai	1.5	34.2	3.7	22.8	3.0	11.4	0.7
宁夏 Ningxia	3.8	36.8	9.1	20.0	7.6	16.7	1.5
新疆 Xinjiang	10.2	84.1	22.4	65.4	18.9	18.7	3.4

2.9 各地区个体就业人数(2010年底)
Number of Self-Employed Individuals at Year-end by Region (2010)

地 区	Region	个体户数（万户）Number of Enterprises (10000 units)	个体就业人数（万人）Number of Employed Persons (10000 persons)	城 镇 Urban Employed Persons	乡 村 Rural Employed Persons
全国总计	**National Total**	**3452.9**	**7007.6**	**4467.5**	**2540.1**
北 京	Beijing	79.6	114.1	65.3	48.8
天 津	Tianjin	22.8	39.6	30.3	9.3
河 北	Hebei	133.0	328.2	160.6	167.5
山 西	Shanxi	84.3	171.6	103.6	68.0
内蒙古	Inner Mongolia	75.4	137.3	113.0	24.4
辽 宁	Liaoning	153.0	346.2	239.9	106.3
吉 林	Jilin	75.4	169.1	128.4	40.7
黑龙江	Heilongjiang	101.4	203.4	146.2	57.2
上 海	Shanghai	35.6	43.7	29.0	14.7
江 苏	Jiangsu	300.6	475.7	338.4	137.3
浙 江	Zhejiang	212.2	468.5	286.5	182.0
安 徽	Anhui	134.1	331.6	264.1	67.5
福 建	Fujian	75.6	183.3	89.9	93.3
江 西	Jiangxi	106.9	274.4	160.0	114.4
山 东	Shandong	239.8	537.3	262.5	274.9
河 南	Henan	175.2	385.2	197.8	187.5
湖 北	Hubei	144.7	364.9	251.0	113.9
湖 南	Hunan	137.6	266.2	181.0	85.2
广 东	Guangdong	334.6	688.9	505.6	183.3
广 西	Guangxi	115.9	223.1	141.0	82.1
海 南	Hainan	23.9	38.6	32.2	6.4
重 庆	Chongqing	71.4	126.5	101.8	24.6
四 川	Sichuan	218.2	392.8	226.9	165.9
贵 州	Guizhou	64.7	95.5	51.6	43.9
云 南	Yunnan	114.1	214.0	138.2	75.8
西 藏	Tibet	9.4	21.7	17.5	4.2
陕 西	Shaanxi	74.8	109.0	24.8	84.2
甘 肃	Gansu	52.7	96.1	64.2	31.9
青 海	Qinghai	12.1	26.2	20.3	5.8
宁 夏	Ningxia	19.8	44.2	28.6	15.6
新 疆	Xinjiang	54.3	90.5	67.0	23.5

2.10 各地区城镇单位就业人员工资总额和指数(2010年)
Total Wage Bill of Employed Persons in Urban Units and Related Indices by Region (2010)

地区	Region	工资总额（亿元） Total Wages (100 million yuan)				指数(上年=100) Index (Preceding year=100)			
		合计 Total	国有单位 State-owned Units	城镇集体单位 Urban Collective-owned Units	其他单位 Units of Other Types of Ownership	合计 Total	国有单位 State-owned Units	城镇集体单位 Urban Collective-owned Units	其他单位 Units of Other Types of Ownership
全国总计	**National Total**	**47269.9**	**24886.4**	**1433.7**	**20949.7**	**117.3**	**113.8**	**112.6**	**122.1**
北京	Beijing	4136.1	1264.3	61.2	2810.6	116.7	113.3	106.3	118.5
天津	Tianjin	1051.2	456.0	18.0	577.2	118.6	117.1	121.4	119.7
河北	Hebei	1629.6	1054.4	57.8	517.3	116.5	111.1	116.7	129.4
山西	Shanxi	1286.5	769.3	51.1	466.1	119.9	109.2	118.3	143.4
内蒙古	Inner Mongolia	888.2	629.9	26.7	231.7	116.6	117.3	116.7	114.8
辽宁	Liaoning	1787.2	1004.7	63.1	719.4	114.8	111.7	112.7	119.4
吉林	Jilin	776.3	498.3	23.3	254.7	112.6	111.8	111.4	114.2
黑龙江	Heilongjiang	1277.6	940.6	44.1	292.9	109.9	110.9	91.7	110.1
上海	Shanghai	2611.2	1055.5	38.4	1517.4	114.1	112.4	99.2	115.8
江苏	Jiangsu	2998.8	1383.7	90.7	1524.4	119.0	112.8	113.4	125.6
浙江	Zhejiang	3517.5	1325.3	100.8	2091.4	120.6	113.2	118.2	125.8
安徽	Anhui	1225.1	691.5	42.6	491.1	120.0	117.8	115.6	123.6
福建	Fujian	1602.3	614.7	43.5	944.1	121.6	113.4	110.2	128.2
江西	Jiangxi	836.7	600.0	24.7	212.0	120.4	118.2	110.8	128.3
山东	Shandong	3166.7	1683.5	147.1	1336.1	117.3	115.2	120.3	119.9
河南	Henan	2213.6	1215.5	101.5	896.6	113.3	112.6	115.9	114.1
湖北	Hubei	1601.3	970.0	50.3	581.0	124.9	118.0	123.8	138.6
湖南	Hunan	1479.9	860.2	63.3	556.4	116.9	112.5	113.4	125.0
广东	Guangdong	4484.3	1951.2	129.0	2404.1	118.0	113.5	110.0	122.4
广西	Guangxi	952.7	658.2	36.5	258.0	117.5	114.7	118.7	125.4
海南	Hainan	250.0	169.6	7.5	72.9	127.1	128.4	126.5	124.4
重庆	Chongqing	897.7	456.4	25.0	416.3	120.8	115.5	121.7	127.2
四川	Sichuan	1840.5	1226.6	78.5	535.3	116.6	115.9	99.2	121.4
贵州	Guizhou	669.1	483.1	17.3	168.8	113.8	113.0	111.1	116.3
云南	Yunnan	930.5	631.4	25.4	273.7	114.6	113.0	113.3	118.5
西藏	Tibet	108.9	105.1	0.8	3.1	114.6	114.4	135.9	116.9
陕西	Shaanxi	1215.0	878.8	31.9	304.3	117.0	115.5	107.9	122.8
甘肃	Gansu	568.9	444.3	15.6	109.1	109.9	107.6	111.8	120.0
青海	Qinghai	189.6	155.4	3.5	30.7	115.9	113.9	106.3	128.4
宁夏	Ningxia	225.9	131.5	3.7	90.8	115.6	111.9	117.5	121.4
新疆	Xinjiang	850.8	577.5	10.9	262.4	119.0	117.9	116.2	121.6

注:1995-2008年的城镇单位就业人员工资总额即为原来的城镇单位就业人员劳动报酬总额(以下同)。

a) Total wage bill of employed persons in urban units from 1995 to 2008 referred to total earning of employed persons in urban units. The same applies to the table following.

2.11 各地区按行业分城镇单位就业人员工资总额(2010年)
Total Wage Bill of Employed Persons in Urban Units by Region and Sector(2010)

单位:亿元 (100 million yuan)

地区	Region	合计 Total	农、林、牧、渔业 Agriculture, Forestry, Animal Husbandry and Fishing	采矿业 Mining	制造业 Manufacturing	电力、燃气及水的生产和供应业 Production and Distribution of Electricity, Gas and Water	建筑业 Construction	交通运输、仓储及邮政业 Transport, Storage and Post
全国总计	**National Total**	**47269.9**	**627.1**	**2458.8**	**11140.8**	**1468.3**	**3471.5**	**2541.9**
北京	Beijing	4136.1	9.8	31.0	482.3	57.2	179.8	260.5
天津	Tianjin	1051.2	2.9	53.5	319.2	26.8	57.0	69.8
河北	Hebei	1629.6	8.3	134.3	330.4	90.4	89.6	83.1
山西	Shanxi	1286.5	6.6	404.6	177.0	42.4	60.2	77.5
内蒙古	Inner Mongolia	888.2	48.3	78.0	112.2	49.7	42.9	64.5
辽宁	Liaoning	1787.2	28.0	144.1	463.2	70.4	94.9	115.9
吉林	Jilin	776.3	25.1	53.1	187.8	27.0	30.7	44.5
黑龙江	Heilongjiang	1277.6	117.7	169.0	177.4	52.5	71.7	78.0
上海	Shanghai	2611.2	5.2	0.5	743.1	51.6	78.7	215.0
江苏	Jiangsu	2998.8	20.6	51.9	1063.2	85.0	153.6	119.8
浙江	Zhejiang	3517.5	4.9	4.9	1030.0	96.6	493.5	121.1
安徽	Anhui	1225.1	10.5	182.8	216.9	38.4	115.0	44.4
福建	Fujian	1602.3	12.1	14.0	639.7	47.0	164.4	65.1
江西	Jiangxi	836.7	19.6	25.0	180.5	35.4	73.8	58.6
山东	Shandong	3166.7	12.2	310.4	953.7	84.7	210.7	136.3
河南	Henan	2213.6	12.4	241.6	406.1	78.9	216.6	92.1
湖北	Hubei	1601.3	27.0	32.5	414.5	46.0	196.2	87.8
湖南	Hunan	1479.9	8.2	37.9	297.0	44.2	173.3	69.6
广东	Guangdong	4484.3	13.4	15.9	1487.1	111.0	182.3	274.3
广西	Guangxi	952.7	18.6	12.7	158.6	35.3	77.8	60.5
海南	Hainan	250.0	23.6	2.7	21.1	7.9	16.6	18.0
重庆	Chongqing	897.7	3.8	29.5	195.0	33.3	124.5	47.4
四川	Sichuan	1840.5	10.1	76.4	351.3	61.4	236.9	83.8
贵州	Guizhou	669.1	3.8	38.1	107.2	33.4	54.0	30.5
云南	Yunnan	930.5	23.0	40.5	166.2	37.4	75.5	48.1
西藏	Tibet	108.9	1.8	0.6	2.1	3.1	1.9	2.7
陕西	Shaanxi	1215.0	10.3	102.6	212.7	43.7	66.2	67.7
甘肃	Gansu	568.9	10.3	39.3	104.1	25.4	32.6	31.7
青海	Qinghai	189.6	4.5	7.9	28.1	5.9	11.4	14.2
宁夏	Ningxia	225.9	5.5	41.0	31.1	20.5	12.7	10.4
新疆	Xinjiang	850.8	119.1	82.3	82.0	26.0	76.5	49.3

2.11 续表 1
Continued 1

地 区	Region	信息传输、计算机服务和软件业 Information Transmission, Computer Service and Software	批发和零售业 Wholesale and Retail Trade	住宿和餐饮业 Hotel and Restaurants	金融业 Financial Intermediation	房地产业 Real Estate	租赁和商务服务业 Leasing and Business Services	科学研究、技术服务和地质勘查业 Seientific Research, Technical Services, and Cieological Prospecting
全国总计	**National Total**	**1171.7**	**1783.0**	**484.6**	**3219.0**	**745.6**	**1198.5**	**1619.3**
北 京	Beijing	420.3	344.7	89.3	426.3	158.5	479.0	391.9
天 津	Tianjin	15.9	54.6	10.3	59.9	16.3	20.0	50.7
河 北	Hebei	24.1	44.9	8.0	107.2	11.3	10.2	43.1
山 西	Shanxi	13.7	33.0	6.3	64.5	3.4	12.2	20.1
内 蒙 古	Inner Mongolia	14.5	16.2	5.0	45.9	4.7	9.0	17.4
辽 宁	Liaoning	38.1	49.6	13.9	109.0	24.4	30.2	56.6
吉 林	Jilin	17.4	20.4	5.5	43.2	8.1	10.5	25.7
黑 龙 江	Heilongjiang	22.5	45.0	7.4	59.2	10.5	15.8	47.9
上 海	Shanghai	77.1	163.9	38.3	362.1	54.5	114.9	187.4
江 苏	Jiangsu	49.6	90.5	25.3	186.4	31.2	34.9	64.1
浙 江	Zhejiang	82.3	121.2	37.2	282.5	56.0	83.2	77.5
安 徽	Anhui	13.8	37.3	6.7	67.1	13.0	12.0	23.4
福 建	Fujian	26.5	45.2	16.7	89.2	32.3	28.0	22.4
江 西	Jiangxi	10.7	19.4	3.0	40.5	5.4	6.3	15.3
山 东	Shandong	33.0	90.5	23.9	172.6	33.8	34.3	49.4
河 南	Henan	17.1	85.1	19.9	92.4	25.7	27.4	41.6
湖 北	Hubei	17.3	52.8	15.5	77.8	20.1	13.6	49.3
湖 南	Hunan	21.9	44.8	17.8	81.3	26.3	20.5	30.0
广 东	Guangdong	117.5	160.6	61.8	364.8	106.5	120.2	121.7
广 西	Guangxi	15.1	30.8	7.5	57.8	11.5	22.7	25.0
海 南	Hainan	4.5	8.3	8.2	13.1	8.2	4.5	5.1
重 庆	Chongqing	17.9	32.1	9.0	57.4	17.5	13.2	29.7
四 川	Sichuan	27.2	49.1	12.1	110.9	16.0	20.1	72.5
贵 州	Guizhou	10.0	28.3	4.9	38.3	8.8	7.2	12.1
云 南	Yunnan	12.8	42.5	9.3	53.7	8.9	16.1	21.3
西 藏	Tibet	1.9	2.3	0.8	8.0	0.1	0.4	4.0
陕 西	Shaanxi	30.8	29.2	11.0	64.4	19.4	10.1	62.2
甘 肃	Gansu	4.4	11.5	3.3	23.9	3.9	4.0	17.9
青 海	Qinghai	3.2	4.3	0.9	8.0	1.4	3.4	11.1
宁 夏	Ningxia	2.7	4.4	0.8	14.1	2.3	3.3	4.4
新 疆	Xinjiang	7.9	20.3	5.2	37.3	5.2	11.1	18.4

2.11 续表2
Continued 2

地区	Region	水利、环境和公共设施管理业 Water Management of Conservancy, Environment and Public Facilities	居民服务和其他服务业 Services to Households and Other Services	教育 Education	卫生、社会保障和社会福利业 Health, Social Securities and Social Welfare	文化、体育和娱乐业 Culture, Sports and Entertainment	公共管理和社会组织 Public Management and Social Organization
全国总计	**National Total**	**555.9**	**168.4**	**6136.5**	**2506.4**	**543.7**	**5428.8**
北京	Beijing	36.6	20.3	262.1	142.3	118.0	226.5
天津	Tianjin	15.6	15.8	109.1	52.0	9.5	92.2
河北	Hebei	22.0	6.9	288.5	84.4	13.2	229.3
山西	Shanxi	10.5	1.5	148.7	38.2	11.5	154.7
内蒙古	Inner Mongolia	20.1	8.2	151.1	46.8	12.5	141.3
辽宁	Liaoning	31.2	7.0	216.9	92.8	18.6	182.3
吉林	Jilin	14.9	1.9	115.8	43.4	10.0	91.4
黑龙江	Heilongjiang	18.2	19.5	160.1	62.7	11.8	130.6
上海	Shanghai	26.2	11.8	185.6	124.1	32.5	138.8
江苏	Jiangsu	37.7	3.6	420.8	165.0	27.3	368.1
浙江	Zhejiang	35.1	5.4	385.2	198.6	34.4	368.0
安徽	Anhui	13.2	1.2	194.9	68.8	9.6	156.1
福建	Fujian	11.8	4.7	180.2	62.9	13.1	126.8
江西	Jiangxi	11.0	1.1	142.1	52.0	9.7	127.2
山东	Shandong	29.4	11.5	418.7	162.6	27.4	371.7
河南	Henan	29.8	4.5	376.3	126.0	19.8	300.3
湖北	Hubei	19.3	3.1	223.2	100.0	16.4	188.8
湖南	Hunan	19.0	3.5	222.9	111.6	15.2	234.9
广东	Guangdong	43.7	19.0	480.8	258.8	44.5	500.4
广西	Guangxi	14.8	1.9	185.4	74.3	10.2	132.3
海南	Hainan	4.5	0.6	47.6	14.4	3.4	37.7
重庆	Chongqing	7.7	2.3	129.6	50.4	8.8	88.9
四川	Sichuan	19.9	2.3	280.5	126.9	14.2	269.0
贵州	Guizhou	6.8	2.2	127.0	35.0	4.5	117.3
云南	Yunnan	9.4	1.4	165.6	44.7	8.8	145.1
西藏	Tibet	0.5		20.5	7.3	3.1	47.7
陕西	Shaanxi	18.4	4.6	218.5	66.3	13.7	162.9
甘肃	Gansu	7.9	0.5	101.1	28.4	8.1	110.5
青海	Qinghai	2.8	1.0	31.6	11.6	2.7	35.4
宁夏	Ningxia	4.5	0.1	27.9	10.2	2.6	27.3
新疆	Xinjiang	13.2	1.0	118.3	43.9	8.6	125.3

2.12 各地区城镇单位就业人员平均工资及指数(2010 年)
Average Wage of Staff and Workers and Related Indices by Region(2010)

地　区	Region	平均工资(元) Average Wage 合计 Total	其中:在岗职工 Of Which: Staff and Workers	国有单位 State-owned Units	城镇集体单位 Urban Collective-owned Units	其他单位 Units of Other Types of Ownership
全国总计	**National Total**	**36539**	**37147**	**38359**	**24010**	**35801**
北　京	Beijing	65158	65683	67403	26677	66246
天　津	Tianjin	51489	52963	56635	37686	48557
河　北	Hebei	31451	32306	31977	21825	31953
山　西	Shanxi	33057	33544	32664	21579	35863
内蒙古	Inner Mongolia	35211	35507	37255	29287	31275
辽　宁	Liaoning	34437	35057	35522	19904	35191
吉　林	Jilin	29003	29399	30082	16877	28874
黑龙江	Heilongjiang	27735	29603	28373	19596	27469
上　海	Shanghai	66115	71874	71885	41106	63544
江　苏	Jiangsu	39772	40505	49553	30263	34273
浙　江	Zhejiang	40640	41505	62367	35665	33476
安　徽	Anhui	33341	34341	33793	23869	33867
福　建	Fujian	32340	32647	40090	26652	28978
江　西	Jiangxi	28363	29092	30031	17898	26044
山　东	Shandong	33321	33729	38490	25626	29328
河　南	Henan	29819	30303	31470	20385	29272
湖　北	Hubei	31811	32588	35044	23954	28262
湖　南	Hunan	29670	30483	31900	21595	27844
广　东	Guangdong	40432	40358	49027	22453	36779
广　西	Guangxi	30673	31842	32587	21533	28146
海　南	Hainan	30775	31025	31582	20434	30560
重　庆	Chongqing	34727	35326	37195	23817	33223
四　川	Sichuan	32567	33112	36729	23441	27081
贵　州	Guizhou	30433	31458	31469	24065	28517
云　南	Yunnan	29195	30177	33140	24213	23253
西　藏	Tibet	49898	54397	51420	16206	33642
陕　西	Shaanxi	33384	34299	34528	20400	32445
甘　肃	Gansu	29096	29588	29889	22084	27375
青　海	Qinghai	36121	37182	41417	20289	23171
宁　夏	Ningxia	37166	39144	35330	38127	40148
新　疆	Xinjiang	32003	32361	31006	31249	34477

注:1995-2008 年的城镇单位就业人员平均工资即为原来的城镇单位就业人员平均劳动报酬(以下同)。

a) Average wage of employed persons in urban units from 1995 to 2008 referred to average earning of employed persons in urban units. The same applies to the related tables following.

2.12 续表
Continued

地区	Region	指数(上年=100) Index (Preceding year=100) 平均工资 Average Wage 合计 Total	其中:在岗职工 Of Which: Staff and Workers	国有单位 State-owned Units	城镇集体单位 Urban Collective-owned Units	其他单位 Units of Other Types of Ownership	平均实际工资 Average Wage 合计 Total	其中:在岗职工 Of Which: Staff and Workers	国有单位 State-owned Units	城镇集体单位 Urban Collective-owned Units	其他单位 Units of Other Types of Ownership
全国总计	**National Total**	**113.3**	**113.5**	**112.4**	**116.5**	**114.2**	**109.8**	**110.0**	**108.9**	**112.9**	**110.7**
北京	Beijing	112.8	113.0	111.4	113.8	113.0	110.2	110.4	108.8	111.1	110.4
天津	Tianjin	117.2	117.7	118.2	129.9	116.1	113.2	113.7	114.1	125.4	112.1
河北	Hebei	113.2	113.8	110.8	121.2	117.7	110.1	110.7	107.8	117.9	114.5
山西	Shanxi	117.8	117.8	113.1	119.1	126.2	114.3	114.3	109.7	115.5	122.4
内蒙古	Inner Mongolia	115.5	115.7	116.0	121.3	113.3	112.2	112.4	112.7	117.8	110.0
辽宁	Liaoning	112.8	112.7	111.4	118.0	113.9	109.7	109.6	108.4	114.8	110.8
吉林	Jilin	111.8	112.1	111.1	117.7	112.1	108.1	108.4	107.4	113.8	108.4
黑龙江	Heilongjiang	111.8	111.6	110.7	121.0	111.5	108.0	107.8	106.9	116.8	107.7
上海	Shanghai	113.3	113.1	111.2	112.1	114.6	109.9	109.7	107.9	108.7	111.1
江苏	Jiangsu	112.9	112.9	112.6	116.6	114.7	109.0	109.0	108.7	112.5	110.7
浙江	Zhejiang	111.2	111.0	109.5	113.9	113.9	107.0	106.8	105.3	109.6	109.6
安徽	Anhui	116.1	115.8	115.9	119.4	115.8	112.7	112.4	112.5	115.9	112.4
福建	Fujian	114.0	113.9	111.2	110.0	117.3	110.5	110.4	107.8	106.6	113.7
江西	Jiangxi	117.4	117.8	117.4	110.9	118.9	114.1	114.5	114.1	107.8	115.5
山东	Shandong	113.3	113.6	112.2	120.1	114.3	110.5	110.8	109.4	117.1	111.4
河南	Henan	110.8	110.8	110.4	113.2	111.2	107.1	107.1	106.8	109.5	107.5
湖北	Hubei	119.8	120.1	120.1	127.3	121.0	116.6	116.9	116.9	123.9	117.8
湖南	Hunan	111.8	111.7	110.1	111.9	115.1	108.5	108.4	106.8	108.6	111.7
广东	Guangdong	110.9	111.0	110.4	110.5	111.8	107.6	107.7	107.1	107.2	108.5
广西	Guangxi	112.3	112.5	111.3	115.9	114.9	109.1	109.3	108.2	112.6	111.7
海南	Hainan	124.1	124.4	130.6	116.8	111.1	118.8	119.1	125.0	111.8	106.4
重庆	Chongqing	113.9	114.1	111.7	118.7	116.4	110.3	110.5	108.2	115.0	112.7
四川	Sichuan	115.7	115.9	114.0	111.4	119.5	112.0	112.2	110.3	107.8	115.6
贵州	Guizhou	110.9	111.4	108.7	110.9	117.0	107.6	108.0	105.4	107.6	113.5
云南	Yunnan	111.6	111.8	112.7	117.2	110.3	107.5	107.7	108.5	112.9	106.2
西藏	Tibet	110.0	111.6	109.1	135.6	126.2	107.6	109.2	106.7	132.7	123.5
陕西	Shaanxi	112.9	113.6	111.9	124.8	113.2	108.9	109.5	107.9	120.3	109.2
甘肃	Gansu	108.8	108.9	106.4	116.8	118.0	104.3	104.4	102.0	111.9	113.1
青海	Qinghai	111.2	110.8	110.7	113.9	116.9	105.8	105.4	105.3	108.3	111.2
宁夏	Ningxia	112.9	114.9	108.6	113.5	119.9	108.8	110.8	104.7	109.4	115.6
新疆	Xinjiang	115.9	116.6	116.5	137.5	113.1	111.8	112.5	112.4	132.7	109.1

2.13 各地区按行业分城镇单位就业人员平均工资(2010 年)
Average Wage of Employed Persons in Urban Units by Sector and Region (2010)

单位:元 (yuan)

地区	Region	合计 Total	农、林、牧、渔业 Agriculture, Forestry, Animal Husbandry and Fishing	采矿业 Mining	制造业 Manufacturing	电力、燃气及水的生产和供应业 Production and Distribution of Electricity, Gas and Water	建筑业 Construction	交通运输、仓储及邮政业 Transport, Storage and Post
全国总计	**National Total**	**36539**	**16717**	**44196**	**30916**	**47309**	**27529**	**40466**
北京	Beijing	65158	29889	68514	48298	85178	46421	51342
天津	Tianjin	51489	40221	59897	42482	82607	53686	55912
河北	Hebei	31451	12423	49514	27894	45478	23159	33141
山西	Shanxi	33057	20570	52252	25350	43023	25936	37888
内蒙古	Inner Mongolia	35211	18292	42248	30024	48860	24946	39991
辽宁	Liaoning	34437	10040	41238	32126	42658	27535	38451
吉林	Jilin	29003	15220	33584	31153	33044	21165	30422
黑龙江	Heilongjiang	27735	12916	39793	26764	36613	22904	31501
上海	Shanghai	66115	39575	62356	52163	93049	69051	58405
江苏	Jiangsu	39772	20736	41573	32209	66131	29679	38584
浙江	Zhejiang	40640	34088	28330	29671	77180	28595	48359
安徽	Anhui	33341	16945	57314	29238	40467	28046	29408
福建	Fujian	32340	18041	29328	26627	50529	30138	39741
江西	Jiangxi	28363	16265	27978	25579	37312	25293	38628
山东	Shandong	33321	24143	46560	27773	42025	25807	39435
河南	Henan	29819	17433	46887	25864	37196	24151	31748
湖北	Hubei	31811	19541	31989	30689	39067	27661	34668
湖南	Hunan	29670	15435	24867	28691	36134	23674	32921
广东	Guangdong	40432	15270	47254	31277	58158	29019	49623
广西	Guangxi	30673	17023	28708	26179	39264	27688	33697
海南	Hainan	30775	18042	30151	26772	40553	25237	42036
重庆	Chongqing	34727	20544	31491	31894	50326	27730	33613
四川	Sichuan	32567	19980	37984	28577	39844	24036	36496
贵州	Guizhou	30433	18175	32779	29381	47822	25437	32106
云南	Yunnan	29195	15922	27175	28550	44110	21002	35897
西藏	Tibet	49898	20238	26315	26984	41225	27908	39032
陕西	Shaanxi	33384	23934	42417	26015	39677	25357	35846
甘肃	Gansu	29096	19735	43258	28173	37624	20836	30928
青海	Qinghai	36121	26020	40320	28459	44721	26423	43523
宁夏	Ningxia	37166	20940	71685	29560	55543	25284	36498
新疆	Xinjiang	32003	20022	47805	31588	43855	28908	45572

2.13 续表 1
Continued 1

地 区	Region	信息传输、计算机服务和软件业 Information Transmission, Computer Service and Software	批发和零售业 Wholesale and Retail Trade	住宿和餐饮业 Hotel and Restaurants	金融业 Financial Intermediation	房地产业 Real Estate	租赁和商务服务业 Leasing and Business Services	科学研究、技术服务和地质勘查业 Scientific Research, Technical Services, and Cieological Prospecting
全国总计	**National Total**	**64436**	**33635**	**23382**	**70146**	**35870**	**39566**	**56376**
北 京	Beijing	105560	64150	31978	164643	50814	63794	88018
天 津	Tianjin	73276	44710	22742	89166	47385	28880	80485
河 北	Hebei	38840	19780	17314	45176	27894	21159	49179
山 西	Shanxi	33916	18890	15064	47037	17847	19819	33847
内蒙古	Inner Mongolia	37530	24342	21335	45588	26475	31840	40047
辽 宁	Liaoning	56013	28616	21613	53676	28147	24598	48030
吉 林	Jilin	33772	22999	17594	43174	23153	23918	38732
黑龙江	Heilongjiang	40416	25702	20804	42537	21881	28238	39938
上 海	Shanghai	115524	61509	32815	155763	48306	60905	83338
江 苏	Jiangsu	58902	31451	24029	71115	43305	29776	60437
浙 江	Zhejiang	77125	39901	24679	98135	42290	32450	56621
安 徽	Anhui	36316	26935	18188	46561	27250	28122	36068
福 建	Fujian	59117	32850	22268	70532	36917	24511	41592
江 西	Jiangxi	32566	24868	18268	38926	25857	21725	30430
山 东	Shandong	50315	23845	21810	53148	29793	28987	45803
河 南	Henan	35042	22403	20201	41871	28913	24560	36436
湖 北	Hubei	39222	25081	20601	49830	30760	26647	45518
湖 南	Hunan	39592	27604	19963	44428	27550	25086	36381
广 东	Guangdong	68204	38378	24781	90519	37590	41195	69434
广 西	Guangxi	42633	26093	17211	60153	27597	25994	36182
海 南	Hainan	60215	23955	18875	62984	26157	20703	30680
重 庆	Chongqing	62634	29667	21389	58751	32396	25440	55381
四 川	Sichuan	42615	29046	22262	52854	29995	34221	53854
贵 州	Guizhou	37097	27776	18935	61474	22997	22036	29670
云 南	Yunnan	37346	26268	16030	60775	22236	23969	34588
西 藏	Tibet	51682	39462	22090	98092	43451	27828	63810
陕 西	Shaanxi	42498	23836	18171	48138	37842	28327	48734
甘 肃	Gansu	24896	20563	17588	35311	22936	21608	34730
青 海	Qinghai	41668	24898	18574	41641	21948	42784	48822
宁 夏	Ningxia	42469	29497	17799	53674	28610	26137	36666
新 疆	Xinjiang	43124	32343	21954	53127	23005	22517	38593

2.13 续表 2
Continued 2

地 区	Region	水利、环境和公共设施管理业 Water Management of Conservancy, Environment and Public Facilities	居民服务和其他服务业 Services to Households and Other Services	教 育 Education	卫生、社会保障和社会福利业 Health, Social Securities and Social Welfare	文化、体育和娱乐业 Culture, Sports and Entertainment	公共管理和社会组织 Public Management and Social Organization
全国总计	**National Total**	**25544**	**28206**	**38968**	**40232**	**41428**	**38242**
北 京	Beijing	41376	27625	65150	70182	76415	55680
天 津	Tianjin	44067	23529	66285	60149	54182	67714
河 北	Hebei	21663	34932	33588	30645	26208	29923
山 西	Shanxi	16657	20623	30620	24049	24927	27751
内蒙古	Inner Mongolia	27729	39550	43397	38375	37805	40338
辽 宁	Liaoning	24753	25101	41656	36638	36478	36941
吉 林	Jilin	18375	17511	31548	28476	26684	29247
黑龙江	Heilongjiang	18663	29803	34630	32095	29827	31568
上 海	Shanghai	44376	35226	69738	73470	68533	73073
江 苏	Jiangsu	30940	34349	49340	46337	48360	58861
浙 江	Zhejiang	32462	35127	63693	62508	56313	64667
安 徽	Anhui	20949	23258	32445	31811	28435	33622
福 建	Fujian	26824	33977	40550	40844	35654	42000
江 西	Jiangxi	19757	22375	29980	31494	30555	29395
山 东	Shandong	25387	32461	38621	38044	41008	35726
河 南	Henan	24648	23650	33090	31177	28511	28474
湖 北	Hubei	21730	26086	34230	33751	32390	34198
湖 南	Hunan	22133	23740	31825	36476	32908	30156
广 东	Guangdong	31351	29956	42928	52308	47213	53350
广 西	Guangxi	20150	21791	32182	33100	32141	33864
海 南	Hainan	20652	20526	40791	35308	29492	39376
重 庆	Chongqing	21818	26049	37497	44249	34163	36936
四 川	Sichuan	20555	24029	34408	39209	32101	35015
贵 州	Guizhou	20737	21966	30466	29993	24531	29537
云 南	Yunnan	17788	18340	32301	28988	24834	31650
西 藏	Tibet	32464	44509	52781	48293	50858	54848
陕 西	Shaanxi	23514	26147	39785	34809	29724	33224
甘 肃	Gansu	23186	21384	29725	28881	28769	30227
青 海	Qinghai	25591	32969	42447	37126	38694	40648
宁 夏	Ningxia	25155	23356	35785	31896	34118	33119
新 疆	Xinjiang	25575	18330	35016	32323	32609	35950

2.14 各地区按行业分城镇私营单位就业人员平均工资(2010年)
Average Wage of Employed Persons in Urban Private Units by Sector and Region (2010)

单位：元　　　　(yuan)

地区	Region	合计 Total	农、林、牧、渔业 Agriculture, Forestry, Animal Husbandry and Fishing	采矿业 Mining	制造业 Manufacturing	电力、燃气及水的生产和供应业 Production and Distribution of Electricity, Gas and Water	建筑业 Construction	交通运输、仓储及邮政业 Transport, Storage and Post
全国总计	**National Total**	**20759**	**16370**	**20981**	**20090**	**18834**	**22228**	**21989**
北京	Beijing	27431	20912	24483	24833	25375	24633	20859
天津	Tianjin	24023		23106	21818	20077	27961	25469
河北	Hebei	17914	14324	18554	17782	18972	19591	23119
山西	Shanxi	15640	13892	19163	14842	13447	17307	18015
内蒙古	Inner Mongolia	21732	18984	24905	20510	25842	25124	22546
辽宁	Liaoning	19280	16900	21097	18870	19379	20560	19588
吉林	Jilin	16929	14896	20065	15950	15204	18178	16849
黑龙江	Heilongjiang	16924	14599	21760	15741	16017	17988	16737
上海	Shanghai	23305	11001		22755	23546	24678	23068
江苏	Jiangsu	23402	18766	20923	22945	22149	24754	24595
浙江	Zhejiang	23409	20748	21635	22256	25137	25323	26828
安徽	Anhui	18493	12642	20343	17928	16881	20743	21513
福建	Fujian	21039	18669	20428	20082	21435	23914	21681
江西	Jiangxi	18002	15961	22180	17594	16453	19194	24619
山东	Shandong	20747	20152	20568	20458	18696	21439	22740
河南	Henan	15915	11718	17335	15495	12895	18998	17144
湖北	Hubei	18626	14056	20081	17479	17726	19952	16515
湖南	Hunan	17229	15389	19887	16391	18986	18394	18320
广东	Guangdong	22633	17368	19147	21644	13606	23297	26612
广西	Guangxi	17931	14143	16859	17026	15187	19533	20605
海南	Hainan	18058	14249	18254	16408	13124	24066	18146
重庆	Chongqing	20790	12959	23090	19955	20606	22613	20857
四川	Sichuan	18316	16770	20506	17835	18468	18334	19342
贵州	Guizhou	20307	12367	24221	17456	35031	19701	17641
云南	Yunnan	18562	13702	21438	17007	18398	21610	16280
西藏	Tibet							
陕西	Shaanxi	16052	12751	21023	14809	15470	16358	17739
甘肃	Gansu	14318	14289	17881	13517	17889	13533	15523
青海	Qinghai	17444	12800	18479	17295	18146	18984	16936
宁夏	Ningxia	19775	13180	21136	20176	16097	20519	18397
新疆	Xinjiang	20017	15992	27739	19534	18301	23718	20096

2.14 续表 1
Continued 1

地 区	Region	信息传输、计算机服务和软件业 Information Transmission, Computer Service and Software	批发和零售业 Wholesale and Retail Trade	住宿和餐饮业 Hotel and Restaurants	金融业 Financial Intermediation	房地产业 Real Estate	租赁和商务服务业 Leasing and Business Services	科学研究、技术服务和地质勘查业 Seientific Research, Technical Services, and Cieological Prospecting
全国总计	**National Total**	**31226**	**19928**	**17531**	**30513**	**23228**	**23879**	**28886**
北 京	Beijing	46686	23583	21051	32689	31059	28557	32279
天 津	Tianjin	37593	25890	18982		46299	22973	22570
河 北	Hebei	17894	16415	15708	19627	18990	18664	20230
山 西	Shanxi	16292	14513	14943	20150	15490	16315	19004
内蒙古	Inner Mongolia	22297	19376	19159	23777	22980	19750	22528
辽 宁	Liaoning	26973	17997	16729	20052	21367	21034	21200
吉 林	Jilin	22007	17249	16925	21765	20154	17600	22723
黑龙江	Heilongjiang	23068	16355	14986	24600	17772	14961	24792
上 海	Shanghai	37651	20994	21907	30933	26055	23407	34906
江 苏	Jiangsu	25895	23840	21954	29784	23138	23990	26607
浙 江	Zhejiang	31216	23146	19737	51331	26689	31799	32817
安 徽	Anhui	28500	15974	15605	14487	16310	18217	29951
福 建	Fujian	27749	21512	16881	32156	24411	20618	23329
江 西	Jiangxi	18444	15516	15911	21775	20250	18881	19527
山 东	Shandong	23016	20510	19964	22675	22942	23827	23758
河 南	Henan	12387	14049	14077	14404	17026	16163	16057
湖 北	Hubei	49982	17156	16477	30883	27515	19356	26090
湖 南	Hunan	22428	15015	15992	17598	19345	20370	19347
广 东	Guangdong	41108	25203	17813	26532	26202	31818	43388
广 西	Guangxi	14958	17816	16130	18618	24814	18884	23219
海 南	Hainan	18884	18249	13632	16926	21677	20336	21699
重 庆	Chongqing	24724	17477	16038	33591	21167	21727	23286
四 川	Sichuan	22302	16632	16670	23809	20712	19966	20997
贵 州	Guizhou	27527	14119	13676	44581	20099	12169	22639
云 南	Yunnan	17181	17049	13708	20367	16248	16197	25594
西 藏	Tibet							
陕 西	Shaanxi	21783	15988	14988	17965	18275	19379	26682
甘 肃	Gansu	20892	14208	13410	16864	19243	16315	17057
青 海	Qinghai	13623	16835	16050	17188	16099	20666	22503
宁 夏	Ningxia	17185	17818	16825	26271	24984	20830	21657
新 疆	Xinjiang	15730	17910	15665	25756	21626	18659	24757

2.14 续表2
Continued 2

地区	Region	水利、环境和公共设施管理业 Water Management of Conservancy, Environment and Public Facilities	居民服务和其他服务业 Services to Households and Other Services	教育 Education	卫生、社会保障和社会福利业 Health, Social Securities and Social Welfare	文化、体育和娱乐业 Culture, Sports and Entertainment	公共管理和社会组织 Public Management and Social Organization
全国总计	**National Total**	**19607**	**18350**	**21862**	**21571**	**20012**	**8900**
北京	Beijing	25592	20159	32988	27130	27188	24160
天津	Tianjin	20485	17685	30753	24748	21559	
河北	Hebei	17054	18446	17561	17047	15855	
山西	Shanxi	13943	13590	14153	15247	15445	
内蒙古	Inner Mongolia	20156	20121	19546	21273	20407	
辽宁	Liaoning	15999	16689	18283	17550	20363	13327
吉林	Jilin	16192	17284	19251	24814	16293	10701
黑龙江	Heilongjiang	14993	12624	18353	16120	13993	
上海	Shanghai	19231	18292	23303	29169	20351	
江苏	Jiangsu	22942	25804	22891	26663	23497	
浙江	Zhejiang	22376	19221	28421	28438	20332	
安徽	Anhui	15945	16506	20931	18768	17709	8230
福建	Fujian	18073	19168	24307	23529	19582	17099
江西	Jiangxi	20668	14473	22376	21441	17274	17116
山东	Shandong	21723	21320	21383	22013	20732	16213
河南	Henan	15532	14306	15596	16707	14560	10743
湖北	Hubei	16322	16627	20486	17264	16711	15570
湖南	Hunan	20868	16616	22900	23698	17243	9632
广东	Guangdong	19963	21295	26519	26228	23741	16358
广西	Guangxi	15236	17164	16962	19297	14538	
海南	Hainan	18767	14496	14843	23084	16162	7667
重庆	Chongqing	19114	17569	20550	25230	18900	13714
四川	Sichuan	17346	15840	19439	19687	16293	
贵州	Guizhou	10666	12853	17406	20516	12010	13147
云南	Yunnan	19201	15029	16240	17489	15186	17832
西藏	Tibet						
陕西	Shaanxi	13902	16913	21394	18107	17719	8155
甘肃	Gansu	16972	13066	14576	15614	15364	9248
青海	Qinghai	15429	15219	17860	17575	12377	
宁夏	Ningxia	16330	18331	16513	17148	13568	
新疆	Xinjiang	16366	15435	17542	20149	17101	

2.15 劳动争议处理情况
Status of Disposal of Labor Disputes

项　目	Item	2008	2009	2010
上期末结案数（件）	**Number of Cases Left Over from Last Period（case）**	**33084**	**83709**	**77926**
案件受理情况	**Cases Accepted**			
当期案件受理数（件）	Number of Cases（case）	693465	684379	600865
#集体劳动争议案件数	Number of Collective Labour Disputes	21880	13779	9314
劳动者申诉案件数	Number of Cases Appealed by Laborers	650077	627530	558853
按争议原因分（件）	By Cause of the Disputes（case）			
劳动报酬	Labour Remuneration	225061	247330	209968
社会保险	Social Insurances			
变更劳动合同	Change the Labour Contract			
解除劳动合同	Relieve the Labour Contract	139702	43876	31915
终止劳动合同	End the Labour Contract			
其 他	Others			
劳动者当事人数（人）	Number of Laborers Involved（person）	1214328	1016922	815121
#集体劳动争议	Collective Labour Disputes	502713	299601	211755
案件处理情况	**Cases Settled**			
结案数（件）	Number of Cases Settled（case）	622719	689714	634041
处理方式	by Manners of Settlement			
仲裁调解	by Mediation	221284	251463	250131
仲裁裁决	by Arbitrition Lawsuit	274543	290971	266506
其他方式	Others	126892	147280	117404
处理结果	by Result of Settlement			
用人单位胜诉	Lawsuit Won by Units	80462	95470	85028
劳动者胜诉	Lawsuit Won by Laborers	276793	255119	229448
双方部分胜诉	Lawsuit Partly Won by Both Parties	265464	339125	319565
案外调解案件数（件）	**Cases Mediated（case）**	**237283**	**185598**	**163997**

主要统计指标解释

经济活动人口 指在16岁以上,有劳动能力,参加或要求参加社会经济活动的人口;包括从业人员和失业人员。

就业人员 指在16周岁及以上,从事一定社会劳动并取得劳动报酬或经营收入的人员。这一指标反映了一定时期内全部劳动力资源的实际利用情况,是研究我国基本国情国力的重要指标。

各单位的就业人员 指在各级国家机关、政党机关、社会团体及企业、事业单位中工作,取得工资或其他形式的劳动报酬的全部人员。包括在岗职工、再就业的离退休人员、民办教师以及在各单位中工作的外方人员和港澳台方人员、兼职人员、借用的外单位人员和第二职业者。不包括离开本单位仍保留劳动关系的职工。各单位的就业人员反映了各单位实际参加生产或工作的全部劳动力。

职工 指在国有、城镇集体、联营、股份制、外商和港、澳、台投资、其他单位及其附属机构工作,并由其支付工资的各类人员。不包括下列人员:(1)乡镇企业就业人员;(2)私营企业就业人员;(3)城镇个体劳动者;(4)离休、退休、退职人员;(5)再就业的离退休人员;(6)民办教师;(7)在城镇单位中工作的外方及港、澳、台人员;(8)其他按有关规定不列入职工统计范围的人员。(1998年以后的数据均为在岗职工数据,其他相关指标如职工工资总额,职工平均工资等指标也从1998年按此口径进行了相应调整)。

在岗职工 指在本单位工作并由单位支付工资的人员,以及有工作岗位,但由于学习、病伤产假等原因暂未工作,仍由单位支付工资的人员。

城镇私营和个体就业人员 城镇私营就业人员指在工商管理部门注册登记,其经营地址设在县城关镇(含城关镇)以上的私营企业就业人员;包括私营企业投资者和雇工。城镇个体就业人员指在工商管理部门注册登记,并持有城镇户口或在城镇长期居住,经批准从事个体工商经营的就业人员;包括个体经营者和在个体工商户劳动的家庭帮工和雇工。

工资总额 指各单位在一定时期内直接支付给本单位全部职工的劳动报酬总额。工资总额的计算原则应以直接支付给职工的全部劳动报酬为根据。各单位支付给职工的劳动报酬以及其他根据有关规定支付的工资,不论是计入成本的还是不计入成本的,不论是按国家规定列入计征奖金税项目的,还是未列入计征奖金税项目的,不论是以货币形式支付的还是以实物形式支付的,均包括在工资总额内。

平均工资 指企业、事业、机关单位的职工在一定时期内平均每人所得的货币工资额。它表明一定时期职工工资收入的高低程度,是反映职工工资水平的主要指标。计算公式为:

职工平均工资=报告期实际支付的全部职工工资总额/报告期全部职工平均人数

平均工资指数 指报告期职工平均工资与基期职工平均工资的比率,是反映不同时期职工货币工资水平变动情况的相对数。计算公式为:

职工平均工资指数=报告期职工平均工资/基期职工平均工资

受理劳动争议案件数 指劳动争议仲裁委员会根据国家有关规定,对劳动争议当事人的申请予以审查,符合受理条件而正式立案、准备处理的劳动争议案件数。

Explanatory Notes of Main Statistic Indicators

Economically Active Population refers to population above 16 who have labor ability and have participated or requested to participate in social economic activities, including the employed and unemployed.

Employed Persons refer to the persons aged 16 and over who are engaged in social working and receive remuneration payment or earn business income. This indicator reflects the actual utilization of total labor force during a certain period of time and is often used for the research on China's economic situation and national power.

Persons Employed in Various Units includes all people working at state agencies, party and government organizations of various levels, social organizations, enterprises and institutions, who get wages or salaries or other kind of labor payment, including staff and workers on the post, re-employed retired and resigned people, local hired teachers, foreigners and people from Hong Kong, Macao and Taiwan working at each unit, part-time staff, staff from other units and secondary occupational staff, excluding those who have left the unit but whose labor relationship are still remained. The employed of each unit reflect the total laborers that actually participate in production and work of each unit.

Staff and Workers refer to persons working in, and receive payment from units of state ownership, collective ownership, joint ownership, share holding ownership, foreign ownership, and ownership by entrepreneurs from Hong Kong, Macao, and Taiwan, and other types of ownership and their affiliated units. They do not include 1) persons employed in township enterprises, 2) persons employed in private enterprises, 3) urban self-employed persons, 4) retirees, 5) re-employed retirees, 6) teachers in the schools run by the local people, 7) foreigners and persons from Hong Kong, Macao and Taiwan who work in urban units, and 8) other persons not to be included by relevant regulations. (Data of 1998 and afterward refer to fully employed staff and workers. Other related statistics such as total wage bill and average wage are adjusted since 1998 accordingly).

Staff and Workers on the Post refers to those who are working at the unit and get paid by the unit, as well as those who have posts and get paid by the unit, but are not working due to studying, sick, injury or baby-bearing leave.

Private Business and Individual Employed People of Cities and Towns refers to the employed people of private enterprises registered in industrial and commercial departments whose business location in the towns that county governments are located, including private investors and employee. The individual employed people refers to those who have residence permit of cities and towns or live in cities and towns for a long period and who are engaged in approved individual industrial and commercial business, including individual business people and employee and helpers working at their homes.

Total Amount of Wages refers to the total direct labor payment to all staff and workers of each unit in a certain period. The principle of calculation is based on all the direct labor payment to staff and workers. The labor payment and other wages paid according to relevant regulations to staff and workers of each unit, no matter whether they has been calculated as cost or not, whether they are listed as tax item according to national regulations, or whether they are paid in the form of currency or materials, should all be included in the total amount of wages.

Average Wages refers to the average amount of currency wages of each person of staff and workers of enterprises, institutions and agencies in a certain period. It reflects the wage income of staff and workers in a certain period and is a main indicator of wage level of staff and workers. The calculation formula is as follows:

Average Wages of Staff and Workers = Total Amount of Wages of all Staff and Workers Paid in Report Period/Average Number of all Staff and Workers in Report Period

Average Wages Index refers to the ratio of the average wages of staff and workers in the report period and the average wages of staff and workers in base period, which is a relative number reflecting the change of currency wage level of staff and workers in different period. The formula is as follows:

Average Wages Index of Staff and Workers = Average Wages of Staff and Workers in Report Period/Average Wages of Staff and Workers in Base Period

Number of Labor Dispute Cases Accepted refers to the number of labor dispute cases that are put on record and to be treated after examining the labor dispute applications of the party by Labor Dispute Arbitration Committee according to relevant national regulations.

三、各省、自治区、直辖市工会工作统计

Chapter 3 STATISTICS OF TRADE UNIONS WORK IN EACH PROVINCE, AUTONOMOUS REGION AND MUNICIPALITY DIRECTLY UNDER THE CENTRAL GOVERNMENT

简 要 说 明

本部分各数据资料均来源于中华全国总工会，主要反映了我国工会组织建设和重点工作的基本情况。包括全国 31 个省、自治区、直辖市及中共中央直属机关工会联合会、中央国家机关工会联合会的统计数据。

基层工会组织建设和工作情况的数据，来自于《2010 年度基层工会调查表》；基层以上工会组织和工作情况的数据，除困难职工帮扶中心数据外，均来自于《2010 年度基层以上工会调查表》该部分数据均由全国总工会研究室提供。调查采用全面调查方法，由各级工会逐级上报汇总，调查时点为 2010 年 9 月 30 日。

困难职工帮扶中心数据截止时间为 2010 年 12 月 31 日。

部分在京中央企业，因工会关系尚未理顺，未列入统计范围之内。

关于工会组建及工会工作情况的总量中包括西藏，但分项数据中不包括西藏。

Brief Explanation

The data of this part is originated from All China Federation of Trade Unions, mainly reflecting the basic status of the construction and key obligations of trade union organizations, including the statistic data of 31 provinces, autonomous regions, municipalities directly under Central Government as well as trade union federations of agencies affiliated to the Central Committee of the Communist Party of China and trade union federations of state agencies.

The statistics of the construction and key obligations of grass-root trade union organizations are originated from *Questionnaire of the Grass-root Trade Unions, 2010*. The status of the organizations and works of trade unions above grass-root level is based on *Questionnaire of Trade Unions Above Grass-root Level, 2010*. The statistics of trade unions was collected by complete survey and the point of time was Sep30, 2010. Research Department of All China Federation of Trade Unions provides the data.

Data on Supporting Center for Staff and Workers in Poverty is the statistics on Dec31, 2010.

Some central enterprises in Beijing are not included in the statistic scope because the trade union relationship has not been rationalized.

The total number of trade union construction and work includes Tibet, but the subentry number excludes Tibet.

3.1 各地区基层工会组织数(2010 年)
Number of Grass-root Trade Unions by Region(2010)

单位:个 (unit)

地区	Region	合计 Total	内资企业 Domestically-funded Enterprises			
			国有企业 State-owned Enterprises	集体企业 Collective-owned Enterprises	股份合作制企业 Share Holding Enterprises	联营企业 Joint-owned Enterprises
全国总计	**National Total**	**1976435**	**82024**	**80792**	**37781**	**7346**
北京	Beijing	22112	1515	1684	928	41
天津	Tianjin	30073	1919	1263	419	65
河北	Hebei	110328	3971	4795	1123	420
山西	Shanxi	53139	3871	4497	592	117
内蒙古	Inner Mongolia	50120	1705	770	591	176
辽宁	Liaoning	70055	2732	2398	1611	190
吉林	Jilin	28109	1936	663	425	87
黑龙江	Heilongjiang	45041	5713	2272	717	98
上海	Shanghai	53747	2339	2342	1338	77
江苏	Jiangsu	113129	2287	3135	3264	588
浙江	Zhejiang	117527	1997	1916	7363	359
安徽	Anhui	61256	3131	6491	1249	283
福建	Fujian	87716	3773	2518	1191	430
江西	Jiangxi	59186	4132	1481	1057	326
山东	Shandong	162085	4794	7724	2700	355
河南	Henan	114311	4979	7340	1989	305
湖北	Hubei	88647	2802	5243	1755	498
湖南	Hunan	90068	3725	4841	1773	454
广东	Guangdong	200061	5614	5780	2021	419
广西	Guangxi	53366	3445	1897	343	914
海南	Hainan	11936	1109	619	178	61
重庆	Chongqing	32885	850	1273	844	245
四川	Sichuan	106721	2443	2063	1243	170
贵州	Guizhou	43490	2476	1413	469	70
云南	Yunnan	32433	1256	976	528	43
西藏	Tibet	5043				
陕西	Shaanxi	63104	3620	4011	1119	434
甘肃	Gansu	28711	1380	713	522	63
青海	Qinghai	10690	417	180	140	22
宁夏	Ningxia	10743	389	183	84	11
新疆	Xinjiang	19668	1663	309	205	24
国家机关	Government Agencies	891	38	2	0	1
中直机关	Agencies Directly Under CCCPC	44	3	0	0	0

注:由多个单位组成的联合基层工会按一个基层工会计算。

Note: The trade union composed of more than one unit is considered as one grass-root trade union in this calculation.

3.1 续表 1
Continued 1

地 区	Region	内资企业 Domestically-funded Enterprises				个体经济组织 Self-employed business
		有限责任公司 Limited Liability Corporations	股份有限公司 Share Holding Corporations	私营企业 Private Enterprises	其他企业 Others	
全国总计	**National Total**	**120529**	**48201**	**823631**	**11029**	**134832**
北 京	Beijing	5282	896	4109	118	702
天 津	Tianjin	1613	765	12240	141	3382
河 北	Hebei	3437	1957	50526	278	15557
山 西	Shanxi	2288	1507	16545	135	3963
内蒙古	Inner Mongolia	4266	741	22093	74	3651
辽 宁	Liaoning	4152	1944	32886	118	4548
吉 林	Jilin	2076	726	12214	16	1460
黑龙江	Heilongjiang	3713	1536	11426	57	2989
上 海	Shanghai	2860	1470	25060	538	1019
江 苏	Jiangsu	8956	3723	59021	272	2504
浙 江	Zhejiang	12239	4489	62261	296	2222
安 徽	Anhui	2976	1633	23405	171	3121
福 建	Fujian	2079	1421	44773	1937	6719
江 西	Jiangxi	2175	844	24976	83	2392
山 东	Shandong	11428	5389	80119	718	12651
河 南	Henan	4816	2571	46639	195	10341
湖 北	Hubei	4120	1870	34264	370	7296
湖 南	Hunan	4530	1415	39450	556	6304
广 东	Guangdong	11415	2591	104000	1293	14256
广 西	Guangxi	1231	1319	21201	271	4076
海 南	Hainan	2490	458	2770	19	270
重 庆	Chongqing	2616	1365	11644	115	2437
四 川	Sichuan	7584	3246	23069	3090	7704
贵 州	Guizhou	983	704	10361	36	3117
云 南	Yunnan	2208	698	7422	26	1008
西 藏	Tibet					
陕 西	Shaanxi	5321	1427	19984	44	4992
甘 肃	Gansu	948	573	10081	25	1133
青 海	Qinghai	466	191	2151	3	2683
宁 夏	Ningxia	738	237	4750	5	1318
新 疆	Xingjiang	1515	491	4191	28	1017
国家机关	Government Agencies	8	4	0	1	0
中直机关	Agencies Directly Under CCCPC	0	0	0	0	0

3.1 续表2
Continued 2

地区	Region	港澳台商投资企业 HongKong, Macao and Taiwan Funded Enterprises	外商投资企业 Foreign Funded Enterprises	事业单位 Institutions	机关 Government Agencies
全国总计	**National Total**	**35150**	**50250**	**339793**	**200034**
北京	Beijing	237	634	4168	1798
天津	Tianjin	593	2444	4017	1212
河北	Hebei	256	703	15583	11722
山西	Shanxi	113	382	12673	6456
内蒙古	Inner Mongolia	41	185	8804	7023
辽宁	Liaoning	329	1791	11737	5619
吉林	Jilin	33	209	5988	2276
黑龙江	Heilongjiang	89	291	9735	6405
上海	Shanghai	2925	6983	5368	1428
江苏	Jiangsu	3495	7114	13075	5695
浙江	Zhejiang	2022	3059	12408	6896
安徽	Anhui	167	353	11546	6730
福建	Fujian	4564	2853	9777	5681
江西	Jiangxi	258	1498	12809	7155
山东	Shandong	947	7596	17420	10244
河南	Henan	134	268	24138	10596
湖北	Hubei	681	1035	20898	7815
湖南	Hunan	137	263	15906	10714
广东	Guangdong	17200	9663	17627	8182
广西	Guangxi	220	488	11005	6956
海南	Hainan	81	167	2450	1264
重庆	Chongqing	63	227	6775	4431
四川	Sichuan	314	827	34287	20681
贵州	Guizhou	24	73	10485	13279
云南	Yunnan	102	284	8964	8918
西藏	Tibet				
陕西	Shaanxi	60	640	14301	7151
甘肃	Gansu	24	74	7513	5662
青海	Qinghai	6	34	2132	2265
宁夏	Ningxia	10	43	1787	1188
新疆	Xingjiang	24	69	5666	4466
国家机关	Government Agencies	1	0	745	91
中直机关	Agencies Directly Under CCCPC	0	0	6	35

3.2 各地区按行业分的基层工会数(2010 年)
Number of Grass-root Trade Unions by Sector and Region (2010)

单位:个 (unit)

地　区	Region	合　计 Total	农、林、牧、渔业 Agriculture, Forestry, Animal Husbandry and Fishery	采矿业 Mining	制造业 Manufacturing	电力、燃气及水的生产和供应业 Production and Distribution of Electricity, Gas and Water
全国总计	**National Total**	**1976435**	**123325**	**43552**	**618647**	**31402**
北　京	Beijing	22112	979	46	4321	273
天　津	Tianjin	30073	854	95	10739	230
河　北	Hebei	110328	8121	2927	38926	1077
山　西	Shanxi	53139	3076	3690	8638	1036
内蒙古	Inner Mongolia	50120	2625	2899	6356	956
辽　宁	Liaoning	70055	3669	2336	19037	1287
吉　林	Jilin	28109	2137	484	4141	601
黑龙江	Heilongjiang	45041	4605	1996	5667	1033
上　海	Shanghai	53747	662	49	19140	438
江　苏	Jiangsu	113129	3504	390	66576	1218
浙　江	Zhejiang	117527	2546	666	74079	1339
安　徽	Anhui	61256	7224	1304	15272	919
福　建	Fujian	87716	4782	1212	39150	1980
江　西	Jiangxi	59186	4684	1277	14877	1726
山　东	Shandong	162085	10248	2684	68403	1860
河　南	Henan	114311	8556	2703	28252	1613
湖　北	Hubei	88647	9789	1944	17493	1938
湖　南	Hunan	90068	6333	4072	22924	1913
广　东	Guangdong	200061	3344	619	100284	2569
广　西	Guangxi	53366	4130	852	9588	1123
海　南	Hainan	11936	858	49	806	203
重　庆	Chongqing	32885	2466	1353	6144	637
四　川	Sichuan	106721	12619	2360	12943	1716
贵　州	Guizhou	43490	2099	2689	3452	635
云　南	Yunnan	32433	2255	1432	3244	661
西　藏	Tibet	5043				
陕　西	Shaanxi	63104	5118	1702	10190	1049
甘　肃	Gansu	28711	1977	770	3587	563
青　海	Qinghai	10690	1568	212	649	187
宁　夏	Ningxia	10743	823	138	2121	183
新　疆	Xinjiang	19668	1615	601	1644	437
国家机关	Government Agencies	891	59	1	4	2
中直机关	Agencies Directly Under CCCPC	44	0	0	0	0

3.2 续表1
Continued 1

地区	Region	建筑业 Construction	交通运输、仓储及邮政业 Transport, Storage and Post	信息传输、计算机服务和软件业 Information Transmission, Computer Service and Software	批发和零售业 Wholesale and Retail Trade	住宿和餐饮业 Hotel and Restaurants	金融业 Financial Intermediation
全国总计	**National Total**	**70085**	**51458**	**24985**	**145449**	**62899**	**21137**
北京	Beijing	3053	531	331	1426	1386	82
天津	Tianjin	1512	1977	449	2156	1471	445
河北	Hebei	5423	2731	631	7097	1948	1325
山西	Shanxi	1930	1432	780	5022	2072	1004
内蒙古	Inner Mongolia	2195	1839	766	7005	2535	876
辽宁	Liaoning	2300	2259	1469	6314	2197	723
吉林	Jilin	858	1149	570	3561	1486	435
黑龙江	Heilongjiang	1836	1861	754	3984	1210	512
上海	Shanghai	1887	1717	1467	4938	3039	463
江苏	Jiangsu	3801	2348	941	3892	2034	900
浙江	Zhejiang	2786	1809	927	3545	1750	943
安徽	Anhui	2920	1735	454	4164	1808	740
福建	Fujian	2578	1883	1294	5541	1956	947
江西	Jiangxi	1445	1420	1142	3779	1565	620
山东	Shandong	7915	3682	1452	13332	4761	1580
河南	Henan	3570	3184	1079	9576	3979	1352
湖北	Hubei	3137	2366	1677	8750	2546	1420
湖南	Hunan	3220	2031	1147	6340	3456	1179
广东	Guangdong	2787	3968	2803	16115	6892	1052
广西	Guangxi	1663	1601	772	4179	2490	633
海南	Hainan	416	353	179	1423	1117	271
重庆	Chongqing	1751	1010	337	1805	1108	332
四川	Sichuan	3467	2710	1222	5164	1916	834
贵州	Guizhou	892	878	222	2714	1272	599
云南	Yunnan	1077	891	322	1949	1074	330
西藏	Tibet						
陕西	Shaanxi	2675	1781	1033	6370	2554	435
甘肃	Gansu	1414	854	275	2535	1432	478
青海	Qinghai	249	301	114	694	710	100
宁夏	Ningxia	575	342	139	930	505	193
新疆	Xinjiang	750	805	206	1142	617	332
国家机关	Government Agencies	3	10	31	7	13	2
中直机关	Agencies Directly Under CCCPC	0	0	0	0	0	0

3.2 续表2
Continued 2

地　区	Region	房地产业 Real Estate	租赁和商务服务业 Leasing and Business Services	科学研究、技术服务和地质勘查业 Scientific Research, Technical Services, and Geological Prospecting	水利、环境和公共设施管理业 Water Management of Conservancy, Environment and Public Facilities	居民服务和其他服务业 Services to Households and Other Services
全国总计	**National Total**	**22101**	**56872**	**20005**	**26881**	**156877**
北　京	Beijing	381	855	329	392	2006
天　津	Tianjin	414	1155	697	397	2863
河　北	Hebei	744	1800	622	1137	7755
山　西	Shanxi	674	1619	512	802	4381
内蒙古	Inner Mongolia	696	1915	529	784	4431
辽　宁	Liaoning	1198	2564	1262	1005	7436
吉　林	Jilin	415	1342	543	592	2299
黑龙江	Heilongjiang	451	1509	853	975	4269
上　海	Shanghai	1335	3419	846	879	5919
江　苏	Jiangsu	1123	1947	797	1506	5330
浙　江	Zhejiang	933	1792	706	1253	4080
安　徽	Anhui	650	1942	397	879	4289
福　建	Fujian	986	1953	669	862	5885
江　西	Jiangxi	787	1621	599	927	4406
山　东	Shandong	1469	3707	1175	1469	11359
河　南	Henan	818	4034	954	1743	10590
湖　北	Hubei	995	2513	1262	1830	7167
湖　南	Hunan	1131	2957	1136	1330	7010
广　东	Guangdong	1449	4988	1089	1749	23170
广　西	Guangxi	740	2286	693	735	4124
海　南	Hainan	551	1046	132	184	548
重　庆	Chongqing	646	1394	289	404	2788
四　川	Sichuan	1248	2374	1129	1276	7951
贵　州	Guizhou	495	954	287	369	4645
云　南	Yunnan	339	633	358	639	1951
西　藏	Tibet					
陕　西	Shaanxi	723	2525	1165	1222	4813
甘　肃	Gansu	227	828	277	668	1743
青　海	Qinghai	63	273	95	223	1197
宁　夏	Ningxia	188	516	119	150	1002
新　疆	Xinjiang	228	409	286	470	1441
国家机关	Government Agencies	4	2	198	30	29
中直机关	Agencies Directly Under CCCPC	0	0	0	0	0

3.2 续表3
Continued 3

地区	Region	教育 Education	卫生、社会保障和社会福利业 Health, Social Securities and Social Welfare	文化、体育和娱乐业 Culture, Sports and Entertainment	公共管理和社会组织 Public Management and Social Organization	国际组织 International Organizations
全国总计	**National Total**	**139282**	**65106**	**30306**	**260799**	**224**
北京	Beijing	1889	774	572	2485	1
天津	Tianjin	1468	743	412	1994	2
河北	Hebei	6045	3026	1214	17768	11
山西	Shanxi	3933	2570	1318	8641	9
内蒙古	Inner Mongolia	3434	1987	884	7385	23
辽宁	Liaoning	4468	2316	1293	6905	17
吉林	Jilin	2875	1407	636	2577	1
黑龙江	Heilongjiang	3823	2037	737	6927	2
上海	Shanghai	2594	1140	916	2899	
江苏	Jiangsu	5860	2827	923	7209	3
浙江	Zhejiang	5786	2544	1262	8776	5
安徽	Anhui	5338	2076	853	8290	2
福建	Fujian	4698	1855	1137	8343	5
江西	Jiangxi	5303	2811	1102	9091	4
山东	Shandong	7733	4566	1740	12942	8
河南	Henan	7924	4193	1833	18354	4
湖北	Hubei	5836	3207	1469	13275	33
湖南	Hunan	5618	3581	1804	12854	32
广东	Guangdong	10959	3176	2361	10654	33
广西	Guangxi	6187	2430	856	8282	2
海南	Hainan	1427	531	271	1570	1
重庆	Chongqing	3822	1260	470	4867	2
四川	Sichuan	9874	3685	1652	32577	4
贵州	Guizhou	5589	1739	594	13362	4
云南	Yunnan	3558	2231	900	8578	11
西藏	Tibet					
陕西	Shaanxi	5574	2536	1321	10318	0
甘肃	Gansu	3120	1606	668	5688	1
青海	Qinghai	957	532	237	2328	1
宁夏	Ningxia	887	382	204	1346	0
新疆	Xinjiang	2644	1285	478	4275	3
国家机关	Government Agencies	59	53	182	202	0
中直机关	Agencies Directly Under CCCPC	0	0	7	37	0

3.3 各地区按登记注册类型分基层工会组织覆盖的单位数(2010 年)
Number of Units with Grass-root Trade Union by Status of Registration and Region (2010)

单位:人 (person)

地区	Region	合计 Total	内资企业 Domestically-funded Enterprises			
			国有企业 State-owned Enterprises	集体企业 Collective-owned Enterprises	股份合作制企业 Share Holding Enterprises	联营企业 Joint-owned Enterprises
全国总计	**National Total**	**4317593**	**120983**	**171506**	**56502**	**44875**
北京	Beijing	51488	1943	3441	1172	145
天津	Tianjin	57740	2283	1754	439	92
河北	Hebei	176446	4978	7333	1197	2136
山西	Shanxi	133871	5671	7345	820	381
内蒙古	Inner Mongolia	66044	2412	881	703	813
辽宁	Liaoning	143994	3710	3648	2164	557
吉林	Jilin	69616	2090	725	1025	142
黑龙江	Heilongjiang	75456	7959	2879	865	444
上海	Shanghai	214175	3319	7361	1410	132
江苏	Jiangsu	350068	3640	16582	5780	1201
浙江	Zhejiang	288066	2509	7950	10942	8569
安徽	Anhui	98599	4219	9647	1620	1288
福建	Fujian	145739	4609	3281	1595	3215
江西	Jiangxi	81323	5266	1678	1474	597
山东	Shandong	549557	5916	27922	5949	9543
河南	Henan	140800	5943	8476	2165	674
湖北	Hubei	169869	4321	11211	3092	2199
湖南	Hunan	131971	6988	8238	2372	1629
广东	Guangdong	575886	14657	24590	4222	3604
广西	Guangxi	67182	4260	2222	349	1031
海南	Hainan	16694	1214	693	210	62
重庆	Chongqing	54321	955	1692	939	1350
四川	Sichuan	264126	8905	2420	1659	1674
贵州	Guizhou	89887	3097	1796	1135	734
云南	Yunnan	67793	1621	1269	635	1010
西藏	Tibet	5043				
陕西	Shaanxi	87655	3954	4383	1147	1192
甘肃	Gansu	54822	1645	1217	845	255
青海	Qinghai	16638	456	221	140	24
宁夏	Ningxia	27575	416	248	145	17
新疆	Xinjiang	43640	1959	401	292	164
国家机关	Government Agencies	1215	52	2	0	1
中直机关	Agencies Directly Under CCCPC	294	16	0	0	0

3.3 续表 1
Continued 1

地区	Region	内资企业 Domestically-funded Enterprises				个体经济组织 Self-employed business
		有限责任公司 Limited Liability Corporations	股份有限公司 Share Holding Corporations	私营企业 Private Enterprises	其他企业 Others	
全国总计	**National Total**	**161819**	**74665**	**1681858**	**44184**	**709346**
北京	Beijing	9694	1580	13475	365	6301
天津	Tianjin	2018	903	18840	607	15694
河北	Hebei	3668	2202	81915	1420	29979
山西	Shanxi	3517	1860	34129	159	31285
内蒙古	Inner Mongolia	5000	1001	26937	75	5574
辽宁	Liaoning	5749	2984	54776	595	23032
吉林	Jilin	4770	946	20822	16	24039
黑龙江	Heilongjiang	4202	2346	17257	72	16708
上海	Shanghai	4906	1610	156401	1670	13613
江苏	Jiangsu	14916	8891	186552	630	35467
浙江	Zhejiang	15072	7112	161868	872	24718
安徽	Anhui	3811	2461	31083	882	13977
福建	Fujian	3013	1762	65416	9941	12159
江西	Jiangxi	2836	939	35105	100	3721
山东	Shandong	14731	8504	162347	8925	188398
河南	Henan	5768	3117	51605	328	15904
湖北	Hubei	5616	3492	54373	845	25161
湖南	Hunan	5599	2509	52374	641	10487
广东	Guangdong	13180	6804	263673	8512	77811
广西	Guangxi	1410	1545	27465	281	5867
海南	Hainan	3021	615	3519	19	571
重庆	Chongqing	4314	1447	17294	147	8982
四川	Sichuan	9278	4307	43423	6597	58496
贵州	Guizhou	1272	921	17283	38	17332
云南	Yunnan	2430	942	11026	31	7134
西藏	Tibet					
陕西	Shaanxi	7465	2028	27682	199	11097
甘肃	Gansu	1550	815	18618	39	6084
青海	Qinghai	577	199	2763	4	5012
宁夏	Ningxia	787	255	11141	5	9776
新疆	Xingjiang	1641	564	12696	168	4967
国家机关	Government Agencies	8	4	0	1	0
中直机关	Agencies Directly Under CCCPC	0	0	0	0	0

3.3 续表2
Continued 2

地 区	Region	港澳台商投资企业 HongKong, Macao and Taiwan Funded Enterprises	外商投资企业 Foreign Funded Enterprises	事业单位 Institutions	机关 Government Agencies
全国总计	**National Total**	**61131**	**102224**	**704937**	**378520**
北 京	Beijing	254	677	9057	3384
天 津	Tianjin	602	2934	9367	2207
河 北	Hebei	262	788	25393	15175
山 西	Shanxi	129	606	31378	16591
内 蒙 古	Inner Mongolia	50	201	13496	8901
辽 宁	Liaoning	390	2037	24994	19358
吉 林	Jilin	33	340	7835	6833
黑 龙 江	Heilongjiang	94	365	12850	9415
上 海	Shanghai	3534	11570	7040	1609
江 苏	Jiangsu	5464	9889	47268	13788
浙 江	Zhejiang	2248	4671	31693	9842
安 徽	Anhui	266	481	19704	9160
福 建	Fujian	4801	5240	13145	17562
江 西	Jiangxi	359	1738	16725	10785
山 东	Shandong	1186	10122	77846	28168
河 南	Henan	164	413	32360	13883
湖 北	Hubei	1810	2152	39014	16583
湖 南	Hunan	204	454	22730	17746
广 东	Guangdong	38216	44430	60324	15863
广 西	Guangxi	248	518	12664	9322
海 南	Hainan	142	178	4570	1880
重 庆	Chongqing	66	244	9321	7570
四 川	Sichuan	340	862	92350	33815
贵 州	Guizhou	27	76	18026	28150
云 南	Yunnan	104	314	20083	21194
西 藏	Tibet				
陕 西	Shaanxi	60	684	17695	10069
甘 肃	Gansu	27	75	12345	11307
青 海	Qinghai	6	39	2693	4504
宁 夏	Ningxia	10	47	2855	1873
新 疆	Xinjiang	34	79	8976	11699
国家机关	Government Agencies	1	0	1012	134
中直机关	Agencies Directly Under CCCPC	0	0	128	150

3.4 各地区按登记注册类型分已建工会单位职工人数(2010年)
Number of Staff and Workers of Units with Trade Unions by Status of Registration and Region(2010)

单位:人 (person)

地区	Region	合计 Total	内资企业 Domestically-funded Enterprises: 国有企业 State-owned Enterprises	集体企业 Collective-owned Enterprises	股份合作制企业 Share Holding Enterprises	联营企业 Joint-owned Enterprises
全国总计	**National Total**	**253454400**	**29362154**	**11031452**	**6474173**	**1582113**
北京	Beijing	4440490	628797	193781	140096	4091
天津	Tianjin	4063917	737737	229754	137093	19745
河北	Hebei	13041262	1312966	547291	231420	89419
山西	Shanxi	7581047	1572251	515467	166845	25871
内蒙古	Inner Mongolia	6082700	944480	154565	137477	158348
辽宁	Liaoning	10617046	1993017	627298	181224	21985
吉林	Jilin	4733675	859593	85985	162418	21460
黑龙江	Heilongjiang	7763317	2622597	377998	101340	31550
上海	Shanghai	8181341	790166	367612	142740	10299
江苏	Jiangsu	16480291	1084014	586665	643067	86783
浙江	Zhejiang	15694727	524069	320340	1115428	157268
安徽	Anhui	7102254	834660	716381	240064	56460
福建	Fujian	7604645	480400	181404	131237	61754
江西	Jiangxi	6471644	869628	146357	167503	71552
山东	Shandong	20452818	1630027	1221438	655844	79440
河南	Henan	13964055	1805347	1040875	376373	68989
湖北	Hubei	12205225	936574	838483	413949	117172
湖南	Hunan	10678542	1380571	697621	235177	71066
广东	Guangdong	22411327	1137571	639539	303594	64442
广西	Guangxi	5547912	792544	167661	69854	76774
海南	Hainan	1006815	286325	33969	22015	4251
重庆	Chongqing	6009122	375589	242328	114929	143266
四川	Sichuan	16047005	1172944	408362	200424	21837
贵州	Guizhou	5542875	589818	77661	54839	22137
云南	Yunnan	3937355	481357	82355	54132	13076
西藏	Tibet	239108				
陕西	Shaanxi	6158270	1282083	329890	111169	59709
甘肃	Gansu	3266841	553308	98734	77495	11832
青海	Qinghai	1013186	151628	15188	14358	1886
宁夏	Ningxia	1124377	120212	48199	22215	1151
新疆	Xinjiang	3712267	1392096	37943	49854	6722
国家机关	Government Agencies	202448	14636	308	0	1778
中直机关	Agencies Directly Under CCCPC	76496	5149	0	0	0

3.4 续表 1
Continued 1

地区	Region	内资企业 Domestically-funded Enterprises				个体经济组织 Self-employed business
		有限责任公司 Limited Liability Corporations	股份有限公司 Share Holding Corporations	私营企业 Private Enterprises	其他企业 Others	
全国总计	**National Total**	**18028589**	**12824890**	**72165188**	**1827959**	**17156333**
北京	Beijing	1241411	322393	428849	9008	49091
天津	Tianjin	224756	233270	877383	13648	274513
河北	Hebei	641722	596180	4529049	105650	1583868
山西	Shanxi	615864	483776	1615916	19139	410301
内蒙古	Inner Mongolia	543133	210686	2273027	6624	272645
辽宁	Liaoning	590840	613288	2894258	20791	468061
吉林	Jilin	506362	279153	1454337	2684	303598
黑龙江	Heilongjiang	481564	410286	1191052	11051	539545
上海	Shanghai	604094	710551	2959210	76927	87487
江苏	Jiangsu	1355469	864068	6525580	30495	588557
浙江	Zhejiang	1740627	1067911	7111030	64094	504769
安徽	Anhui	493393	506760	1913848	34412	333119
福建	Fujian	249075	309043	2765404	138736	332895
江西	Jiangxi	200753	109758	2763460	6226	117004
山东	Shandong	2196264	1317874	6112077	134440	2004610
河南	Henan	751886	584829	3513355	21597	995051
湖北	Hubei	957955	649169	3192310	48041	1122543
湖南	Hunan	465117	387101	3680936	51091	623822
广东	Guangdong	997516	690645	7220459	239740	814316
广西	Guangxi	208323	241847	1703080	12232	406205
海南	Hainan	126430	85047	88520	1144	10897
重庆	Chongqing	439899	261605	1194124	61224	1335354
四川	Sichuan	839998	580872	2038134	694912	1838053
贵州	Guizhou	126114	170978	796331	5326	586817
云南	Yunnan	291670	274832	679913	2631	172412
西藏	Tibet					
陕西	Shaanxi	521177	362479	1068210	4584	501717
甘肃	Gansu	184126	237327	768821	2220	127686
青海	Qinghai	49432	28613	89204	167	366588
宁夏	Ningxia	80654	46646	334503	5378	227476
新疆	Xinjiang	302378	186550	382808	3734	157333
国家机关	Government Agencies	587	1353	0	13	0
中直机关	Agencies Directly Under CCCPC	0	0	0	0	0

3.4 续表 2
Continued 2

地　区	Region	港澳台商投资企业 HongKong, Macao and Taiwan Funded Enterprises	外商投资企业 Foreign Funded Enterprises	事业单位 Institutions	机关 Government Agencies
全国总计	**National Total**	**9127545**	**10401924**	**42384104**	**20548868**
北　京	Beijing	50403	251585	596936	224049
天　津	Tianjin	92233	432227	641763	149795
河　北	Hebei	74761	174333	2042097	1112506
山　西	Shanxi	87793	70064	1364758	633002
内蒙古	Inner Mongolia	12081	62418	757021	550195
辽　宁	Liaoning	48787	420870	1940775	795852
吉　林	Jilin	9337	52999	719491	276258
黑龙江	Heilongjiang	18874	81244	1231589	664627
上　海	Shanghai	446918	1136478	698305	150554
江　苏	Jiangsu	733695	1508425	1814259	659214
浙　江	Zhejiang	473054	797101	1357543	461493
安　徽	Anhui	33666	94556	1325328	519607
福　建	Fujian	1117472	576510	795716	464999
江　西	Jiangxi	80944	248629	1033711	656119
山　东	Shandong	221916	1258047	2625885	994956
河　南	Henan	45299	95314	3292132	1373008
湖　北	Hubei	130272	301858	2632763	864136
湖　南	Hunan	38610	55474	2151067	840889
广　东	Guangdong	5258671	2316342	2051657	676835
广　西	Guangxi	42613	84643	1175198	566938
海　南	Hainan	8612	29000	221671	88934
重　庆	Chongqing	18783	44204	871666	906151
四　川	Sichuan	32237	116426	5643758	2459048
贵　州	Guizhou	3315	20353	1187544	1901642
云　南	Yunnan	15524	39846	1065664	763943
西　藏	Tibet				
陕　西	Shaanxi	16400	98976	1251589	550287
甘　肃	Gansu	4207	9715	748703	442667
青　海	Qinghai	1303	4850	164689	125280
宁　夏	Ningxia	895	8560	156463	72025
新　疆	Xinjiang	8802	10877	664085	509085
国家机关	Government Agencies	68	0	143478	40227
中直机关	Agencies Directly Under CCCPC	0	0	16800	54547

3.5 各地区按行业分已建工会单位职工人数(2010 年)
Number of Staff and Workers of Units with Trade Unions by Sector and Region (2010)

单位:人 (person)

地区	Region	合计 Total	农、林、牧、渔业 Agriculture, Forestry, Animal Husbandry and Fishery	采矿业 Mining	制造业 Manufacturing	电力、燃气及水的生产和供应业 Production and Distribution of Electricity, Gas and Water
全国总计	**National Total**	**253454400**	**19581968**	**10762621**	**83515310**	**5152656**
北京	Beijing	4440490	124749	24225	735173	57021
天津	Tianjin	4063917	99650	64390	1512575	51239
河北	Hebei	13041262	971810	554641	4291942	212236
山西	Shanxi	7581047	303625	1238550	1518699	335550
内蒙古	Inner Mongolia	6082700	558304	529290	1157977	184704
辽宁	Liaoning	10617046	661119	775802	3180574	368848
吉林	Jilin	4733675	470851	218213	970274	139145
黑龙江	Heilongjiang	7763317	1733372	681904	1077841	242169
上海	Shanghai	8181341	80880	34512	3001637	78792
江苏	Jiangsu	16480291	439838	433107	9157884	212560
浙江	Zhejiang	15694727	245354	54449	10244233	200262
安徽	Anhui	7102254	786281	415098	1947940	135781
福建	Fujian	7604645	317636	87047	4077357	151425
江西	Jiangxi	6471644	477594	210679	2139747	158906
山东	Shandong	20452818	1418263	886379	8132048	387793
河南	Henan	13964055	1098165	781002	3431433	315105
湖北	Hubei	12205225	1382313	312784	2796104	310503
湖南	Hunan	10678542	1226590	533596	3080851	199539
广东	Guangdong	22411327	356760	89495	13621730	274235
广西	Guangxi	5547912	523957	138326	1181329	129127
海南	Hainan	1006815	224683	8558	89396	24097
重庆	Chongqing	6009122	794235	467375	933708	103906
四川	Sichuan	16047005	2543502	689830	1721576	271593
贵州	Guizhou	5542875	423469	425405	486665	109732
云南	Yunnan	3937355	260900	325612	524904	113547
西藏	Tibet	239108				
陕西	Shaanxi	6158270	455061	377250	1328339	138343
甘肃	Gansu	3266841	161251	154244	548580	107262
青海	Qinghai	1013186	244677	61630	87709	27284
宁夏	Ningxia	1124377	107713	59888	223794	29956
新疆	Xinjiang	3712267	1081448	129306	311907	81737
国家机关	Government Agencies	202448	7918	34	1384	259
中直机关	Agencies Directly Under CCCPC	76496	0	0	0	0

3.5 续表 1
Continued 1

地　区	Region	建筑业 Construction	交通运输、仓储及邮政业 Transport, Storage and Post	信息传输、计算机服务和软件业 Information Transmission, Computer Service and Software	批发和零售业 Wholesaleand Retail Trade	住宿和餐饮业 Hotel and Restaurants	金融业 Financial Intermediation
全国总计	**National Total**	**14110123**	**9585826**	**2582066**	**11726278**	**4669948**	**3429826**
北　京	Beijing	1041295	355300	54654	182579	164782	38892
天　津	Tianjin	521064	293754	39419	172934	68944	60590
河　北	Hebei	936267	430783	68992	678009	148796	170955
山　西	Shanxi	425353	346669	111914	424296	162247	222198
内蒙古	Inner Mongolia	648291	282210	62583	509740	153250	84717
辽　宁	Liaoning	439157	646500	126185	401929	139853	182310
吉　林	Jilin	281774	228446	67625	366547	116780	103620
黑龙江	Heilongjiang	484989	430557	85031	405961	92304	39879
上　海	Shanghai	682203	526473	132978	518193	283783	250095
江　苏	Jiangsu	785975	422256	124523	477158	235906	184829
浙　江	Zhejiang	591487	343344	139941	384401	249118	207101
安　徽	Anhui	576009	242305	48638	336004	91492	82192
福　建	Fujian	204115	253356	102435	283353	123334	102555
江　西	Jiangxi	241817	192991	83133	264285	145533	81903
山　东	Shandong	1299512	614014	195084	1143745	380696	223898
河　南	Henan	618072	610108	77361	592936	230967	177580
湖　北	Hubei	772719	459824	181982	847201	206739	246181
湖　南	Hunan	470540	248895	93996	640669	258571	130783
广　东	Guangdong	258308	701955	377918	947601	453983	252913
广　西	Guangxi	230349	287181	58936	271148	117593	90808
海　南	Hainan	32306	61673	10612	60930	63533	22097
重　庆	Chongqing	465641	141708	21927	186447	132983	49070
四　川	Sichuan	569683	398983	88467	491296	158635	104780
贵　州	Guizhou	204105	136652	26716	181855	64383	45415
云　南	Yunnan	187765	159877	38898	148238	68165	55753
西　藏	Tibet						
陕　西	Shaanxi	407322	291864	69588	389883	188507	69319
甘　肃	Gansu	356854	187852	37514	212634	73722	73485
青　海	Qinghai	43707	71213	5705	27501	19626	8279
宁　夏	Ningxia	60335	44465	7637	41643	29464	16526
新　疆	Xinjiang	272160	168928	33056	136466	36067	50697
国家机关	Government Agencies	949	5690	8618	696	10192	406
中直机关	Agencies Directly Under CCCPC	0	0	0	0	0	0

3.5 续表 2
Continued 2

地　区	Region	房地产业 Real Estate	租赁和商务服务业 Leasing and Business Services	科学研究、技术服务和地质勘查业 Scientific Research, Technical Services, and Geological Prospecting	水利、环境和公共设施管理业 Water Management of Conservancy, Environment and Public Facilities	居民服务和其他服务业 Services to Households and Other Services
全国总计	**National Total**	**2014495**	**5172946**	**2005040**	**2487127**	**19295192**
北　京	Beijing	42989	125360	35318	48523	302178
天　津	Tianjin	47379	119326	41829	55753	309355
河　北	Hebei	110469	155752	79578	115904	1103585
山　西	Shanxi	47175	155855	54521	58615	571063
内蒙古	Inner Mongolia	94542	187044	56558	53383	378352
辽　宁	Liaoning	148348	175829	85086	125667	1006510
吉　林	Jilin	86090	310194	66436	67136	248221
黑龙江	Heilongjiang	43357	132571	61315	84416	574686
上　海	Shanghai	109367	462965	91582	137746	832016
江　苏	Jiangsu	80291	305232	134940	125162	939434
浙　江	Zhejiang	76689	154482	63446	100846	573869
安　徽	Anhui	50910	207292	54603	59229	511403
福　建	Fujian	42731	79754	36352	51075	329576
江　西	Jiangxi	59715	137259	51141	84249	493607
山　东	Shandong	136810	434322	93809	145603	1420833
河　南	Henan	69756	289701	94799	214711	1230247
湖　北	Hubei	97327	221234	151821	164906	1224143
湖　南	Hunan	140025	289319	113260	118868	793912
广　东	Guangdong	117168	335741	98286	121845	1595905
广　西	Guangxi	35772	164459	44739	64826	424658
海　南	Hainan	21224	54671	7333	17125	23536
重　庆	Chongqing	58737	76434	22713	30604	672526
四　川	Sichuan	101818	209537	139164	130853	1539263
贵　州	Guizhou	33051	54088	24023	28440	732354
云　南	Yunnan	29197	42117	31281	39484	356393
西　藏	Tibet					
陕　西	Shaanxi	51451	138332	136918	85691	454435
甘　肃	Gansu	34384	67467	37369	65590	226205
青　海	Qinghai	3728	8725	8582	8562	79825
宁　夏	Ningxia	14142	26905	5446	17595	144600
新　疆	Xinjiang	29675	50584	37554	58685	197703
国家机关	Government Agencies	178	395	45238	6035	4799
中直机关	Agencies Directly Under CCCPC	0	0	0	0	0

3.5 续表 3
Continued 3

地　区	Region	教　育 Education	卫生、社会保障和社会福利业 Health, Social Securities and Social Welfare	文化、体育和娱乐业 Culture, Sports and Entertainment	公共管理和社会组织 Public Management and Social Organization	国际组织 International Organizations
全国总计	**National Total**	**15460941**	**6614532**	**2004924**	**32711138**	**32335**
北　京	Beijing	299229	165433	42688	299982	120
天　津	Tianjin	174620	103004	27618	300454	20
河　北	Hebei	774222	293551	91729	1850227	1814
山　西	Shanxi	455778	209433	89241	848319	1946
内 蒙 古	Inner Mongolia	334918	124607	42545	638642	1043
辽　宁	Liaoning	600486	311050	75032	1163449	3312
吉　林	Jilin	366746	167906	54251	403360	60
黑 龙 江	Heilongjiang	420455	199893	53475	919117	25
上　海	Shanghai	252348	199194	59884	446693	0
江　苏	Jiangsu	823110	348955	83552	1165472	107
浙　江	Zhejiang	577943	310688	82349	1094066	659
安　徽	Anhui	547356	206027	48508	754911	275
福　建	Fujian	446681	129510	78735	707484	134
江　西	Jiangxi	591523	236415	72427	748350	370
山　东	Shandong	1062282	502105	126204	1837842	11576
河　南	Henan	1026030	541022	118681	2445933	446
湖　北	Hubei	689915	301768	100920	1733271	3570
湖　南	Hunan	727718	302222	101632	1203533	4023
广　东	Guangdong	1068262	361187	152286	1224033	1716
广　西	Guangxi	627036	371663	44253	741716	36
海　南	Hainan	114897	41284	17745	111106	9
重　庆	Chongqing	325131	112082	36261	1377583	51
四　川	Sichuan	837693	289198	134227	5626577	330
贵　州	Guizhou	448842	117001	31747	1968896	36
云　南	Yunnan	487309	175284	39391	852725	515
西　藏	Tibet					
陕　西	Shaanxi	533926	173659	58441	809941	0
甘　肃	Gansu	338130	102046	37461	444771	20
青　海	Qinghai	70032	28137	8842	199356	66
宁　夏	Ningxia	85888	45678	7811	154891	0
新　疆	Xinjiang	343792	126678	37128	528640	56
国家机关	Government Agencies	8643	17852	28451	54711	0
中直机关	Agencies Directly Under CCCPC	0	0	21409	55087	0

3.6 各地区按登记注册类型分工会会员人数(2010 年)
Number of Trade Unions Members by Status of Registration and Region (2010)

单位:人 (person)

地区	Region	合计 Total	内资企业 Domestically-funded Enterprises			
			国有企业 State-owned Enterprises	集体企业 Collective-owned Enterprises	股份合作制企业 Share Holding Enterprises	联营企业 Joint-owned Enterprises
全国总计	**National Total**	**239964943**	**28199745**	**10446326**	**6117595**	**1470677**
北京	Beijing	4050215	578385	159685	121037	2802
天津	Tianjin	4005168	728990	227063	133961	19725
河北	Hebei	12726332	1289829	538529	228633	68478
山西	Shanxi	7450933	1547360	511859	164211	25871
内蒙古	Inner Mongolia	5808703	884081	148900	130005	149301
辽宁	Liaoning	10383383	1956801	590699	178396	20697
吉林	Jilin	4687640	851289	84661	160877	21460
黑龙江	Heilongjiang	7486670	2543719	369980	99981	31256
上海	Shanghai	7601602	734596	348627	128894	9827
江苏	Jiangsu	15751146	1065935	555784	616832	84253
浙江	Zhejiang	14690866	479654	298507	1034539	142825
安徽	Anhui	6663678	797444	673057	218459	53577
福建	Fujian	6946262	467035	174543	122201	52079
江西	Jiangxi	6110442	841236	140752	145944	56763
山东	Shandong	19733820	1576037	1165659	627126	71450
河南	Henan	13240619	1749035	947046	358296	67462
湖北	Hubei	11848150	890772	803406	406846	115389
湖南	Hunan	10353939	1353495	680254	225903	69062
广东	Guangdong	20650560	1091425	587563	282641	62330
广西	Guangxi	5280492	763637	165753	68318	75176
海南	Hainan	924317	252739	31398	18908	3760
重庆	Chongqing	5230353	351782	180867	101063	138511
四川	Sichuan	14372675	1091395	393211	179107	20815
贵州	Guizhou	5352070	563497	76931	53319	21837
云南	Yunnan	3781737	438907	77256	51831	12251
西藏	Tibet	211248				
陕西	Shaanxi	5801732	1208669	321860	104092	51427
甘肃	Gansu	3162393	535253	97077	74791	11339
青海	Qinghai	898111	145134	11336	13612	1657
宁夏	Ningxia	1074461	116550	46666	21298	1096
新疆	Xingjiang	3420672	1286204	37094	46474	6423
国家机关	Government Agencies	192687	13792	303	0	1778
中直机关	Agencies Directly Under CCCPC	71867	5068	0	0	0

3.6 续表 1
Continued 1

地　区	Region	内资企业 Domestically-funded Enterprises				个体经济组织 Self-employed business
		有限责任公司 Limited Liability Corporations	股份有限公司 Share Holding Corporations	私营企业 Private Enterprises	其他企业 Others	
全国总计	**National Total**	**16779819**	**12234572**	**68399806**	**1720085**	**16096482**
北　京	Beijing	1143088	301709	354759	8329	46392
天　津	Tianjin	218906	232029	865715	13465	271959
河　北	Hebei	611544	576062	4422524	102401	1554590
山　西	Shanxi	604054	456229	1596271	19139	409287
内蒙古	Inner Mongolia	525029	197999	2164634	6531	266203
辽　宁	Liaoning	576728	601486	2816794	20768	462517
吉　林	Jilin	502492	277902	1440305	2684	297752
黑龙江	Heilongjiang	464728	392973	1155180	10761	528990
上　海	Shanghai	553157	681951	2735909	75323	81015
江　苏	Jiangsu	1297691	836123	6243960	29765	548251
浙　江	Zhejiang	1587235	981974	6690959	61553	476271
安　徽	Anhui	433181	489433	1822922	30429	301614
福　建	Fujian	235542	295933	2516275	134221	291953
江　西	Jiangxi	196685	104932	2603746	6218	111409
山　东	Shandong	2130882	1246658	5877239	129105	1963641
河　南	Henan	713250	566335	3304958	20010	944223
湖　北	Hubei	935877	633816	3098455	45906	1101713
湖　南	Hunan	452426	366300	3581231	49750	616459
广　东	Guangdong	920007	664104	6510011	214328	768417
广　西	Guangxi	201273	236719	1611970	12039	343314
海　南	Hainan	116066	82750	82668	741	10684
重　庆	Chongqing	365082	235007	1082253	53191	1216869
四　川	Sichuan	630325	550505	1857506	650543	1484843
贵　州	Guizhou	120064	154681	782856	5312	581625
云　南	Yunnan	272670	264226	640515	2609	169764
西　藏	Tibet					
陕　西	Shaanxi	489434	341040	1029766	4553	463093
甘　肃	Gansu	171198	222036	745602	2158	122886
青　海	Qinghai	45589	25798	81975	167	290121
宁　夏	Ningxia	77071	42694	316977	4366	215046
新　疆	Xingjiang	187972	174695	365871	3707	155581
国家机关	Government Agencies	573	473	0	13	0
中直机关	Agencies Directly Under CCCPC	0	0	0	0	0

3.6 续表2
Continued 2

地　区	Region	港澳台商投资企业 HongKong, Macao and Taiwan Funded Enterprises	外商投资企业 Foreign Funded Enterprises	事业单位 Institutions	机关 Government Agencies
全国总计	**National Total**	**8321181**	**9562027**	**40460269**	**19645111**
北　京	Beijing	46694	212819	556645	217871
天　津	Tianjin	89578	417084	637504	149189
河　北	Hebei	73341	170577	2002963	1086861
山　西	Shanxi	75274	68337	1356272	616769
内蒙古	Inner Mongolia	11021	56573	733219	535207
辽　宁	Liaoning	46611	415831	1915786	780269
吉　林	Jilin	9337	51996	711632	275253
黑龙江	Heilongjiang	15893	62909	1160638	649662
上　海	Shanghai	396889	1027785	679185	148444
江　苏	Jiangsu	675295	1366777	1781603	648877
浙　江	Zhejiang	447437	744863	1298792	446257
安　徽	Anhui	32088	83332	1233254	494888
福　建	Fujian	953007	471253	777710	454510
江　西	Jiangxi	77698	232306	995250	597503
山　东	Shandong	210515	1206495	2562222	966791
河　南	Henan	44095	91320	3123914	1310675
湖　北	Hubei	125722	292835	2549302	848111
湖　南	Hunan	38305	53896	2037793	829065
广　东	Guangdong	4817515	2114212	1957524	660483
广　西	Guangxi	35131	73579	1137129	556454
海　南	Hainan	7736	23729	208583	84555
重　庆	Chongqing	13813	39243	694071	758601
四　川	Sichuan	30437	107535	5140424	2236029
贵　州	Guizhou	2538	17633	1129690	1842087
云　南	Yunnan	14406	35950	1047387	753965
西　藏	Tibet				
陕　西	Shaanxi	15752	90147	1199500	482399
甘　肃	Gansu	4207	9584	734955	431307
青　海	Qinghai	1297	4850	157028	119547
宁　夏	Ningxia	835	8431	152296	71135
新　疆	Xingjiang	8646	10146	635985	501874
国家机关	Government Agencies	68	0	136568	39119
中直机关	Agencies Directly Under CCCPC	0	0	15445	51354

3.7 各地区按行业分工会会员人数(2010 年)
Number of Trade Unions Members by Sector and Region (2010)

单位:人 (person)

地　区	Region	合　计 Total	农、林、牧、渔业 Agriculture, Forestry, Animal Husbandry and Fishery	采矿业 Mining	制造业 Manufacturing	电力、燃气及水的生产和供应业 Production and Distribution of Electricity, Gas and Water
全国总计	**National Total**	**239964943**	**18122349**	**10203531**	**78645040**	**4976374**
北　京	Beijing	4050215	104517	23214	659398	54265
天　津	Tianjin	4005168	98150	64237	1480030	50928
河　北	Hebei	12726332	952408	544548	4227510	210321
山　西	Shanxi	7450933	302256	1217931	1497550	323899
内蒙古	Inner Mongolia	5808703	540318	497832	1071137	173258
辽　宁	Liaoning	10383383	629808	728495	3128668	366996
吉　林	Jilin	4687640	467637	216175	959292	137608
黑龙江	Heilongjiang	7486670	1657963	666020	1052033	234615
上　海	Shanghai	7601602	77549	32499	2734582	76397
江　苏	Jiangsu	15751146	427791	429991	8675701	206127
浙　江	Zhejiang	14690866	228550	51540	9607399	181920
安　徽	Anhui	6663678	730269	402854	1848294	133392
福　建	Fujian	6946262	308087	83160	3543461	148312
江　西	Jiangxi	6110442	453574	201713	2016013	153858
山　东	Shandong	19733820	1371832	847947	7793860	376035
河　南	Henan	13240619	987988	737259	3301194	296228
湖　北	Hubei	11848150	1329931	305598	2729345	296187
湖　南	Hunan	10353939	1206778	522115	3009032	193726
广　东	Guangdong	20650560	330294	86222	12317887	265007
广　西	Guangxi	5280492	418572	132797	1145425	124806
海　南	Hainan	924317	201642	8213	80742	23165
重　庆	Chongqing	5230353	723919	447939	812849	98162
四　川	Sichuan	14372675	2104382	492254	1594849	257106
贵　州	Guizhou	5352070	420756	412395	479905	109122
云　南	Yunnan	3781737	248676	312014	490913	109966
西　藏	Tibet	211248				
陕　西	Shaanxi	5801732	378068	344707	1261850	133549
甘　肃	Gansu	3162393	151849	151739	531521	106442
青　海	Qinghai	898111	169628	58742	85308	25866
宁　夏	Ningxia	1074461	102098	59130	209042	29380
新　疆	Xinjiang	3420672	989600	124246	299598	79473
国家机关	Government Agencies	192687	7459	5	652	258
中直机关	Agencies Directly Under CCCPC	71867	0	0	0	0

3.7 续表 1
Continued 1

地 区	Region	建筑业 Construction	交通运输、仓储及邮政业 Transport, Storage and Post	信息传输、计算机服务和软件业 Information Transmission, Computer Service and Software	批发和零售业 Wholesaleand Retail Trade	住宿和餐饮业 Hotel and Restaurants	金融业 Financial Intermediation
全国总计	**National Total**	**12988502**	**9270226**	**2468418**	**11204206**	**4396025**	**3364138**
北 京	Beijing	928466	349659	47968	160865	143071	38469
天 津	Tianjin	518330	290429	39089	170985	68162	60570
河 北	Hebei	907977	417113	67173	654025	144669	168408
山 西	Shanxi	402646	343167	101475	420236	160849	214752
内 蒙 古	Inner Mongolia	616966	273826	56381	486968	145590	84381
辽 宁	Liaoning	425479	633906	122082	391492	136718	181147
吉 林	Jilin	276898	226026	66889	365117	115780	102535
黑 龙 江	Heilongjiang	474729	422996	81082	380163	86569	39595
上 海	Shanghai	623187	484696	128556	491210	266752	242889
江 苏	Jiangsu	742178	410594	119017	459685	217142	181533
浙 江	Zhejiang	481119	325091	135583	364743	229956	199845
安 徽	Anhui	491051	230944	47875	320686	85734	79958
福 建	Fujian	193112	247078	97107	261958	118284	101461
江 西	Jiangxi	181257	189246	79218	254422	139456	81443
山 东	Shandong	1255695	598904	187683	1102451	368088	219407
河 南	Henan	552548	597547	75304	570379	222292	174495
湖 北	Hubei	739794	445837	177939	818361	201839	241689
湖 南	Hunan	456295	242156	92362	618389	241039	128946
广 东	Guangdong	236850	668637	357601	893967	415719	246768
广 西	Guangxi	215663	277124	57492	263675	114465	89651
海 南	Hainan	22152	58619	10350	56456	55616	21924
重 庆	Chongqing	426321	124037	19932	171468	106391	47974
四 川	Sichuan	517797	381006	84918	443988	146467	102713
贵 州	Guizhou	172661	134786	23915	179461	62910	44959
云 南	Yunnan	166393	156992	37971	128310	62569	54412
西 藏	Tibet						
陕 西	Shaanxi	388046	279029	64021	371267	179603	67848
甘 肃	Gansu	328936	183014	36628	207431	71520	71408
青 海	Qinghai	39280	67427	5445	23373	18333	8131
宁 夏	Ningxia	58186	39945	7346	41222	27418	16105
新 疆	Xinjiang	147544	164706	31825	130794	33717	50316
国家机关	Government Agencies	946	5689	8191	659	9307	406
中直机关	Agencies Directly Under CCCPC	0	0	0	0	0	0

3.7 续表2
Continued 2

地　区	Region	房地产业 Real Estate	租赁和商务服务业 Leasing and Business Services	科学研究、技术服务和地质勘查业 Scientific Research, Technical Services, and Geological Prospecting	水利、环境和公共设施管理业 Water Management of Conservancy, Environment and Public Facilities	居民服务和其他服务业 Services to Households and Other Services
全国总计	**National Total**	**1912686**	**4963728**	**1944129**	**2381764**	**18340611**
北　京	Beijing	38851	112322	33340	42342	256902
天　津	Tianjin	46594	117644	40978	55489	303461
河　北	Hebei	99457	150487	77205	113657	1032253
山　西	Shanxi	46915	155125	53009	58166	559515
内蒙古	Inner Mongolia	91710	181105	53776	52752	360266
辽　宁	Liaoning	145204	172656	83325	122407	989064
吉　林	Jilin	85709	309048	66296	66284	244367
黑龙江	Heilongjiang	40581	129887	59601	82842	562517
上　海	Shanghai	99146	436365	89847	124337	766545
江　苏	Jiangsu	76642	297474	132590	121791	910060
浙　江	Zhejiang	71468	145273	60668	91280	544939
安　徽	Anhui	48220	192103	53696	56532	465577
福　建	Fujian	41240	76515	34773	50070	315352
江　西	Jiangxi	57581	133976	49488	82356	438894
山　东	Shandong	131198	422730	90173	140471	1360793
河　南	Henan	66574	279323	91811	207002	1176598
湖　北	Hubei	95079	215102	147360	158156	1180818
湖　南	Hunan	131945	282210	109677	115953	775176
广　东	Guangdong	109087	312104	91996	112013	1515639
广　西	Guangxi	35031	157113	43798	63557	398057
海　南	Hainan	19667	50527	7021	15140	22393
重　庆	Chongqing	53190	63287	21707	27408	631549
四　川	Sichuan	90935	202042	134314	122455	1427485
贵　州	Guizhou	32417	53777	23934	27244	718586
云　南	Yunnan	28261	40218	29200	38320	343762
西　藏	Tibet					
陕　西	Shaanxi	50303	127086	135047	82030	416597
甘　肃	Gansu	33835	65654	36474	65387	214033
青　海	Qinghai	3614	7411	8132	8305	72271
宁　夏	Ningxia	14023	25559	5361	17215	141035
新　疆	Xinjiang	28051	49246	36357	54939	192099
国家机关	Government Agencies	158	359	43175	5864	4008
中直机关	Agencies Directly Under CCCPC	0	0	0	0	0

3.7 续表3
Continued 3

地区	Region	教育 Education	卫生、社会保障和社会福利业 Health, Social Securities and Social Welfare	文化、体育和娱乐业 Culture, Sports and Entertainment	公共管理和社会组织 Public Management and Social Organization	国际组织 International Organizations
全国总计	**National Total**	**15121718**	**6419973**	**1935030**	**30763676**	**31571**
北京	Beijing	279905	159703	38365	278473	120
天津	Tianjin	173135	101714	27546	297682	15
河北	Hebei	769439	289495	89968	1808407	1812
山西	Shanxi	454014	205969	88940	842573	1946
内蒙古	Inner Mongolia	333022	123567	41842	623023	983
辽宁	Liaoning	598011	307035	73583	1143995	3312
吉林	Jilin	362949	165912	53626	399432	60
黑龙江	Heilongjiang	416082	197846	51462	850062	25
上海	Shanghai	245272	192141	56072	433560	
江苏	Jiangsu	812620	339497	82337	1108269	107
浙江	Zhejiang	558273	291233	79584	1041796	606
安徽	Anhui	535975	198562	46767	694914	275
福建	Fujian	438559	126993	76110	684496	134
江西	Jiangxi	581385	231897	71058	713237	370
山东	Shandong	1053197	493565	124040	1784229	11522
河南	Henan	997515	530491	112773	2262852	446
湖北	Hubei	673695	294052	98062	1695836	3470
湖南	Hunan	668942	293716	99680	1162228	3574
广东	Guangdong	1027475	345566	143138	1172890	1700
广西	Guangxi	617964	368485	43229	713552	36
海南	Hainan	111212	38757	16796	103916	9
重庆	Chongqing	317873	92334	34394	1009568	51
四川	Sichuan	819670	277950	125109	5046907	328
贵州	Guizhou	443770	116203	31571	1863662	36
云南	Yunnan	481449	170550	38952	842317	492
西藏	Tibet					
陕西	Shaanxi	517027	167818	54272	783564	0
甘肃	Gansu	334226	98792	36411	437073	20
青海	Qinghai	66473	26517	8271	195518	66
宁夏	Ningxia	83649	45093	7419	145235	0
新疆	Xinjiang	340971	110931	36453	519750	56
国家机关	Government Agencies	7969	17589	27227	52766	0
中直机关	Agencies Directly Under CCCPC	0	0	19973	51894	0

3.8 各地区已建工会单位职工人数及构成情况(2010 年)
Number and Structure of Staff and Workers of Units with Trade Unions by Region(2010)

地区	Region	职工(人) Number of Staff and Workers (person)	女职工 Female	农民工 Peasant Workers	女性 Female	女职工占职工总人数(%) Proportion of the Female to the Total Staff and Workers	农民工占职工总人数(%) Proportion of Peasant Workers to the Total Staff and Workers
全国总计	**National Total**	**253454400**	**92880979**	**94868562**	**34200646**	**36.6**	**37.4**
北京	Beijing	4440490	1369565	1093709	324806	30.8	24.6
天津	Tianjin	4063917	1356748	1145184	276104	33.4	28.2
河北	Hebei	13041262	4269399	6102379	1654218	32.7	46.8
山西	Shanxi	7581047	2215510	1853624	345215	29.2	24.5
内蒙古	Inner Mongolia	6082700	1782386	1586815	298314	29.3	26.1
辽宁	Liaoning	10617046	3082698	1283193	410437	29.0	12.1
吉林	Jilin	4733675	1553155	525827	88946	32.8	11.1
黑龙江	Heilongjiang	7763317	2528718	1420207	364204	32.6	18.3
上海	Shanghai	8181341	3080030	3216153	1151145	37.6	39.3
江苏	Jiangsu	16480291	6924579	7072913	3222759	42.0	42.9
浙江	Zhejiang	15694727	6878319	8622620	3919603	43.8	54.9
安徽	Anhui	7102254	2437677	2282833	765655	34.3	32.1
福建	Fujian	7604645	3506496	3669204	1363484	46.1	48.2
江西	Jiangxi	6471644	2428064	1532580	551555	37.5	23.7
山东	Shandong	20452818	7573174	6787009	2649376	37.0	33.2
河南	Henan	13964055	4999973	4810797	1594523	35.8	34.5
湖北	Hubei	12205225	4375362	4849202	1668339	35.8	39.7
湖南	Hunan	10678542	3553271	3423137	1097226	33.3	32.1
广东	Guangdong	22411327	9941415	11422554	5473495	44.4	51.0
广西	Guangxi	5547912	2073454	1703383	556850	37.4	30.7
海南	Hainan	1006815	420821	120803	48271	41.8	12.0
重庆	Chongqing	6009122	2064481	3274734	1031734	34.4	54.5
四川	Sichuan	16047005	5566780	8996582	2902850	34.7	56.1
贵州	Guizhou	5542875	1768864	2544715	705307	31.9	45.9
云南	Yunnan	3937355	1362505	1155300	333297	34.6	29.3
西藏	Tibet	239108	85778	56889	14690	35.9	23.8
陕西	Shaanxi	6158270	2146237	1736923	497551	34.9	28.2
甘肃	Gansu	3266841	1118958	769754	213830	34.3	23.6
青海	Qinghai	1013186	351917	417411	119548	34.7	41.2
宁夏	Ningxia	1124377	412857	398583	123193	36.7	35.4
新疆	Xinjiang	3712267	1535527	984807	430763	41.4	26.5
国家机关	Government Agencies	202448	83884	5324	1970	41.4	2.6
中直机关	Agencies Directly Under CCCPC	76496	32377	3414	1388	42.3	4.5

3.9 各地区工会会员人数及构成情况(2010 年)
Number and Structure of Trade Union Members by Region(2010)

地　区	Region	工会会员（人）Number of Trade Unions Members (person)	女会员 Female	农民工 Peasant Workers	女　性 Female
全国总计	**National Total**	**239964943**	**88715444**	**88546659**	**32032350**
北　京	Beijing	3750215	1254545	891947	271160
天　津	Tianjin	4005168	1341067	1127237	274279
河　北	Hebei	12726332	4203706	5963155	1629555
山　西	Shanxi	7450933	2183418	1829968	342790
内蒙古	Inner Mongolia	5808703	1729667	1547600	288820
辽　宁	Liaoning	10383383	3025012	1233717	396045
吉　林	Jilin	4687640	1543203	518799	87821
黑龙江	Heilongjiang	7486670	2451238	1334186	328507
上　海	Shanghai	7601602	2920379	2944322	1066698
江　苏	Jiangsu	15751146	6660253	6749702	3091648
浙　江	Zhejiang	14690866	6526903	8084635	3712978
安　徽	Anhui	6663678	2317129	2082135	707678
福　建	Fujian	6946262	3330154	3247193	1297988
江　西	Jiangxi	6110442	2316923	1431125	510692
山　东	Shandong	19733820	7347544	6511304	2540085
河　南	Henan	13240619	4806959	4525884	1508202
湖　北	Hubei	11848150	4290412	4720727	1627032
湖　南	Hunan	10353939	3478635	3352181	1069241
广　东	Guangdong	20650560	9212432	10526233	5019022
广　西	Guangxi	5280492	1987194	1598937	513006
海　南	Hainan	924317	386852	102962	42352
重　庆	Chongqing	5230353	1778681	2922620	890638
四　川	Sichuan	14372675	5094760	7841520	2587984
贵　州	Guizhou	5352070	1711271	2409439	664256
云　南	Yunnan	3781737	1321994	1076020	310490
西　藏	Tibet	211248	80201	46630	11150
陕　西	Shaanxi	5801732	2030350	1583428	443961
甘　肃	Gansu	3162393	1095243	736812	206337
青　海	Qinghai	898111	304025	338297	82926
宁　夏	Ningxia	1074461	399280	379105	117438
新　疆	Xinjiang	3420672	1475432	884592	389840
国家机关	Government Agencies	192687	80022	2637	987
中直机关	Agencies Directly Under CCCPC	71867	30560	1610	744

3.9 续表
Continued

地 区	Region	女会员占工会会员总人数(%) Proportion of the Female to the Total Trade Unions Members (%)	农民工会员占工会会员总人数(%) Proportion of Peasant Worker members to the Total Trade Union Members (%)	已建工会单位农民工入会率(%) Proportion of Peasant Worker Members to All Peasant Workers in Units with Trade Unions (%)
全国总计	**National Total**	**37.0**	**36.9**	**93.3**
北 京	Beijing	33.5	23.8	81.6
天 津	Tianjin	33.5	28.1	98.4
河 北	Hebei	33.0	46.9	97.7
山 西	Shanxi	29.3	24.6	98.7
内 蒙 古	Inner Mongolia	29.8	26.6	97.5
辽 宁	Liaoning	29.1	11.9	96.1
吉 林	Jilin	32.9	11.1	98.7
黑 龙 江	Heilongjiang	32.7	17.8	93.9
上 海	Shanghai	38.4	38.7	91.5
江 苏	Jiangsu	42.3	42.9	95.4
浙 江	Zhejiang	44.4	55.0	93.8
安 徽	Anhui	34.8	31.2	91.2
福 建	Fujian	47.9	46.7	88.5
江 西	Jiangxi	37.9	23.4	93.4
山 东	Shandong	37.2	33.0	95.9
河 南	Henan	36.3	34.2	94.1
湖 北	Hubei	36.2	39.8	97.4
湖 南	Hunan	33.6	32.4	97.9
广 东	Guangdong	44.6	51.0	92.2
广 西	Guangxi	37.6	30.3	93.9
海 南	Hainan	41.9	11.1	85.2
重 庆	Chongqing	34.0	55.9	89.2
四 川	Sichuan	35.4	54.6	87.2
贵 州	Guizhou	32.0	45.0	94.7
云 南	Yunnan	35.0	28.5	93.1
西 藏	Tibet	38.0	22.1	82.0
陕 西	Shaanxi	35.0	27.3	91.2
甘 肃	Gansu	34.6	23.3	95.7
青 海	Qinghai	33.9	37.7	81.0
宁 夏	Ningxia	37.2	35.3	95.1
新 疆	Xinjiang	43.1	25.9	89.8
国家机关	Government Agencies	41.5	1.4	49.5
中直机关	Agencies Directly Under CCCPC	42.5	2.2	47.2

3.10 按登记注册类型和行业分已建工会单位职工人数及构成情况(2010 年)
Number and Structure of Staff and Workers of Units with Trade Union Organizations by Status of Registration and Sector (2010)

项　目	Item	职工(人) Number of Staff and Workers (person)	女职工 Female	农民工 Peasant Workers	女性 Female
全国总计	**National Total**	**253454400**	**92880979**	**94868562**	**34200646**
一、按注册登记类型分	**Grouped by Status of Registration**				
国有企业	State-owned Enterprises	29362154	8982383	3631276	934372
集体企业	Collective-owned Enterprises	11031452	3829865	4403199	1477467
股份合作制企业	Share-holding Enterprises	6474173	2399117	2403031	827295
联营企业	Joint-owned Enterprises	1582113	523406	734319	234436
有限责任公司	Limited Liability Corporations	18028589	5844932	5764051	1782126
国有独资公司	Enterprises with 100% State-owned Fund	2941443	813475	512945	71502
其他有限责任公司	Other Limited Liability Corporations	15087146	5031457	5251106	1710624
股份有限公司	Share-holding Corporations Ltd.	12824890	4458968	2918111	910335
国有控股公司	State-controlling Company	6813320	2276073	835492	190592
其他股份有限公司	Other Share-holding Corporations Ltd.	6011570	2182895	2082619	719743
私营企业	Private Enterprises	72165188	26276442	36799313	13297787
其他内资企业	Other Domestic Funded Enterprises	1827959	651239	1254032	419203
个体经济组织	Self-employed Business	17156333	6045441	10557903	3471904
港澳台商投资企业	Enterprises with fund from Hong Kong, Macao and Taiwan	9127545	4441402	5691732	2971400
外商投资企业	Foreign Funded Enterprises	10401924	4870740	4897081	2466058
事业单位	Institutions	42384104	17805970	10175045	3500297
机关	Government Agencies	20548868	6665296	5582580	1893276
二、按行业分	**Grouped by Sector**				
农、林、牧、渔业	Agriculture, Forestry, Animal Husbandry and Fishing	19581968	6861619	10385959	3633690
采矿业	Mining	10762621	1856306	3801980	377985
制造业	Manufacturing	83515310	33600885	40753955	17544922
电力燃气及水的生产供应业	Production and Distribution of Electricity	5152656	1490552	711951	169070
建筑业	Construction	14110123	2212181	6987060	800053
交通运输、仓储及邮政业	Transport, Storage and Post	9585826	2513351	1200524	263280
信息传输、计算机服务和软件业	Information Transmission, Computer Services and Software	2582066	1014210	387509	172453
批发和零售业	Wholesle and Retail Trade	11726278	4929519	3109330	1243371
住宿和餐饮业	Hotel and Restaurants	4669948	2410563	1602007	859935
金融业	Financial Intermediation	3429826	1562844	138216	50635
房地产业	Real Estate	2014495	567400	620029	114579
租赁和商业服务业	Leasing and Business Services	5172946	2049459	1443070	501403
科学研究、技术服务和地质勘查业	Scientific Research, Technical Service and Geologic Prospecting	2005040	605126	188390	49207
水利、环境和公共设施管理业	Management of Water Conservancy, Environment and Public Facilities	2487127	844866	546694	185570
居民服务和其他服务业	Services to Households and Other Services	19295192	7331047	7976585	2866002
教育	Education	15460941	7476896	617348	264020
卫生、社会保障和社会福利业	Health, Social Security and Social Welfare	6614532	3469484	642038	244769
文化、体育和娱乐业	Culture, Sports and Entertainment	2004924	818692	284880	124189
公共管理和社会组织	Public Management and Social Organization	32711138	11173226	13408704	4718867
国际组织	International Organizations	32335	6975	5444	1956

3.10 续表
Continued

项　目	Item	女职工占职工总人数（%）Proportion of the Female to the Total Staff and Workers（%）	农民工占职工总人数（%）Proportion of Peasant Workers to the Total Staff and Workers（%）
全国总计	**National Total**	**36.6**	**37.4**
一、按注册登记类型分	**Grouped by Status of Registration**		
国有企业	State-owned Enterprises	30.6	12.4
集体企业	Collective-owned Enterprises	34.7	39.9
股份合作制企业	Share-holding Enterprises	37.1	37.1
联营企业	Joint-owned Enterprises	33.1	46.4
有限责任公司	Limited Liability Corporations	32.4	32.0
国有独资公司	Enterprises with 100% State-owned Fund	27.7	17.4
其他有限责任公司	Other Limited Liability Corporations	33.3	34.8
股份有限公司	Share-holding Corporations Ltd.	34.8	22.8
国有控股公司	State-controlling Company	33.4	12.3
其他股份有限公司	Other Share-holding Corporations Ltd.	36.3	34.6
私营企业	Private Enterprises	36.4	51.0
其他内资企业	Other Domestic Funded Enterprises	35.6	68.6
个体经济组织	Self-employed Business	35.2	61.5
港澳台商投资企业	Enterprises with fund from Hong Kong, Macao and Taiwan	48.7	62.4
外商投资企业	Foreign Funded Enterprises	46.8	47.1
事业单位	Institutions	42.0	24.0
机关	Government Agencies	32.4	27.2
二、按行业分	**Grouped by Sector**		
农、林、牧、渔业	Agriculture, Forestry, Animal Husbandry and Fishing	35.0	53.0
采矿业	Mining	17.2	35.3
制造业	Manufacturing	40.2	48.8
电力燃气及水的生产供应业	Production and Distribution of Electricity	28.9	13.8
建筑业	Construction	15.7	49.5
交通运输、仓储及邮政业	Transport, Storage and Post	26.2	12.5
信息传输、计算机服务和软件业	Information Transmission, Computer Services and Software	39.3	15.0
批发和零售业	Wholesle and Retail Trade	42.0	26.5
住宿和餐饮业	Hotel and Restaurants	51.6	34.3
金融业	Financial Intermediation	45.6	4.0
房地产业	Real Estate	28.2	30.8
租赁和商业服务业	Leasing and Business Services	39.6	27.9
科学研究、技术服务和地质勘查业	Scientific Research, Technical Service and Geologic Prospecting	30.2	9.4
水利、环境和公共设施管理业	Management of Water Conservancy, Environment and Public Facilities	34.0	22.0
居民服务和其他服务业	Services to Households and Other Services	38.0	41.3
教育	Education	48.4	4.0
卫生、社会保障和社会福利业	Health, Social Security and Social Welfare	52.5	9.7
文化、体育和娱乐业	Culture, Sports and Entertainment	40.8	14.2
公共管理和社会组织	Public Management and Social Organization	34.2	41.0
国际组织	International Organizations	21.6	16.8

3.11 按登记注册类型和行业分工会会员人数及构成情况(2010年)
Number and Structure of Trade Union Members by Status of Registration and Sector(2010)

项 目	Item	工会会员(人) Number of Trade Unions Members (person)	女会员 Female	农民工 Peasant Workers	女性 Female
全国总计	**National Total**	**239964943**	**88715444**	**88546659**	**32032350**
一、按注册登记类型分	**Grouped by Status of Registration**				
国有企业	State-owned Enterprises	28199745	8715238	3210070	840544
集体企业	Collective-owned Enterprises	10446326	3646401	4148424	1377200
股份合作制企业	Share-holding Enterprises	6117595	2278427	2256703	768431
联营企业	Joint-owned Enterprises	1470677	484602	692269	218690
有限责任公司	Limited Liability Corporations	16779819	5587074	5167260	1673663
国有独资企业	Enterprises with 100% State-owned Fund	2716362	789220	341952	64674
其他有限责任公司	Other Limited Liability Corporations	14063457	4797854	4825308	1608989
股份有限公司	Share-holding Corporations Ltd.	12234572	4299122	2686575	845014
国有控股公司	State-controlling Company	6549410	2217257	731415	169261
其他股份有限公司	Other Share-holding Corporations Ltd.	5685162	2081865	1955160	675753
私营企业	Private Enterprises	68399806	25157790	35035838	12712960
其他内资企业	Other Domestic Funded Enterprises	1720085	609597	1175950	386607
个体经济单位	Self-employed Business	16096482	5688563	9952390	3253585
港澳台商投资企业	Enterprises with fund from Hong Kong, Macao and Taiwan	8321181	4086195	5175329	2729280
外商投资企业	Foreign Funded Enterprises	9562027	4563812	4519294	2294421
事业单位	Institutions	40460269	17154879	9357258	3186712
机关	Government Agencies	19645111	6363543	5122669	1734093
二、按行业分	**Grouped by Sector**				
农、林、牧、渔业	Agriculture, Forestry, Animal Husbandry and Fishing	18122349	6358552	9481358	3283524
采矿业	Mining	10203531	1821108	3493389	365005
制造业	Manufacturing	78645040	31907121	38291770	16551836
电力燃气及水的生产供应业	Production and Distribution of Electricity	4976374	1459783	653892	158514
建筑业	Construction	12988502	2106216	6374240	736150
交通运输、仓储及邮政业	Transport, Storage and Post	9270226	2437447	1120768	247684
信息传输、计算机服务和软件业	Information Transmission, Computer Services and Software	2468418	973549	371171	164855
批发和零售业	Wholesle and Retail Trade	11204206	4733723	2968301	1183454
住宿和餐饮业	Hotel and Restaurants	4396025	2283216	1513659	812448
金融业	Financial Intermediation	3364138	1542090	130869	48011
房地产业	Real Estate	1912686	545892	593711	110005
租赁和商业服务业	Leasing and Business Services	4963728	1976526	1399849	484240
科学研究、技术服务和地质勘查业	Scientific Research, Technical Service and Geologic Prospecting	1944129	590422	177618	46120
水利、环境和公共设施管理业	Management of Water Conservancy, Environment and Public Facilities	2381764	808727	509871	168515
居民服务和其他服务业	Services to Households and Other Services	18340611	7031271	7579260	2745536
教育	Education	15121718	7368738	567564	238977
卫生、社会保障和社会福利业	Health, Social Security and Social Welfare	6419973	3388508	613555	232372
文化、体育和娱乐业	Culture, Sports and Entertainment	1935030	796118	272888	118891
公共管理和社会组织	Public Management and Social Organization	30763676	10499393	12380862	4323112
国际组织	International Organizations	31571	6843	5434	1951

3.11 续表
Continued

项　目	Item	女会员占工会会员总人数(%) Proportion of the Female to the Total Trade Unions Members (%)	农民工会员占工会会员总人数(%) Proportion of Peasant Worker members to the Total Trade Union Members (%)	已建工会单位农民工入会率(%) Proportion of Peasant Worker Members to All Peasant Workers in Units with Trade Unions (%)
全国总计	**National Total**	**37.0**	**36.9**	**93.3**
一、按注册登记类型分	**Grouped by Status of Registration**			
国有企业	State-owned Enterprises	30.9	11.4	88.4
集体企业	Collective-owned Enterprises	34.9	39.7	94.2
股份合作制企业	Share-holding Enterprises	37.2	36.9	93.9
联营企业	Joint-owned Enterprises	33.0	47.1	94.3
有限责任公司	Limited Liability Corporations	33.3	30.8	89.6
国有独资企业	Enterprises with 100% State-owned Fund	29.1	12.6	66.7
其他有限责任公司	Other Limited Liability Corporations	34.1	34.3	91.9
股份有限公司	Share-holding Corporations Ltd.	35.1	22.0	92.1
国有控股公司	State-controlling Company	33.9	11.2	87.5
其他股份有限公司	Other Share-holding Corporations Ltd.	36.6	34.4	93.9
私营企业	Private Enterprises	36.8	51.2	95.2
其他内资企业	Other Domestic Funded Enterprises	35.4	68.4	93.8
个体经济单位	Self-employed Business	35.3	61.8	94.3
港澳台商投资企业	Enterprises with fund from Hong Kong, Macao and Taiwan	49.1	62.2	90.9
外商投资企业	Foreign Funded Enterprises	47.7	47.3	92.3
事业单位	Institutions	42.4	23.1	92.0
机关	Government Agencies	32.4	26.1	91.8
二、按行业分	**Grouped by Sector**			
农、林、牧、渔业	Agriculture, Forestry, Animal Husbandry and Fishing	35.1	52.3	91.3
采矿业	Mining	17.8	34.2	91.9
制造业	Manufacturing	40.6	48.7	94.0
电力燃气及水的生产供应业	Production and Distribution of Electricity	29.3	13.1	91.8
建筑业	Construction	16.2	49.1	91.2
交通运输、仓储及邮政业	Transport, Storage and Post	26.3	12.1	93.4
信息传输、计算机服务和软件业	Information Transmission, Computer Services and Software	39.4	15.0	95.8
批发和零售业	Wholesle and Retail Trade	42.2	26.5	95.5
住宿和餐饮业	Hotel and Restaurants	51.9	34.4	94.5
金融业	Financial Intermediation	45.8	3.9	94.7
房地产业	Real Estate	28.5	31.0	95.8
租赁和商业服务业	Leasing and Business Services	39.8	28.2	97.0
科学研究、技术服务和地质勘查业	Scientific Research, Technical Service and Geologic Prospecting	30.4	9.1	94.3
水利、环境和公共设施管理业	Management of Water Conservancy, Environment and Public Facilities	34.0	21.4	93.3
居民服务和其他服务业	Services to Households and Other Services	38.3	41.3	95.0
教育	Education	48.7	3.8	91.9
卫生、社会保障和社会福利业	Health, Social Security and Social Welfare	52.8	9.6	95.6
文化、体育和娱乐业	Culture, Sports and Entertainment	41.1	14.1	95.8
公共管理和社会组织	Public Management and Social Organization	34.1	40.2	92.3
国际组织	International Organizations	21.7	17.2	99.8

3.12 各地区基层工会组织工作人员情况(2010年) Status of Grass-root Trade Union Staff by Region(2010)

地区	Region	基层工会(个) Grass-root Trade Unions (unit)	基层工会专职工会工作人员(人) Number of Full-time Cadres of Grass-root Trade Unions (person)	女性 Female	基层工会兼职工会工作人员(人) Number of Part-time Cadres of Grass-root Trade Unions (person)	女性 Female
全国总计	**National Total**	**1976435**	**715101**	**224036**	**5489948**	**1973422**
北京	Beijing	22112	14078	4267	100824	45492
天津	Tianjin	30073	10453	2507	70009	26486
河北	Hebei	110328	44029	10692	283599	87665
山西	Shanxi	53139	40225	10133	162295	45831
内蒙古	Inner Mongolia	50120	13908	4475	108268	33883
辽宁	Liaoning	70055	32154	11442	170533	70357
吉林	Jilin	28109	16163	5160	61976	24227
黑龙江	Heilongjiang	45041	23389	9850	92707	38997
上海	Shanghai	53747	18522	7330	181006	79062
江苏	Jiangsu	113129	22033	5963	366633	152198
浙江	Zhejiang	117527	13801	3546	376782	132370
安徽	Anhui	61256	21404	6121	146679	42859
福建	Fujian	87716	6064	1881	259927	91760
江西	Jiangxi	59186	35170	7795	128123	48255
山东	Shandong	162085	103491	32268	387771	145527
河南	Henan	114311	64355	22520	240507	77686
湖北	Hubei	88647	58070	17400	176311	61252
湖南	Hunan	90068	44083	11957	212769	60495
广东	Guangdong	200061	44597	17886	516496	186426
广西	Guangxi	53366	7691	3126	168832	60981
海南	Hainan	11936	1347	564	44074	15604
重庆	Chongqing	32885	12762	3252	111245	38689
四川	Sichuan	106721	18231	4871	360187	122103
贵州	Guizhou	43490	8480	4316	167312	56015
云南	Yunnan	32433	6100	2674	136285	57137
西藏	Tibet	5043	455	168	5561	1488
陕西	Shaanxi	63104	19044	6253	172568	58360
甘肃	Gansu	28711	4998	1554	97284	33341
青海	Qinghai	10690	1840	475	40968	16825
宁夏	Ningxia	10743	1608	695	36129	15826
新疆	Xinjiang	19668	6006	2643	96298	41662
国家机关	Government Agencies	891	402	181	7485	3338
中直机关	Agencies Directly Under CCCPC	44	148	71	2505	1225

3.12 续表
Continued

地区	Region	专职工会工作人员年龄构成（人）Age Structure of Full-time Cadres (person)			专职工会工作人员文化程度构成（人）Education Structure of Full-time Cadres (person)				
		35岁及以下 Aged below 35	36-50岁 Aged from 36 to 50	51岁及以上 Aged above 51	研究生 Post-graduate	大学本科 Under-graduate	大专 Junior college	高中(中专、中技) High school	初中及以下 Junior school and below
全国总计	**National Total**	**234127**	**381329**	**99645**	**15979**	**181106**	**299590**	**177970**	**40456**
北京	Beijing	4674	6526	2878	469	4054	4292	3638	1625
天津	Tianjin	3357	4744	2352	212	3113	3918	2464	746
河北	Hebei	17501	21835	4693	303	7680	15107	14345	6594
山西	Shanxi	14101	18001	8123	4527	10542	13938	9949	1269
内蒙古	Inner Mongolia	3887	8762	1259	111	3751	7198	2439	409
辽宁	Liaoning	7636	19060	5458	706	10736	13747	5515	1450
吉林	Jilin	4366	9712	2085	267	6056	7224	2481	135
黑龙江	Heilongjiang	6320	13827	3242	569	7404	11461	3652	303
上海	Shanghai	3692	9224	5606	522	5637	7765	4013	585
江苏	Jiangsu	5080	13093	3860	537	5401	9249	5676	1170
浙江	Zhejiang	3994	7800	2007	231	4261	5683	3067	559
安徽	Anhui	5802	11410	4192	345	4835	8662	5958	1604
福建	Fujian	2054	2932	1078	104	1624	2736	1343	257
江西	Jiangxi	20077	12573	2520	883	5778	13131	14502	876
山东	Shandong	36588	57067	9836	1038	23395	45156	27943	5959
河南	Henan	23170	34898	6287	954	17081	28448	15606	2266
湖北	Hubei	14195	36477	7398	900	14070	28131	13237	1732
湖南	Hunan	11487	25542	7054	1158	11667	19972	9863	1423
广东	Guangdong	21906	17890	4801	608	8599	16680	14580	4130
广西	Guangxi	1768	4477	1446	194	1562	3824	1577	534
海南	Hainan	184	756	407	20	394	579	338	16
重庆	Chongqing	3697	6971	2094	224	3952	5199	2125	1262
四川	Sichuan	5566	9654	3011	282	4561	5788	4191	3409
贵州	Guizhou	2004	4959	1517	39	2575	3571	1713	582
云南	Yunnan	1524	3514	1062	120	1853	2417	1285	425
西藏	Tibet	100	291	64	50	103	150	99	53
陕西	Shaanxi	5504	10907	2633	301	5016	9024	4126	577
甘肃	Gansu	922	2963	1113	94	1736	2164	921	83
青海	Qinghai	705	928	207	25	552	677	300	286
宁夏	Ningxia	422	999	187	27	566	861	144	10
新疆	Xinjiang	1785	3302	919	102	2270	2678	833	123
国家机关	Government Agencies	47	166	189	37	202	125	35	3
中直机关	Agencies Directly Under CCCPC	12	69	67	20	80	35	12	1

3.13 按登记注册类型和行业分基层工会组织工作人员(2010年)
Status of Grass-root Trade Union Staff by Status of Registration and Sector(2010)

项目	Item	基层工会(个) Grass-root Trade Unions (unit)	基层工会专职工会工作人员(人) Number of Full-time Cadres of Grass-root Trade Unions (person)	女性 Female	基层工会兼职工会工作人员(人) Number of Part-time Cadres of Grass-root Trade Unions (person)	女性 Female
全国总计	**National Total**	**1976435**	**715101**	**224036**	**5489948**	**1973422**
一、按注册登记类型分	**Grouped by Status of Registration**					
国有企业	State-owned Enterprises	82024	83579	30661	384598	130157
集体企业	Collective-owned Enterprises	80792	40311	11227	188370	62363
股份合作制企业	Share-holding Enterprises	37781	19650	5348	105563	39656
联营企业	Joint-owned Enterprises	7346	7871	925	21749	7568
有限责任公司	Limited Liability Corporations	120529	53704	17023	371928	137796
国有独资企业	Enterprises with 100% State-owned Fund	6575	8732	3268	47040	17705
其他有限责任公司	Other Limited-Liability Corporations	113954	44972	13755	324888	120091
股份有限公司	Share-holding Corporations Ltd.	48201	34040	11382	203481	76776
国有控股公司	State-controlling Company	14100	17995	6956	104787	40450
其他股份有限公司	Other Share-holding Corporations Ltd.	34101	16045	4426	98694	36326
私营企业	Private Enterprises	823631	199066	58218	1892843	642635
其他内资企业	Other Domestic Funded Enterprises	11029	1895	552	28130	10526
个体经济组织	Self-employed Business	134832	27112	6921	322597	111681
港澳台商投资企业	Enterprises with fund from Hong Kong, Macao and Taiwan	35150	11494	4047	110010	41763
外商投资企业	Foreign Funded Enterprises	50250	17716	5860	162579	67574
事业单位	Institutions	339793	131525	44639	1089307	432107
机关	Government Agencies	200034	86683	27065	603232	211332
二、按行业分	**Grouped by Sector**					
农、林、牧、渔业	Agriculture, Forestry, Animal Husbandry and Fishing	123325	47128	13675	321130	98560
采矿业	Mining	43552	30063	8636	138621	32223
制造业	Manufacturing	618647	189945	56577	1621155	556092
电力燃气及水的生产供应业	Production and Distribution of Electricity	31402	22242	7945	114740	37096
建筑业	Construction	70085	39101	10200	206784	60791
交通运输、仓储及邮政业	Transport, Storage and Post	51458	31428	10759	176389	58826
信息传输、计算机服务和软件业	Information Transmission, Computer Services and Software	24985	8610	3056	81201	32234
批发和零售业	Wholesle and Retail Trade	145449	38166	11824	331858	126534
住宿和餐饮业	Hotel and Restaurants	62899	15626	6158	150002	66251
金融业	Financial Intermediation	21137	13283	4534	81058	33031
房地产业	Real Estate	22101	7577	2444	57638	22843
租赁和商业服务业	Leasing and Business Services	56872	14320	4868	133583	52367
科学研究、技术服务和地质勘查业	Scientific Research, Technical Service and Geologic Prospecting	20005	7566	2801	66998	24766
水利、环境和公共设施管理业	Management of Water Conservancy, Environment and Public Facilities	26881	12386	3883	71994	26637
居民服务和其他服务业	Services to Households and Other Services	156877	49063	16174	383997	148888
教育	Education	139282	52935	17778	517054	218170
卫生、社会保障和社会福利业	Health, Social Security and Social Welfare	65106	24875	9143	189966	83405
文化、体育和娱乐业	Culture, Sports and Entertainment	30306	9786	3189	78214	31655
公共管理和社会组织	Public Management and Social Organization	260799	100231	30133	761544	261382
国际组织	International Organizations	224	315	91	461	183

3.13 续表 1
Continued 1

项　目	Item	专职工会工作人员年龄构成(人) Age Structure of Full-time Cadres (person)		
		35 岁及以下 Aged below 35	36-50 岁 Aged from 36 to 50	51 岁及以上 Aged above 51
全国总计	**National Total**	**234127**	**381329**	**99645**
一、按注册登记类型分	**Grouped by Status of Registration**			
国有企业	State-owned Enterprises	17786	49458	16335
集体企业	Collective-owned Enterprises	13274	20667	6370
股份合作制企业	Share-holding Enterprises	5951	10700	2999
联营企业	Joint-owned Enterprises	4993	2233	645
有限责任公司	Limited Liability Corporations	17926	26425	9353
国有独资企业	Enterprises with 100% State-owned Fund	1652	5106	1974
其他有限责任公司	Other Limited-Liability Corporations	16274	21319	7379
股份有限公司	Share-holding Corporations Ltd.	8770	18636	6634
国有控股公司	State-controlling Company	3420	10632	3943
其他股份有限公司	Other Share-holding Corporations Ltd.	5350	8004	2691
私营企业	Private Enterprises	80180	99951	18935
其他内资企业	Other Domestic Funded Enterprises	812	855	228
个体经济组织	Self-employed Business	9510	14846	2756
港澳台商投资企业	Enterprises with fund from Hong Kong, Macao and Taiwan	6289	4288	917
外商投资企业	Foreign Funded Enterprises	8325	7601	1790
事业单位	Institutions	34791	76180	20554
机关	Government Agencies	25420	49198	12065
二、按行业分	**Grouped by Sector**			
农、林、牧、渔业	Agriculture, Forestry, Animal Husbandry and Fishing	13812	27307	6009
采矿业	Mining	8776	17247	4040
制造业	Manufacturing	69664	96553	23728
电力燃气及水的生产供应业	Production and Distribution of Electricity	5847	12977	3418
建筑业	Construction	13503	19553	6045
交通运输、仓储及邮政业	Transport, Storage and Post	7285	17921	6222
信息传输、计算机服务和软件业	Information Transmission, Computer Services and Software	3155	4147	1308
批发和零售业	Wholesle and Retail Trade	13300	19678	5188
住宿和餐饮业	Hotel and Restaurants	7205	6939	1482
金融业	Financial Intermediation	3288	7580	2415
房地产业	Real Estate	2557	3729	1291
租赁和商业服务业	Leasing and Business Services	4790	7376	2154
科学研究、技术服务和地质勘查业	Scientific Research, Technical Service and Geologic Prospecting	1885	4071	1610
水利、环境和公共设施管理业	Management of Water Conservancy, Environment and Public Facilities	3351	7316	1719
居民服务和其他服务业	Services to Households and Other Services	20890	22942	5231
教育	Education	14020	30089	8826
卫生、社会保障和社会福利业	Health, Social Security and Social Welfare	6899	14115	3861
文化、体育和娱乐业	Culture, Sports and Entertainment	3466	4846	1474
公共管理和社会组织	Public Management and Social Organization	30231	56498	13502
国际组织	International Organizations	103	154	58

3.13 续表2 Continued 2

项 目	Item	专职工会工作人员文化程度构成(人) Education Structure of Full-time Cadres (person) 研究生 Post-graduate	大学本科 Under-graduate	大专 Junior college	高中(中专、中技) High school	初中及以下 Junior school and below
全国总计	**National Total**	**15979**	**181106**	**299590**	**177970**	**40456**
一、按注册登记类型分	**Grouped by Status of Registration**					
国有企业	State-owned Enterprises	2398	27332	36908	15042	1899
集体企业	Collective-owned Enterprises	898	6433	15498	13330	4152
股份合作制企业	Share-holding Enterprises	398	5481	8524	4553	694
联营企业	Joint-owned Enterprises	148	629	1636	2950	2508
有限责任公司	Limited Liability Corporations	2161	13067	22927	13254	2295
国有独资企业	Enterprises with 100% State-owned Fund	313	3229	3808	1280	102
其他有限责任公司	Other Limited-Liability Corporations	1848	9838	19119	11974	2193
股份有限公司	Share-holding Corporations Ltd.	1353	10989	14232	6665	801
国有控股公司	State-controlling Company	551	6832	7599	2780	233
其他股份有限公司	Other Share-holding Corporations Ltd.	802	4157	6633	3885	568
私营企业	Private Enterprises	2305	31966	82149	67749	14897
其他内资企业	Other Domestic Funded Enterprises	26	347	788	601	133
个体经济组织	Self-employed Business	118	3286	10169	9717	3822
港澳台商投资企业	Enterprises with fund from Hong Kong, Macao and Taiwan	92	1925	4676	4011	790
外商投资企业	Foreign Funded Enterprises	357	4048	7200	4563	1548
事业单位	Institutions	3431	44274	56332	23304	4184
机关	Government Agencies	2244	31226	38401	12132	2680
二、按行业分	**Grouped by Sector**					
农、林、牧、渔业	Agriculture, Forestry, Animal Husbandry and Fishing	596	8680	18620	14115	5117
采矿业	Mining	799	7242	11931	8499	1592
制造业	Manufacturing	2497	33112	78566	61440	14330
电力燃气及水的生产供应业	Production and Distribution of Electricity	644	7541	9409	4134	514
建筑业	Construction	747	9194	15890	10624	2646
交通运输、仓储及邮政业	Transport, Storage and Post	618	8980	14214	6509	1107
信息传输、计算机服务和软件业	Information Transmission, Computer Services and Software	554	3416	3326	1220	94
批发和零售业	Wholesle and Retail Trade	1224	7469	16829	10968	1676
住宿和餐饮业	Hotel and Restaurants	310	2748	6453	4929	1186
金融业	Financial Intermediation	581	5452	5625	1465	160
房地产业	Real Estate	336	2189	3495	1340	217
租赁和商业服务业	Leasing and Business Services	383	2951	6315	4158	513
科学研究、技术服务和地质勘查业	Scientific Research,Technical Service and Geologic Prospecting	376	2987	2968	1125	110
水利、环境和公共设施管理业	Management of Water Conservancy, Environment and Public Facilities	214	3491	5525	2794	362
居民服务和其他服务业	Services to Households and Other Services	680	9002	20134	14121	5126
教育	Education	2089	23789	21166	5190	701
卫生、社会保障和社会福利业	Health, Social Security and Social Welfare	613	8244	11160	4331	527
文化、体育和娱乐业	Culture, Sports and Entertainment	420	3135	4167	1830	234
公共管理和社会组织	Public Management and Social Organization	2214	31210	43558	19062	4187
国际组织	International Organizations	34	171	89	17	4

3.14 各地区基层以上工会干部情况(2010 年)
Status of Cadres of Trade Unions above Grass-root Level by Region (2010)

地区	Region	基层以上工会 (个) Trade Unions above Grass-root Level (unit)	基层以上工会专职工会干部 (人) Number of Full-time Cadres of Trade Unions Above Grass-root Level (person)	女性 Female	基层以上工会兼职工会干部 (人) Number of Part-time Cadres of Trade Unions Above Grass-root Level (person)	女性 Female
全国总计	**National Total**	**71095**	**148490**	**55481**	**318304**	**118480**
北京	Beijing	833	2823	1260	8942	3586
天津	Tianjin	463	1288	531	2267	872
河北	Hebei	3957	8955	3363	17624	4863
山西	Shanxi	1877	7699	2986	10274	2801
内蒙古	Inner Mongolia	141	1518	617	1169	486
辽宁	Liaoning	2798	7989	3087	8580	3710
吉林	Jilin	1885	2750	1104	3753	1814
黑龙江	Heilongjiang	1947	4428	1906	3656	1773
上海	Shanghai	5949	5491	2375	28852	12727
江苏	Jiangsu	9042	6509	2269	29890	12250
浙江	Zhejiang	3187	4972	1670	15912	5122
安徽	Anhui	2498	3712	1055	5921	1857
福建	Fujian	2256	2761	976	10792	3544
江西	Jiangxi	1688	7084	2351	3684	1322
山东	Shandong	5593	13368	4535	17636	6674
河南	Henan	2341	6762	2423	11431	3844
湖北	Hubei	3563	14306	6369	16189	7492
湖南	Hunan	3865	8825	2541	18440	6262
广东	Guangdong	4864	9960	3876	40344	15104
广西	Guangxi	1612	2174	811	8309	2803
海南	Hainan	253	636	225	1154	362
重庆	Chongqing	1277	1880	694	7539	2603
四川	Sichuan	3287	4427	1840	18281	6170
贵州	Guizhou	181	1157	466	608	267
云南	Yunnan	228	1802	792	3556	1415
西藏	Tibet	88	388	181	673	273
陕西	Shaanxi	3038	8020	2554	8963	3311
甘肃	Gansu	1515	3690	1207	5403	1721
青海	Qinghai	112	543	218	1953	571
宁夏	Ningxia	360	835	411	1946	897
新疆	Xinjiang	328	1582	725	3585	1636
国家机关	Government Agencies	57	101	44	656	226
中直机关	Agencies Directly Under CCCPC	12	55	19	322	122

3.14 续表
Continued

地　区	Region	基层以上工会专职工会干部文化程度构成（人） Education Structure of Full-time Cadres of Trade Unions above Grass-root Level (person)			
		研究生 Post-graduate	大学本科 Under-graduate	大专 Junior College	高中(中专、中技)及以下 Senior School
全国总计	**National Total**	**4693**	**58331**	**62105**	**23361**
北　京	Beijing	291	1532	704	296
天　津	Tianjin	127	786	327	48
河　北	Hebei	133	3101	4156	1565
山　西	Shanxi	150	1741	2867	2941
内蒙古	Inner Mongolia	35	696	632	155
辽　宁	Liaoning	501	3811	3147	530
吉　林	Jilin	84	1071	1206	389
黑龙江	Heilongjiang	197	2157	1731	343
上　海	Shanghai	234	2064	2068	1125
江　苏	Jiangsu	211	2897	2653	748
浙　江	Zhejiang	161	2148	1831	832
安　徽	Anhui	101	1521	1728	362
福　建	Fujian	41	936	1150	634
江　西	Jiangxi	176	2196	3086	1626
山　东	Shandong	340	6167	5143	1718
河　南	Henan	156	2777	2954	875
湖　北	Hubei	155	5692	7508	951
湖　南	Hunan	287	2862	4124	1552
广　东	Guangdong	370	3010	4334	2246
广　西	Guangxi	93	860	960	261
海　南	Hainan	23	269	236	108
重　庆	Chongqing	85	839	654	302
四　川	Sichuan	175	1920	1701	631
贵　州	Guizhou	18	544	481	114
云　南	Yunnan	78	897	580	247
西　藏	Tibet	34	144	155	55
陕　西	Shaanxi	147	2763	3299	1811
甘　肃	Gansu	156	1441	1446	647
青　海	Qinghai	25	262	199	57
宁　夏	Ningxia	12	415	359	49
新　疆	Xinjiang	64	730	651	137
国家机关	Government Agencies	17	55	26	3
中直机关	Agencies Directly Under CCCPC	16	27	9	3

3.15 各地区县级及以上地方工会干部协管工作情况(2010 年)
Status of Governing Assisted by Cadres of Local Trade Unions above County Level by Region (2010)

单位:人 (person)

地区	Region	工会领导班子成员人数 Number of the Leading Body of Trade Unions	正副主席人数 Number of Chairman and Vice-Chairman of Trade Unions	工会主席是同级党委常委人数 Number of Trade Union Chairmen who are Members of Standing Committee of Party Committee at the Same Level	工会主席是同级人大副主任人数 Number of Trade Union Chairmen who are Deputy Directors of People's Congress at the Same Level	工会主席是同级政协副主席人数 Number of Trade Union Chairmen who are Deputy Directors of Political Consultative Conference at the Same Level
全国总计	**National Total**	**12417**	**10096**	**728**	**893**	**181**
北京	Beijing	136	104	12	0	0
天津	Tianjin	105	74	2	1	0
河北	Hebei	744	593	49	83	14
山西	Shanxi	444	377	13	34	5
内蒙古	Inner Mongolia	340	299	5	14	4
辽宁	Liaoning	458	377	76	14	10
吉林	Jilin	240	222	15	41	0
黑龙江	Heilongjiang	443	386	15	22	4
上海	Shanghai	106	87	0	17	0
江苏	Jiangsu	523	456	14	20	4
浙江	Zhejiang	427	350	1	9	21
安徽	Anhui	399	332	3	3	2
福建	Fujian	388	304	45	13	6
江西	Jiangxi	482	390	7	84	14
山东	Shandong	715	584	22	25	14
河南	Henan	807	563	13	12	8
湖北	Hubei	566	424	99	7	4
湖南	Hunan	680	489	59	38	7
广东	Guangdong	531	462	11	97	4
广西	Guangxi	505	425	17	68	29
海南	Hainan	86	78	4	13	3
重庆	Chongqing	265	175	5	15	0
四川	Sichuan	740	636	188	5	4
贵州	Guizhou	352	314	2	69	2
云南	Yunnan	541	482	12	128	9
西藏	Tibet					
陕西	Shaanxi	408	327	7	8	1
甘肃	Gansu	349	278	11	24	0
青海	Qinghai	106	90	8	7	2
宁夏	Ningxia	125	86	2	12	5
新疆	Xinjiang	406	332	11	10	5

3.15 续表
Continued

地区 Region	工会主席是同级党政副职级人数 Number of Trade Union Chairmen who are Deputy Leaders in the Party and Government at the Same Level	工会正副主席是同级党委委员人数 Number of Trade Union Chairmen who are Members of Committee of Party Committee at the Same Level	工会正副主席是同级人大常委人数 Number of Trade Union Chairmen who are Standing Committee Members of People's Congress at the Same Level	工会正副主席是同级政协常委人数 Number of Trade Union Chairmen who are Standing Committee Members of Political Consultative Conference at the Same Level
全国总计 National Total	**317**	**1038**	**1662**	**946**
北京 Beijing	3	12	8	7
天津 Tianjin	5	11	10	10
河北 Hebei	21	49	105	41
山西 Shanxi	9	27	62	26
内蒙古 Inner Mongolia	1	44	63	35
辽宁 Liaoning	12	54	74	67
吉林 Jilin	5	25	45	28
黑龙江 Heilongjiang	24	58	92	46
上海 Shanghai	0	8	17	11
江苏 Jiangsu	24	33	69	39
浙江 Zhejiang	4	38	64	63
安徽 Anhui	5	22	48	25
福建 Fujian	3	36	54	46
江西 Jiangxi	6	19	59	46
山东 Shandong	22	44	72	48
河南 Henan	56	48	65	38
湖北 Hubei	9	63	56	45
湖南 Hunan	24	45	71	37
广东 Guangdong	6	36	71	37
广西 Guangxi	10	38	92	34
海南 Hainan	0	9	17	6
重庆 Chongqing	3	20	27	14
四川 Sichuan	10	125	82	59
贵州 Guizhou	2	21	80	30
云南 Yunnan	5	22	120	31
西藏 Tibet				
陕西 Shaanxi	35	38	52	25
甘肃 Gansu	2	40	41	14
青海 Qinghai	2	7	7	3
宁夏 Ningxia	3	11	13	8
新疆 Xinjiang	6	35	26	27

3.16 各地区基层以上各级工会干部教育培训工作情况（2010 年）
Status of Cadre Training of Trade Unions above Grass-root Level by Region (2010)

单位：人次　　(person-time)

地区	Region	本年度参加工会干部任职培训（轮训）的人次 Number of Trade Uions Cadres Attending Training	本年度参加工会干部适应性岗位培训的人次 Number of Trade Uions Cadres Attending Adaptive Post Training	本年度参加工会领导干部研讨班人次 Number of Cadres Attending Seminars for the Leaders of Trade Unions	本年度参加企业工会干部培训班人次 Number of Persons Attending the Training for Cadres of Trade Unions in Enterprises	本年度参加工会专业人才培训班人次 Number of Persons Attending the Trade Union Professional Training	本年度参加工会师资培训班人次 Number of Persons Attending the Trade Union Teacher Training	本年度参加乡镇、街道（社区）工会干部培训班人次 Number of Persons Attending the Training For Cadres of trade unions at townships level
全国总计	**National Total**	**581829**	**768508**	**112361**	**1051468**	**329913**	**69967**	**421823**
北京	Beijing	12025	26814	5626	20969	16385	627	9478
天津	Tianjin	15136	19258	4163	58082	37139	1509	6718
河北	Hebei	42497	57420	6707	55064	10758	3324	19845
山西	Shanxi	16368	18881	2081	20460	5377	1363	10711
内蒙古	Inner Mongolia	4034	9351	427	6491	1308	132	2001
辽宁	Liaoning	33618	37259	7036	45984	23295	3581	19644
吉林	Jilin	13900	11641	628	11298	2696	333	5598
黑龙江	Heilongjiang	11932	10949	2594	11518	3530	284	4490
上海	Shanghai	27666	53688	3929	57410	31417	485	11653
江苏	Jiangsu	76389	126814	10377	164236	36101	7746	43930
浙江	Zhejiang	46215	45817	7037	102507	16753	4923	34381
安徽	Anhui	12525	10624	2015	16303	3068	621	8274
福建	Fujian	18863	17869	2497	28146	3261	1090	6846
江西	Jiangxi	6670	8086	1325	5816	2684	969	6342
山东	Shandong	46267	72486	13094	98503	25735	4103	35980
河南	Henan	18140	19757	3418	23792	13305	1520	8589
湖北	Hubei	20303	19467	4369	33290	16556	1714	13509
湖南	Hunan	22981	15177	3237	15730	9806	2286	10724
广东	Guangdong	39844	43654	11516	121269	18874	20367	68171
广西	Guangxi	9890	21967	1786	23627	5697	1765	11282
海南	Hainan	2747	6729	294	4075	2605	2301	774
重庆	Chongqing	10089	11963	2385	12681	5535	840	7733
四川	Sichuan	28974	46950	4625	49282	11770	2619	37022
贵州	Guizhou	2613	5181	1300	7997	1062	187	4869
云南	Yunnan	6184	8796	1029	6296	5857	132	3330
西藏	Tibet	16	352	4	52	6	3	1
陕西	Shaanxi	11839	11329	3490	17905	7059	2066	10660
甘肃	Gansu	8752	13368	3525	8915	8228	794	8077
青海	Qinghai	671	1226	228	1420	488	37	684
宁夏	Ningxia	7201	4764	995	9846	2262	1923	5258
新疆	Xinjiang	7253	10729	582	12379	1194	323	5249
国家机关	Government Agencies	0	0	0	0	0	0	0
中直机关	Agencies Directly Under CCCPC	227	142	42	125	102	0	0

3.17 各地区基层以上工会职业介绍机构情况(2010 年)
Status of Occupation Introduction Agencies of Trade Unions above grass-root Level by Region(2010)

地 区	Region	工会现有职业介绍机构(个) Number of Occupation Introduction Agencies Established by Trade Unions (unit)	获得劳动保障部门资质认定机构(个) Agencies Authenticated by Labor Security Department (unit)	本年度工会职业介绍机构成功介绍(人次) Number of People Succeeded in Occupation Introduction Agencies of Trade Unions (person-time)	农民工人次数 Number of peasant-workers	下岗失业人员人次数 Number of Laid off Staff and Workers
全国总计	**National Total**	**3052**	**966**	**2294825**	**1047474**	**592688**
北 京	Beijing	11	4	9377	5995	2927
天 津	Tianjin	13	4	25252	10829	6773
河 北	Hebei	152	94	87385	41515	20359
山 西	Shanxi	64	28	40212	24572	12966
内蒙古	Inner Mongolia	43	9	13522	6655	3937
辽 宁	Liaoning	371	59	109833	26090	62702
吉 林	Jilin	615	178	21748	4886	11412
黑龙江	Heilongjiang	93	49	127087	57854	44704
上 海	Shanghai	15	13	10063	4984	5186
江 苏	Jiangsu	73	51	48255	23819	21955
浙 江	Zhejiang	51	22	29866	16823	5572
安 徽	Anhui	77	33	57681	28878	27553
福 建	Fujian	46	16	41958	19347	6593
江 西	Jiangxi	60	21	207928	129372	36786
山 东	Shandong	109	49	181592	117483	48090
河 南	Henan	160	83	358467	182843	109691
湖 北	Hubei	83	43	84080	41806	32893
湖 南	Hunan	642	48	31852	15487	6991
广 东	Guangdong	31	18	17224	4392	8075
广 西	Guangxi	58	22	414175	107522	8815
海 南	Hainan	2	0	230	165	165
重 庆	Chongqing	15	11	31416	20108	11426
四 川	Sichuan	95	50	217391	99647	43244
贵 州	Guizhou	47	18	40268	16343	19537
云 南	Yunnan	17	7	5189	1350	3720
西 藏	Tibet					
陕 西	Shaanxi	12	8	36298	11771	19841
甘 肃	Gansu	30	9	12552	10146	2162
青 海	Qinghai	6	3	638	189	238
宁 夏	Ningxia	24	5	15025	7815	4305
新 疆	Xinjiang	37	11	18261	8788	4070

3.18 各地区基层以上工会职业培训机构情况(2010年)
Status of Employment Training Organizations of Trade Unions above Grass-root Level by Region (2010)

地区	Region	工会现有职业培训机构(个) Number of Employment Training Organizations of Trade Unions (unit)	本年度工会职业培训机构培训人次(人次) Number of People Receiving Training (person-time)	农民工人次数 Number of peasant-workers	下岗失业人员人次数 Number of Laid off Staff and Workers	经培训实现再就业人数(人) Number of the Re-employed in virtue of Training (person)
全国总计	**National Total**	**3847**	**1822968**	**1056398**	**561547**	**282308**
北京	Beijing	6	8702	3884	1244	373
天津	Tianjin	23	37691	22685	7773	5334
河北	Hebei	150	86813	48297	35570	10693
山西	Shanxi	914	68403	46713	22593	11705
内蒙古	Inner Mongolia	74	48578	30504	12220	5676
辽宁	Liaoning	305	92098	28306	57218	29438
吉林	Jilin	65	12981	4284	8462	3583
黑龙江	Heilongjiang	111	34283	8058	23735	10847
上海	Shanghai	10	23441	9055	5419	457
江苏	Jiangsu	103	76027	35203	35902	14847
浙江	Zhejiang	86	93723	66105	15398	6778
安徽	Anhui	114	65208	31624	30766	21751
福建	Fujian	53	41131	29019	3871	2210
江西	Jiangxi	65	53471	21148	16705	7863
山东	Shandong	114	102979	61497	30738	13978
河南	Henan	233	173648	118543	43837	25411
湖北	Hubei	116	89498	50223	33609	17905
湖南	Hunan	203	60982	26271	14917	9720
广东	Guangdong	51	36593	16419	11717	7158
广西	Guangxi	115	151304	117366	28301	16654
海南	Hainan	6	2088	297	1596	140
重庆	Chongqing	55	31814	20363	11025	7319
四川	Sichuan	494	225834	142052	55058	27045
贵州	Guizhou	51	36197	29053	7244	2894
云南	Yunnan	108	47086	18423	4298	1699
西藏	Tibet	5	855	590	40	
陕西	Shaanxi	16	17463	9380	7132	2802
甘肃	Gansu	51	33338	17134	13327	6222
青海	Qinghai	82	21713	14165	6620	4459
宁夏	Ningxia	35	32730	20501	9853	4670
新疆	Xinjiang	33	16296	9236	5359	2677

3.19 各地区基层工会建立困难职工档案及送温暖工程基金的情况(2010年)
Status of Archives Establishing for Staff and Workers in Poverty and Warmth Project Fund of Grass-root Trade Unions by Region (2010)

地 区	Region	建立送温暖工程基金的基层工会(个) Number of Grass-root Trade Unions with Warmth Project Fund (unit)	送温暖工程基金结存额(元) Balance of Warmth Project Fund (yuan)
全国总计	**National Total**	**136350**	**3117316462**
北 京	Beijing	1378	46158671
天 津	Tianjin	1653	69753873.5
河 北	Hebei	6328	56342125
山 西	Shanxi	7263	93996335
内蒙古	Inner Mongolia	949	44011785
辽 宁	Liaoning	2959	138472935
吉 林	Jilin	1203	12078367
黑龙江	Heilongjiang	2274	57779493
上 海	Shanghai	6007	573146764.2
江 苏	Jiangsu	12241	160531971
浙 江	Zhejiang	9043	239148433
安 徽	Anhui	2161	38642033
福 建	Fujian	2964	47914399
江 西	Jiangxi	3275	105834912
山 东	Shandong	21072	214419126
河 南	Henan	7676	71407152
湖 北	Hubei	9639	170417808
湖 南	Hunan	8852	85411845
广 东	Guangdong	5399	233970058
广 西	Guangxi	1322	45779037
海 南	Hainan	240	5293942
重 庆	Chongqing	4200	92459616
四 川	Sichuan	9511	204003080
贵 州	Guizhou	1193	36486685
云 南	Yunnan	1576	41684602
西 藏	Tibet	68	918998
陕 西	Shaanxi	2395	128022223
甘 肃	Gansu	1205	35002919
青 海	Qinghai	428	2717879
宁 夏	Ningxia	783	8175241
新 疆	Xinjiang	1003	57322844
国家机关	Government Agencies	85	0
中直机关	Agencies Directly Under CCCPC	5	11310

3.20 各地区基层以上工会送温暖工程工作情况(2010 年)
Status of Warmth Delivery Project of Trade Unions above Grass-root Level by Region (2010)

地区	Region	已建立送温暖工程基金的基层以上工会(个) Number of Trade Unions above Grass-root Level with Warmth Delivery Project Fund (Unit)	各级工会送温暖工程基金结存额(元) Amount of Balance of Warmth Delivery Project of Trade Unions above Grass-root Level (yuan)	参加同级政府设立的社会保障监督机构的基层以上工会(个) Number of Trade Unions above Grass-root Level Attending Supervisory Organs of Social Security at the Same Level (Unit)
全国总计	**National Total**	**12574**	**3427376943**	**7613**
北　京	Beijing	177	275120233	77
天　津	Tianjin	211	46556742	56
河　北	Hebei	614	38434069	533
山　西	Shanxi	237	8095404	206
内蒙古	Inner Mongolia	61	9100557	38
辽　宁	Liaoning	440	165880619	407
吉　林	Jilin	184	24393562	126
黑龙江	Heilongjiang	266	17346970	119
上　海	Shanghai	948	760997185	1
江　苏	Jiangsu	1408	133275427	934
浙　江	Zhejiang	580	204886123	399
安　徽	Anhui	333	87406499	151
福　建	Fujian	262	56955718	190
江　西	Jiangxi	251	257070994	112
山　东	Shandong	1308	211770053	869
河　南	Henan	519	167659067	302
湖　北	Hubei	627	47886924	293
湖　南	Hunan	831	19544775	317
广　东	Guangdong	1068	196544215	395
广　西	Guangxi	360	151276455	308
海　南	Hainan	24	1585545	11
重　庆	Chongqing	327	11041327	306
四　川	Sichuan	595	198363216	771
贵　州	Guizhou	124	89389518	58
云　南	Yunnan	131	23499394	103
西　藏	Tibet	33	514883	5
陕　西	Shaanxi	234	87119512	176
甘　肃	Gansu	141	23101882	208
青　海	Qinghai	77	25313055	14
宁　夏	Ningxia	59	22116223	56
新　疆	Xinjiang	125	64978213	71
国家机关	Government Agencies	17	0	1
中直机关	Agencies Directly Under CCCPC	2	152584	0

3.21 各地区基层以上工会困难职工帮扶中心帮扶职工情况(2010年) Status of Supporting Center for Staff and Workers in Poverty of Trade Unions above Grass-root Level by Region (2010)

地区	Region	困难职工帮扶中心帮扶职工(人) Staff and Workers Supported by Supporting Center for Staff and Workers in Poverty (Person)	生活救助 Living Relief	医疗救助 Medical Relief	资助子女上学 Financial Assistance for Their Children to Get Education
全国总计	**National Total**	**7464301**	**2624037**	**360232**	**406361**
北京	Beijing	37216	10638	869	2979
天津	Tianjin	145169	89152	884	9292
河北	Hebei	331755	65200	7700	3000
山西	Shanxi	263089	70808	8673	9272
内蒙古	Inner Mongolia	127086	52347	25752	6640
辽宁	Liaoning	519227	226701	21822	11015
吉林	Jilin	202702	107440	8092	13940
黑龙江	Heilongjiang	177401	79586	7737	10119
上海	Shanghai	314985	81891	20260	23580
江苏	Jiangsu	273585	58803	13193	15352
浙江	Zhejiang	345051	49729	39229	10704
安徽	Anhui	182349	46905	5650	10180
福建	Fujian	299969	28781	8057	12364
江西	Jiangxi	309337	91616	23592	15668
山东	Shandong	326080	148952	16912	17269
河南	Henan	469430	174357	7752	14892
湖北	Hubei	127000	34984	5432	12897
湖南	Hunan	477241	256349	44217	80328
广东	Guangdong	317072	78121	13816	20647
广西	Guangxi	171391	40400	3720	12961
海南	Hainan	85841	56324	2401	3385
重庆	Chongqing	455951	326955	11425	6130
四川	Sichuan	425395	132222	24329	32622
贵州	Guizhou	126055	34032	2070	9242
云南	Yunnan	121693	53897	6536	4953
西藏	Tibet	3586	1475	720	528
陕西	Shaanxi	136971	31363	13889	18327
甘肃	Gansu	390025	49086	4520	2850
青海	Qinghai	49527	33279	3235	2456
宁夏	Ningxia	125612	53000	4100	6700
新疆	Xinjiang	126510	59644	3648	6069

3.21 续表
Continued

地区	Region	职业介绍 Job Introduction	就业培训 Vocational Training	政策咨询 Policy Consulting	法律援助 Legal Aid	创业贷款 Small Loans for Bussiness establishing	其他帮扶 Others
全国总计	**National Total**	**1364534**	**1146836**	**1201503**	**87779**	**12180**	**260839**
北京	Beijing	7204	4578	8066	2882	0	0
天津	Tianjin	8753	29528	3076	112	0	4372
河北	Hebei	80200	95200	79100	1300	10	45
山西	Shanxi	43041	60539	63676	912		6168
内蒙古	Inner Mongolia	14350	21136	3084	918	518	2341
辽宁	Liaoning	62563	90553	25000	3614	319	77640
吉林	Jilin	28575	11512	25412	358	25	7348
黑龙江	Heilongjiang	21215	32142	17985	929	807	6881
上海	Shanghai	47627	74050	36849	3256	62	27410
江苏	Jiangsu	93539	62456	27739	1961	542	0
浙江	Zhejiang	87815	60716	71635	6780	78	18365
安徽	Anhui	51381	32370	32302	538	44	2979
福建	Fujian	89912	18521	139463	1045	130	1696
江西	Jiangxi	91725	43262	32429	3638	61	7346
山东	Shandong	63991	34839	38090	1989	543	3495
河南	Henan	110248	85743	58964	4518	2719	10237
湖北	Hubei	30700	7846	26542	3642	857	4100
湖南	Hunan	25206	26116	21847	21120	506	1552
广东	Guangdong	36792	64738	78952	1321	602	22083
广西	Guangxi	8000	72000	22100	4600	0	7610
海南	Hainan	1205	14859	2437	125	131	4974
重庆	Chongqing	29639	30435	42211	1215	16	7925
四川	Sichuan	71761	58913	82879	2756	1177	18736
贵州	Guizhou	29510	23202	25139	1018	40	1802
云南	Yunnan	5624	20436	21444	670	2097	6036
西藏	Tibet	0	830	0	33	0	0
陕西	Shaanxi	44126	12385	16563	318	0	0
甘肃	Gansu	143970	17886	168365	2716	168	464
青海	Qinghai	2617	4670	996	579	4	1691
宁夏	Ningxia	17600	16000	14000	9300	12	4900
新疆	Xinjiang	15645	19375	15158	3616	712	2643

3.22 各地区各级工会所在单位领导干部联系困难职工情况(2010 年)
Status of Trade Union Cadres Participating in Contacting Staff and Workers in Poverty Activity by Region (2010)

地区	Region	基层单位参加联系生活困难职工户活动的领导干部(人) Number of Cadres of Grass-root Trade Unions Participating in Contacting Staff and Workers in Poverty Activity (person)	基层单位领导干部联系困难职工家庭(户) Number of Households in Poverty Covered by the Grass-root Trade Union Activity of Contacting Staff and Workers in Poverty (household)	基层以上单位参加联系生活困难职工户活动的领导干部(人) Number of Cadres of Trade Unions Above Grass-root Level Participating in Contacting Staff and Workers in Poverty Activity (person)	基层以上单位领导干部联系困难职工家庭(户) Number of Households in Poverty Covered by the Activity of Contacting Staff and Workers in Poverty at Trade Union above Grass-root Level (household)
全国总计	**National Total**	**1058124**	**1530170**	**451460**	**795029**
北　京	Beijing	19341	27713	6349	10878
天　津	Tianjin	17764	30276	3686	5625
河　北	Hebei	39333	56527	13382	20207
山　西	Shanxi	21549	37563	3360	7966
内蒙古	Inner Mongolia	19437	27255	1681	3205
辽　宁	Liaoning	48734	75076	35080	53967
吉　林	Jilin	18184	27728	7211	25795
黑龙江	Heilongjiang	60896	80992	59245	99222
上　海	Shanghai	29210	40932	9701	11169
江　苏	Jiangsu	73353	86098	29681	41410
浙　江	Zhejiang	50978	54261	10420	15509
安　徽	Anhui	23828	38953	9308	19455
福　建	Fujian	20417	26942	7216	9495
江　西	Jiangxi	21210	38233	9081	19249
山　东	Shandong	108622	144751	25535	50772
河　南	Henan	73342	104174	75816	68825
湖　北	Hubei	51520	75181	28995	47658
湖　南	Hunan	41841	72225	33001	92734
广　东	Guangdong	41448	57678	14271	27020
广　西	Guangxi	25924	38998	7599	20425
海　南	Hainan	5451	13130	423	1532
重　庆	Chongqing	33834	52393	5871	11917
四　川	Sichuan	73959	113057	16557	44228
贵　州	Guizhou	16445	32464	949	2704
云　南	Yunnan	25259	40015	4159	15896
西　藏	Tibet	638	1377	72	1209
陕　西	Shaanxi	39957	48750	23333	39108
甘　肃	Gansu	21569	37979	4687	11731
青　海	Qinghai	3741	7190	788	2820
宁　夏	Ningxia	6788	10270	1753	6313
新　疆	Xinjiang	23425	31694	2194	6918
国家机关	Government Agencies	0	0	0	0
中直机关	Agencies Directly Under CCCPC	127	295	56	67

3.23 各地区基层工会开展职工互助活动情况(2010年)
Status of Staff and Workers Mutual Cooperation of Grass-root Trade Unions by Region(2010)

单位:人 (person)

地区	Region	参加基层工会开展的职工互助活动的人数 Number of Staff and Workers Participating in Staff and Workers Mutual Cooperation conducted by Trade Unions	医疗 Medical	特殊疾病 Specific Sickness	意外伤害 Accident	本年度从职工互助活动中获得经济资助的人数 Number of Staff and Workers Getting Subsidy from Mutual Cooperation
全国总计	**National Total**	**19034339**	**9012639**	**4269245**	**3658468**	**1032215**
北京	Beijing	399347	245850	179311	128293	16862
天津	Tianjin	243795	132535	104878	52812	17864
河北	Hebei	1000905	545687	181371	105135	22738
山西	Shanxi	1318518	794259	92974	58758	28403
内蒙古	Inner Mongolia	235959	97358	46746	19139	12885
辽宁	Liaoning	824980	365664	158056	149285	92870
吉林	Jilin	364727	212555	97215	108120	8197
黑龙江	Heilongjiang	587391	166703	48894	40028	38672
上海	Shanghai	1232513	792800	574826	472644	82020
江苏	Jiangsu	1191658	587989	335494	246464	67423
浙江	Zhejiang	1168793	597814	193433	272487	122548
安徽	Anhui	482361	175965	91961	174361	18416
福建	Fujian	823025	472167	110346	90672	20444
江西	Jiangxi	526550	103666	138978	238298	10248
山东	Shandong	1936512	802852	552362	428992	77113
河南	Henan	800388	310010	238457	205787	58182
湖北	Hubei	630443	310929	119621	79550	63083
湖南	Hunan	702149	139886	57520	56987	39086
广东	Guangdong	1261503	628108	294608	211985	53800
广西	Guangxi	165963	59312	44062	22316	9042
海南	Hainan	65123	38372	32519	20724	1935
重庆	Chongqing	302465	82064	47945	39776	22297
四川	Sichuan	851698	431352	216487	162422	38077
贵州	Guizhou	212073	97258	49245	44065	15595
云南	Yunnan	486548	260622	28267	26106	36422
西藏	Tibet	7708	1087	60	567	245
陕西	Shaanxi	425667	217667	113210	97718	17214
甘肃	Gansu	279416	160466	40875	58121	12227
青海	Qinghai	76963	35300	3577	1864	9693
宁夏	Ningxia	85135	48114	5695	5811	3031
新疆	Xinjiang	312981	89475	64372	38668	15550
国家机关	Government Agencies	11231	5618	3123	512	0
中直机关	Agencies Directly Under CCCPC	19851	3135	2757	1	33

3.24 按登记注册类型和行业分基层工会开展职工互助活动情况（2010年）
Status of Staff and Workers Mutual Cooperation of Grass-root Trade Unions by Status of Registration and Sector (2010)

单位:人 (person)

项 目	Item	参加基层工会开展的职工互助活动的人数 Number of Staff and Workers Participating in Staff and Workers Mutual Cooperation conducted by Trade Unions	医疗 Medical	特殊疾病 Specific Sickness
全国总计	**National Total**	**19034339**	**9012639**	**4269245**
一、按注册登记类型分	**Grouped by Status of Registration**			
国有企业	State-owned Enterprises			
集体企业	Collective-owned Enterprises	15517743	7338712	3509532
股份合作制企业	Share-holding Enterprises	7066155	3454395	1737609
联营企业	Joint-owned Enterprises	368036	153807	105504
有限责任公司	Limited Liability Corporations	464405	194398	63403
国有独资企业	Enterprises with 100% State-owned Fund	60015	23921	7259
其他有限责任公司	Other Limited Liability Corporations	823857	523168	208457
股份有限公司	Share-holding Corporations Ltd.	1313206	574073	308423
国有控股公司	State-controlling Company	1685392	765429	426585
其他股份有限公司	Other Share-holding Corporations Ltd.	541535	197431	107138
私营企业	Private Enterprises	1740311	736313	270779
其他内资企业	Other Domesic Funded Enterprises	24296	9206	3135
个体经济组织	Self-employed Business	187526	54685	22597
港澳台商投资企业	Enterprises with Funds from Hong Kong, Macao and Taiwan	643316	417964	96275
外商投资企业	Foreign Funded	599693	233922	152368
事业单位	Institutons	2674019	1283528	614787
机关	Government Agencies	834869	389312	144866
二、按行业分	**Grouped by Sector**			
农、林、牧、渔业	Farming, Forestry, Animal Husbandry and Fishing	604366	232288	92164
采矿业	Mining	1856149	840801	413240
制造业	Manufacturing	6347649	2937480	1182240
电力燃气及水的生产供应业	Production and Distribution of Electricity	1052776	565234	266307
建筑业	Construction	918249	469628	248298
交通运输、仓储及邮政业	Transport, Storage and Post	2814301	1507431	796110
信息传输、计算机服务和软件业	Information Transmission, Computer Services and Software	238545	85845	65699
批发和零售业	Wholesle and Retail Trade	400439	208201	128629
住宿和餐饮业	Hotel and Restaurants	192724	59896	38280
金融业	Financial Intermediation	456697	164780	112338
房地产业	Real Estate	95114	45308	24457
租赁和商业服务业	Leasing and Business Services	145650	70013	45705
科学研究、技术服务和地质勘查业	Scientific Research, Technical Service and Geologic Prospecting	238453	108258	53090
水利、环境和公共设施管理业	Management of Water Conservancy, Environment and Public Facilities	174703	80160	46211
居民服务和其他服务业	Services to Households and Other Services	390972	155731	101033
教育	Education	1452174	678002	298838
卫生、社会保障和社会福利业	Health, Social Security and Social Welfare	564010	299719	157147
文化、体育和娱乐业	Culture, Sports and Entertainment	131707	75232	31962
公共管理和社会组织	Public Management and Social Organization	951306	427337	167393
国际组织	International Organizations	647	208	44

3.24 续表
Continued

项　目	Item	意外伤害 Accident	本年度从职工互助活动中获得经济资助的人数 Number of Staff and Workers Getting Subsidy from Mutual Cooperation
全国总计	**National Total**	**3658468**	**1032215**
一、按注册登记类型分	**Grouped by Status of Registration**		
国有企业	State-owned Enterprises		
集体企业	Collective-owned Enterprises	3066150	888314
股份合作制企业	Share-holding Enterprises	1378153	431105
联营企业	Joint-owned Enterprises	39417	20318
有限责任公司	Limited Liability Corporations	111422	42322
国有独资企业	Enterprises with 100% State-owned Fund	11771	2106
其他有限责任公司	Other Limited Liability Corporations	167480	66223
股份有限公司	Share-holding Corporations Ltd.	301998	49955
国有控股公司	State-controlling Company	342147	82627
其他股份有限公司	Other Share-holding Corporations Ltd.	94888	29696
私营企业	Private Enterprises	353497	98933
其他内资企业	Other Domesic Funded Enterprises	4152	940
个体经济组织	Self-employed Business	18087	10100
港澳台商投资企业	Enterprises with Funds from Hong Kong, Macao and Taiwan	94246	24393
外商投资企业	Foreign Funded	148892	29596
事业单位	Institutons	469361	108530
机关	Government Agencies	122390	35126
二、按行业分	**Grouped by Sector**		
农、林、牧、渔业	Farming, Forestry, Animal Husbandry and Fishing	76240	60600
采矿业	Mining	350912	98640
制造业	Manufacturing	1183400	293450
电力燃气及水的生产供应业	Production and Distribution of Electricity	241247	74889
建筑业	Construction	214433	42000
交通运输、仓储及邮政业	Transport, Storage and Post	585364	233010
信息传输、计算机服务和软件业	Information Transmission, Computer Services and Software	51776	8347
批发和零售业	Wholesle and Retail Trade	111430	18158
住宿和餐饮业	Hotel and Restaurants	37485	8749
金融业	Financial Intermediation	70643	13966
房地产业	Real Estate	18348	5821
租赁和商业服务业	Leasing and Business Services	38413	9954
科学研究、技术服务和地质勘查业	Scientific Research, Technical Service and Geologic Prospecting	46823	14864
水利、环境和公共设施管理业	Management of Water Conservancy, Environment and Public Facilities	38194	5654
居民服务和其他服务业	Services to Households and Other Services	53308	26185
教育	Education	264187	54335
卫生、社会保障和社会福利业	Health, Social Security and Social Welfare	99568	24985
文化、体育和娱乐业	Culture, Sports and Entertainment	23688	4473
公共管理和社会组织	Public Management and Social Organization	152434	33879
国际组织	International Organizations	8	11

3.25 各地区基层工会所在单位职工参加社会保险情况(2010 年)
Status of Social Insurance in the Units with Grass-root Trade Unions by Region (2010)

单位:人 (person)

地 区	Region	参加养老保险的职工 Number of Staff and Workers Who Attend Endowment Insurance	参加医疗保险的职工 Number of Persons Who Attend Medical Insurance		参加工伤保险的职工 Number of Staff and Workers Who Attend Industrial Injury Insurance	参加失业保险的职工 Number of Staff and Workers Who Attend Unemployment Insurance	参加生育保险的职工 Number of Staff and Workers Who Attend Childbirth Insurance
			在职职工 On the Job	退休职工 Retired			
全国总计	**National Total**	**91862516**	**97495314**	**22909452**	**77651230**	**67821133**	**49134471**
北 京	Beijing	2017120	2128245	850899	2434323	2146649	1400818
天 津	Tianjin	1485000	1849116	885440	1710797	1578795	1498177
河 北	Hebei	3493539	3712227	1024390	2685400	2231810	1278895
山 西	Shanxi	2630323	2698145	605121	1867004	1697427	1001950
内 蒙 古	Inner Mongolia	1345922	1456719	260183	810737	768718	506810
辽 宁	Liaoning	4434480	4610916	1418537	3409231	3276399	2262061
吉 林	Jilin	1289816	1456513	374092	896412	935193	655911
黑 龙 江	Heilongjiang	2605696	2691395	1114856	1799457	2014862	1332503
上 海	Shanghai	4685196	4721243	2397830	4350326	4080551	3347530
江 苏	Jiangsu	7823332	7907009	1025912	7294433	6152169	5165754
浙 江	Zhejiang	7142500	6607218	565481	7487840	5878492	4893845
安 徽	Anhui	2255080	2639997	621717	1732437	1721416	1141139
福 建	Fujian	2465465	2507445	405682	2012959	1945901	1426245
江 西	Jiangxi	1282126	1452651	311816	797463	633007	267041
山 东	Shandong	9416232	8802961	1132733	7233768	6404666	4752818
河 南	Henan	3373044	3778281	1039079	2190774	2233463	975710
湖 北	Hubei	3995896	4295472	989984	2451310	2633374	1736236
湖 南	Hunan	3539641	3504551	807714	2313979	1708394	1367636
广 东	Guangdong	10000607	10470762	807632	10490206	6694197	4499049
广 西	Guangxi	1829468	1824779	471468	1410519	1437869	1053842
海 南	Hainan	658013	692747	301330	599006	570467	552969
重 庆	Chongqing	1528353	1705020	530987	1187606	965065	717450
四 川	Sichuan	4555051	5055118	1547425	3327708	3048632	2244037
贵 州	Guizhou	1196852	2053099	468019	1148774	1047266	785475
云 南	Yunnan	1338542	2069751	745135	1443225	1344791	1062504
西 藏	Tibet	52310	114427	19379	27251	37431	18148
陕 西	Shaanxi	2143341	2327922	908226	1402403	1419667	900440
甘 肃	Gansu	957301	1410243	384666	776501	823603	323207
青 海	Qinghai	234680	404378	120658	250713	216586	56243
宁 夏	Ningxia	386767	469858	102276	322334	354437	217456
新 疆	Xinjiang	1651135	1994134	640767	1691520	1701210	1658537
国家机关	Government Agencies	41890	71460	24510	83484	106802	26384
中直机关	Agencies Directly Under CCCPC	7798	11512	5508	11330	11824	7651

3.26 按登记注册类型和行业分基层工会所在单位职工参加社会保险情况（2010 年） Status of Social Insurance in the Units with Grass-root Trade Unions by Status of Registration and Sector (2010)

单位：人 (person)

项目	Item	参加养老保险的职工 Number of Staff and Workers Who Attend Endowment Insurance	参加医疗保险的职工 Number of Persons Who Attend Medical Insurance	
			在职职工 On the Job	退休职工 Retired
全国总计	**National Total**	**91862516**	**97495314**	**22909452**
一、按注册登记类型分	**Grouped by Status of Registration**			
国有企业	State-owned Enterprises			
集体企业	Collective-owned Enterprises	74282878	72600551	17290859
股份合作制企业	Share-holding Enterprises	19457768	18886366	9574617
联营企业	Joint-owned Enterprises	3368848	3035008	1041598
有限责任公司	Limited Liability Corporations	2810152	2651955	496706
国有独资企业	Enterprises with 100% State-owned Fund	371772	380014	13050
其他有限责任公司	Other Limited-Liability Corporations	2222198	2183446	1125742
股份有限公司	Share-holding Corporations Ltd.	6972480	6609131	1765633
国有控股公司	State-controlling Company	5348378	5252901	1707429
其他股份有限公司	Other Share-holding Corporations Ltd.	3024039	2888936	508906
私营企业	Private Enterprises	18948975	17981311	739125
其他内资企业	Other Domesic Funded Enterprises	453945	449738	18815
个体经济组织	Self-employed Business	1586084	2022810	42350
港澳台商投资企业	Enterprises with Funds from Hong Kong, Macao and Taiwan	4097380	4494671	81962
外商投资企业	Foreign Funded	5620859	5764264	174926
事业单位	Institutons	13180207	17554014	4275657
机关	Government Agencies	4347121	7226322	1323557
二、按行业分	**Grouped by Sector**			
农、林、牧、渔业	Farming, Forestry, Animal Husbandry and Fishing	4615210	5043661	1923158
采矿业	Mining	5032676	4827881	1371027
制造业	Manufacturing	34647501	33612479	7257418
电力燃气及水的生产供应业	Production and Distribution of Electricity	3345246	3260266	727288
建筑业	Construction	4419277	4373542	1451310
交通运输、仓储及邮政业	Transport, Storage and Post	6484136	6395719	2090344
信息传输、计算机服务和软件业	Information Transmission, Computer Services and Software	1618460	1572408	198992
批发和零售业	Wholesle and Retail Trade	3803510	3652694	930436
住宿和餐饮业	Hotel and Restaurants	1497779	1490391	185385
金融业	Financial Intermediation	2337186	2332311	335061
房地产业	Real Estate	785282	776346	116426
租赁和商业服务业	Leasing and Business Services	1758368	1675901	505734
科学研究、技术服务和地质勘查业	Scientific Research, Technical Service and Geologic Prospecting	884990	1126538	568753
水利、环境和公共设施管理业	Management of Water Conservancy, Environment and Public Facilities	1002827	1121907	294662
居民服务和其他服务业	Services to Households and Other Services	3903110	4155332	510629
教育	Education	6095118	8876267	2203872
卫生、社会保障和社会福利业	Health, Social Security and Social Welfare	2941090	3455104	744126
文化、体育和娱乐业	Culture, Sports and Entertainment	795194	940065	199078
公共管理和社会组织	Public Management and Social Organization	5837144	8685388	1275453
国际组织	International Organizations	6102	6687	921

3.26 续表 Continued

项　目	Item	参加工伤保险的职工 Number of Staff and Workers Who Attend Industrial Injury Insurance	参加失业保险的职工 Number of Staff and Workers Who Attend Unemploy-ment Insurance	参加生育保险的职工 Number of Staff and Workers Who Attend Childbirth Insurance
全国总计	**National Total**	**77651230**	**67821133**	**49134471**
一、按注册登记类型分	**Grouped by Status of Registration**			
国有企业	State-owned Enterprises			
集体企业	Collective-owned Enterprises	67881748	56530068	41641060
股份合作制企业	Share-holding Enterprises	16589801	16962209	11908594
联营企业	Joint-owned Enterprises	2187012	1766452	1276608
有限责任公司	Limited Liability Corporations	2515907	2087988	1548154
国有独资企业	Enterprises with 100% State-owned Fund	315828	274252	191549
其他有限责任公司	Other Limited-Liability Corporations	2032924	2064891	1589853
股份有限公司	Share-holding Corporations Ltd.	6676084	5690681	4532325
国有控股公司	State-controlling Company	4991162	5029163	4005790
其他股份有限公司	Other Share-holding Corporations Ltd.	2738787	2403113	1824985
私营企业	Private Enterprises	17833434	11582985	8288098
其他内资企业	Other Domesic Funded Enterprises	275924	202521	147930
个体经济组织	Self-employed Business	1215938	786618	528542
港澳台商投资企业	Enterprises with Funds from Hong Kong, Macao and Taiwan	4851414	2872933	1909318
外商投资企业	Foreign Funded	5657533	4806262	3889314
事业单位	Institutons	7755825	9469830	5753840
机关	Government Agencies	1986406	1783804	1721423
二、按行业分	**Grouped by Sector**			
农、林、牧、渔业	Farming, Forestry, Animal Husbandry and Fishing	3023894	2687685	2072935
采矿业	Mining	5004179	4162060	2266496
制造业	Manufacturing	33936517	25633419	19300600
电力燃气及水的生产供应业	Production and Distribution of Electricity	2938365	2848479	2124668
建筑业	Construction	4408429	3465282	2504036
交通运输、仓储及邮政业	Transport, Storage and Post	5517176	5680619	3854128
信息传输、计算机服务和软件业	Information Transmission, Computer Services and Software	1452623	1403046	1112349
批发和零售业	Wholesle and Retail Trade	2838159	2709969	2154908
住宿和餐饮业	Hotel and Restaurants	1284098	1121041	888949
金融业	Financial Intermediation	1873789	1947988	1578652
房地产业	Real Estate	658995	608003	469274
租赁和商业服务业	Leasing and Business Services	1312735	1241277	901391
科学研究、技术服务和地质勘查业	Scientific Research, Technical Service and Geologic Prospecting	851023	941172	661385
水利、环境和公共设施管理业	Management of Water Conservancy, Environment and Public Facilities	684459	711427	500229
居民服务和其他服务业	Services to Households and Other Services	2809665	2406371	1794831
教育	Education	3280719	4569768	2567148
卫生、社会保障和社会福利业	Health, Social Security and Social Welfare	1955257	2282655	1528641
文化、体育和娱乐业	Culture, Sports and Entertainment	596200	621999	452210
公共管理和社会组织	Public Management and Social Organization	3193994	2739106	2381057
国际组织	International Organizations	3703	2336	2436

3.27 各地区基层以上工会开展职工医疗互助活动情况(2010 年)
Status of Staff and Workers Medical Mutual Cooperation of Trade Unions above Grass-root Level by Region(2010)

地区	Region	开展了职工医疗互助活动的基层以上工会(个) Number of Trade Unions above Grass-root Level with Staff and Workers Mutual Cooperative Insurance (unit)	参加职工医疗互助活动的人数(人) Number of Staff and Workers Participating in Staff and Workers Medical Mutual Cooperation (person)	享受职工医疗互助活动经济资助的人数(人) Number of Staff and Workers Getting Financial Aid from Medical Mutual Cooperation (person)	职工医疗互助活动资金结存额(元) Balance of Staff and Workers Mutual Cooperative Insurance (yuan)
全国总计	**National Total**	**6803**	**28934837**	**1664016**	**779883578**
北京	Beijing	97	1405592	26418	7077977
天津	Tianjin	34	133554	8821	11331415
河北	Hebei	782	2543958	7380	63341998
山西	Shanxi	401	1938024	16325	15571490
内蒙古	Inner Mongolia	18	67438	3540	48883
辽宁	Liaoning	190	452049	18759	8862563
吉林	Jilin	161	524975	20439	157000
黑龙江	Heilongjiang	68	93868	13015	1042574
上海	Shanghai	642	7570349	758117	65721677
江苏	Jiangsu	620	1787032	59064	39530921
浙江	Zhejiang	279	940483	89988	55864133
安徽	Anhui	149	283476	6050	10951353
福建	Fujian	231	1055100	14110	23036997
江西	Jiangxi	143	379524	48942	1625108
山东	Shandong	626	1601833	37700	79865395
河南	Henan	158	598709	84755	20873100
湖北	Hubei	236	574145	16481	24437505
湖南	Hunan	224	196455	5937	1204468
广东	Guangdong	584	1381332	21686	194251006
广西	Guangxi	2	776780	5345	1921589
海南	Hainan	11	58961	183	8303200
重庆	Chongqing	177	61067	16014	449165
四川	Sichuan	651	930168	40848	23357407
贵州	Guizhou	18	63868	2694	11919238
云南	Yunnan	1	2680000	299000	51210000
西藏	Tibet	3	535	6	
陕西	Shaanxi	150	234725	19596	2629982
甘肃	Gansu	76	217176	15157	6618082
青海	Qinghai	10	39552	2951	2856850
宁夏	Ningxia	22	22175	1546	72450
新疆	Xinjiang	34	290984	3137	44206452
国家机关	Government Agencies	4	29382	10	1543600
中直机关	Agencies Directly Under CCCPC	1	1568	2	0

3.28 各地区基层以上工会社会参与工作情况(2010年)
Status of Social Participation Work of Trade Unions above Grass-root Level by Region (2010)

单位:个 (unit)

地区	Region	建立了三方协调机制的基层以上工会 Number of Trade Unions above Grass-root Level Having Built Three-way Coordinating Mechanism	本年度与同级政府开过联席联系会县及县以上地方工会 Number of Trade Unions at or above County Level Holding Joint Meeting With Government at the Same Level This Year
全国总计	**National Total**	**16554**	**2096**
北京	Beijing	285	7
天津	Tianjin	203	13
河北	Hebei	1295	133
山西	Shanxi	480	62
内蒙古	Inner Mongolia	112	84
辽宁	Liaoning	620	68
吉林	Jilin	220	32
黑龙江	Heilongjiang	335	93
上海	Shanghai	1218	13
江苏	Jiangsu	2495	91
浙江	Zhejiang	1043	78
安徽	Anhui	262	66
福建	Fujian	344	55
江西	Jiangxi	195	60
山东	Shandong	1474	103
河南	Henan	563	111
湖北	Hubei	821	91
湖南	Hunan	524	85
广东	Guangdong	999	73
广西	Guangxi	478	97
海南	Hainan	20	4
重庆	Chongqing	336	28
四川	Sichuan	875	157
贵州	Guizhou	105	58
云南	Yunnan	171	122
西藏	Tibet	8	4
陕西	Shaanxi	404	87
甘肃	Gansu	304	73
青海	Qinghai	63	29
宁夏	Ningxia	121	28
新疆	Xinjiang	180	91
国家机关	Government Agencies	1	0
中直机关	Agencies Directly Under CCCPC	0	0

3.29 各地区工资专项集体合同工作情况(2010 年)
Status of Wage-only Collective Contracts by Region(2010)

地区	Region	签订工资专项集体合同(个) Number of Wage-only Collective Contracts (Piece)	工资专项集体合同覆盖的企业(个) Number of Enterprises Covered by Wage-only Collective Contracts (Unit)	工资专项集体合同覆盖的职工(人) Number of Staff and Workers Covered by Wage-only Collective Contracts (Person)
全国总计	**National Total**	**608483**	**1115874**	**75657331**
北京	Beijing	6816	20547	657198
天津	Tianjin	14738	32422	2444321
河北	Hebei	42304	64497	6349035
山西	Shanxi	10325	24104	2371589
内蒙古	Inner Mongolia	14524	15690	1225382
辽宁	Liaoning	32697	41385	3393354
吉林	Jilin	7772	9998	1042474
黑龙江	Heilongjiang	6742	9059	1484442
上海	Shanghai	11220	42844	2256578
江苏	Jiangsu	95027	203046	10091600
浙江	Zhejiang	78838	154670	8527584
安徽	Anhui	2527	4652	503627
福建	Fujian	14831	50154	3114133
江西	Jiangxi	36117	37434	2836355
山东	Shandong	49840	74808	6653293
河南	Henan	33379	44862	4122551
湖北	Hubei	36239	52296	3626849
湖南	Hunan	4483	5918	1223502
广东	Guangdong	21569	67145	2735053
广西	Guangxi	7658	15296	1044534
海南	Hainan	3099	3865	315759
重庆	Chongqing	3346	4755	671762
四川	Sichuan	40001	86565	4858974
贵州	Guizhou	3313	3923	497160
云南	Yunnan	2750	2910	370183
西藏	Tibet	0	0	0
陕西	Shaanxi	13382	17005	1474167
甘肃	Gansu	5083	5456	623745
青海	Qinghai	1192	1473	72523
宁夏	Ningxia	5883	16121	546927
新疆	Xinjiang	2788	2974	522677

3.30 各地区已建工会企事业单位建立职工代表大会制度情况(2010年)
Status of Staff and Workers' Congress System of Enterprises and Institutions with Trade Unions by Region(2010)

地区	Region	建立职工(代表)大会制度的企事业单位(个) Number of Units with Staff and Workers' Congress System (unit)	本年度召开过职工(代表)大会的企事业单位(个) Number of Units Holding Staff and Workers' Congress This Year (unit)	职工(代表)大会的职工代表(人) Number of Staff and Workers Representatives of Staff and Workers' Congress (person)	女职工代表 Number of Female Representatives	实行厂务公开的企事业单位(个) Number of Units Promoting Business Affairs Open System (unit)
全国总计	**National Total**	**2250042**	**1868007**	**14497005**	**4423229**	**2114253**
北京	Beijing	24918	22524	213915	73422	21194
天津	Tianjin	34536	31337	256911	82328	25592
河北	Hebei	85280	71855	810368	225414	88974
山西	Shanxi	74525	61488	466365	95596	67497
内蒙古	Inner Mongolia	29932	21303	363370	94152	29596
辽宁	Liaoning	54220	43497	390694	108114	43233
吉林	Jilin	22871	15696	172884	67388	10221
黑龙江	Heilongjiang	24870	22649	316069	90675	22379
上海	Shanghai	138131	123334	530831	196610	121913
江苏	Jiangsu	201568	185065	1265692	485940	170377
浙江	Zhejiang	223262	179357	1651839	563746	216946
安徽	Anhui	30526	23093	305801	85231	27907
福建	Fujian	59457	37598	395679	121345	43020
江西	Jiangxi	59456	56821	525032	134814	59493
山东	Shandong	335256	298068	1555184	430783	294884
河南	Henan	58060	45293	667088	165535	40707
湖北	Hubei	104726	79878	775021	227658	99657
湖南	Hunan	44842	29516	377551	105529	33112
广东	Guangdong	237076	183547	808286	297425	297055
广西	Guangxi	54438	45858	526526	160267	54196
海南	Hainan	8506	3973	59675	18551	8484
重庆	Chongqing	21029	19077	159030	49256	18982
四川	Sichuan	131865	112959	504254	143644	133867
贵州	Guizhou	52545	40031	254003	68438	51723
云南	Yunnan	21716	19908	190566	65475	19699
西藏	Tibet	140	113	1497	627	1272
陕西	Shaanxi	46592	34897	371790	95237	45191
甘肃	Gansu	32558	25778	238045	54926	32090
青海	Qinghai	4204	3692	52091	15658	3961
宁夏	Ningxia	17817	15857	82326	27765	16090
新疆	Xinjiang	14710	13615	199987	68277	14572
国家机关	Government Agencies	371	291	8013	3137	301
中直机关	Agencies Directly Under CCCPC	39	39	622	266	68

3.31 按登记注册类型和行业分已建工会企事业单位建立职工代表大会制度情况(2010 年)
Status of Staff and Workers' Congress System of Enterprises and Institutions with Trade Unions by Registration and Sector(2010)

项目	Region	建立职工(代表)大会制度的企事业单位(个) Number of Units with Staff and Workers' Congress System (Unit)	本年度召开过职工(代表)大会的企事业单位(个) Number of Units Holding Staff and Workers' Congress This Year (Unit)
全国总计	**National Total**	**2250042**	**1868007**
一、按注册登记类型分	**Grouped by Status of Registration**		
国有企业	State-owned Enterprises		
集体企业	Collective-owned Enterprises	1813970	1489970
股份合作制企业	Share-holding Enterprises	90588	79895
联营企业	Joint-owned Enterprises	98303	77511
有限责任公司	Limited Liability Corporations	38271	31072
国有独资企业	Enterprises with 100% State-owned Fund	23356	18153
其他有限责任公司	Other Limited-Liability Corporations	8491	7869
股份有限公司	Share-holding Corporations Ltd.	89793	74570
国有控股公司	State-controlling Company	16257	14367
其他股份有限公司	Other Share-holding Corporations Ltd.	33999	28146
私营企业	Private Enterprises	987542	810282
其他内资企业	Other Domesic Funded Enterprises	24326	17683
个体经济组织	Self-employed Business	317180	257442
港澳台商投资企业	Enterprises with Funds from Hong Kong, Macao and Taiwan	28764	23723
外商投资企业	Foreign Funded	57100	49257
事业单位	Institutons	435932	377924
二、按行业分	**Grouped by Sector**		
农、林、牧、渔业	Farming, Forestry, Animal Husbandry and Fishing	121438	102444
采矿业	Mining	42589	36216
制造业	Manufacturing	647455	533611
电力燃气及水的生产供应业	Production and Distribution of Electricity	27153	23479
建筑业	Construction	59067	48036
交通运输、仓储及邮政业	Transport, Storage and Post	43878	36758
信息传输、计算机服务和软件业	Information Transmission, Computer Services and Software	19478	15980
批发和零售业	Wholesle and Retail Trade	220960	173612
住宿和餐饮业	Hotel and Restaurants	70398	57701
金融业	Financial Intermediation	19888	17028
房地产业	Real Estate	17259	13751
租赁和商业服务业	Leasing and Business Services	111216	94089
科学研究、技术服务和地质勘查业	Scientific Research, Technical Service and Geologic Prospecting	13389	11488
水利、环境和公共设施管理业	Management of Water Conservancy, Environment and Public Facilities	18536	15722
居民服务和其他服务业	Services to Households and Other Services	349641	292456
教育	Education	129070	114515
卫生、社会保障和社会福利业	Health, Social Security and Social Welfare	46650	38496
文化、体育和娱乐业	Culture, Sports and Entertainment	22878	19568
公共管理和社会组织	Public Management and Social Organization	268924	222917
国际组织	International Organizations	35	27

3.31 续表 Continued

项 目	Item	职工(代表)大会的职工代表(人) Number of Staff and Workers Representatives of Staff and Workers' Congress (Person)	女职工代表 Number of Female Representatives	实行厂务公开的企事业单位工会(个) Number of Units Promoting Business Affairs Open System (Unit)
全国总计	**National Total**	**14497005**	**4423229**	**2114253**
一、按注册登记类型分	**Grouped by Status of Registration**			
国有企业	State-owned Enterprises			
集体企业	Collective-owned Enterprises	11278349	3268703	1730249
股份合作制企业	Share-holding Enterprises	1821021	444428	88598
联营企业	Joint-owned Enterprises	602762	159678	94203
有限责任公司	Limited Liability Corporations	515550	155293	37923
国有独资企业	Enterprises with 100% State-owned Fund	70742	19381	24374
其他有限责任公司	Other Limited-Liability Corporations	173191	44955	8312
股份有限公司	Share-holding Corporations Ltd.	949635	274192	86302
国有控股公司	State-controlling Company	431466	127055	17701
其他股份有限公司	Other Share-holding Corporations Ltd.	451612	132077	32182
私营企业	Private Enterprises	4542844	1340445	919935
其他内资企业	Other Domesic Funded Enterprises	53410	16291	23391
个体经济组织	Self-employed Business	602877	159343	289344
港澳台商投资企业	Enterprises with Funds from Hong Kong, Macao and Taiwan	413842	157969	34768
外商投资企业	Foreign Funded	649397	237596	73216
事业单位	Institutons	3217159	1153899	382732
二、按行业分	**Grouped by Sector**			
农、林、牧、渔业	Farming, Forestry, Animal Husbandry and Fishing	727015	192336	114432
采矿业	Mining	578903	79996	38875
制造业	Manufacturing	5552798	1733459	628997
电力燃气及水的生产供应业	Production and Distribution of Electricity	429821	98994	26360
建筑业	Construction	673557	119449	55816
交通运输、仓储及邮政业	Transport, Storage and Post	583854	140784	42002
信息传输、计算机服务和软件业	Information Transmission, Computer Services and Software	177477	59320	25539
批发和零售业	Wholesle and Retail Trade	660574	206946	206719
住宿和餐饮业	Hotel and Restaurants	298183	118100	61286
金融业	Financial Intermediation	259806	93458	18444
房地产业	Real Estate	121607	34217	16134
租赁和商业服务业	Leasing and Business Services	279562	87257	111781
科学研究、技术服务和地质勘查业	Scientific Research, Technical Service and Geologic Prospecting	150088	37245	15024
水利、环境和公共设施管理业	Management of Water Conservancy, Environment and Public Facilities	160998	45088	18210
居民服务和其他服务业	Services to Households and Other Services	730485	229355	319404
教育	Education	1810255	707737	119717
卫生、社会保障和社会福利业	Health, Social Security and Social Welfare	534320	224607	44170
文化、体育和娱乐业	Culture, Sports and Entertainment	114976	37625	20988
公共管理和社会组织	Public Management and Social Organization	650506	176572	229049
国际组织	International Organizations	723	57	34

3.32 各地区已建工会企业单位建立董事会情况(2010 年) Status of Board of Directors in Enterprises with Trade Unions by Region(2010)

地区	Region	建立了董事会的单位(个) Number of Units with Board of Directors (Unit)	建立了职工董事制度的单位 Number of Units with Staff and Workers Directors	董事人数(人) Number of Directors (Person)	职工董事人数 Number of Staff and Workers in Board of Directors	女职工董事人数 Number of Female Staff and Workers in Board of Directors	工会主席进入董事会的单位(个) Number of Units that Chairmen of Trade Unions are Members of Board (Unit)
全国总计	**National Total**	**173236**	**81406**	**404512**	**80666**	**26395**	**46468**
北京	Beijing	3632	1438	12673	2155	670	1050
天津	Tianjin	2125	1346	6005	1069	225	595
河北	Hebei	6117	4221	19337	4632	1647	2871
山西	Shanxi	9810	1319	10904	1697	388	1003
内蒙古	Inner Mongolia	855	443	2542	611	146	299
辽宁	Liaoning	3112	1488	10464	2048	692	1189
吉林	Jilin	1660	1420	3209	716	224	378
黑龙江	Heilongjiang	1724	912	5713	1435	491	662
上海	Shanghai	8758	1660	22614	2211	825	1448
江苏	Jiangsu	16629	6488	42694	6262	2759	4615
浙江	Zhejiang	15673	6696	45993	7313	2701	4326
安徽	Anhui	3139	1630	8211	1869	425	812
福建	Fujian	2902	1441	9045	1724	385	923
江西	Jiangxi	1667	849	3941	713	154	587
山东	Shandong	28309	18347	55525	11964	2964	8133
河南	Henan	3707	2387	12057	2887	1103	1983
湖北	Hubei	6206	3702	22634	5913	2672	3175
湖南	Hunan	6055	2239	12247	2697	595	1573
广东	Guangdong	25443	8805	20478	4326	1681	1963
广西	Guangxi	1697	551	5222	807	229	434
海南	Hainan	686	187	1683	284	81	96
重庆	Chongqing	5051	3776	14196	4201	993	1794
四川	Sichuan	6444	3785	18438	4343	1980	2622
贵州	Guizhou	879	514	2803	681	188	284
云南	Yunnan	3512	1648	11927	2551	724	1171
西藏	Tibet	19		95	18	5	18
陕西	Shaanxi	2478	1196	7394	1653	377	809
甘肃	Gansu	2002	1484	5795	1741	388	741
青海	Qinghai	331	160	1239	241	87	131
宁夏	Ningxia	1083	441	3326	561	161	290
新疆	Xinjiang	1518	826	6035	1329	434	490
国家机关	Government Agencies	13	7	73	14	1	3
中直机关	Agencies Directly Under CCCPC	0	0	0	0	0	0

3.33 各地区已建工会企业单位建立监事会情况(2010 年)
Status of Supervision Committee in Enterprises with Trade Unions by Region(2010)

地 区	Region	建立了监事会的单位(个) Number of Units with Supervision Committee (Unit)	建立了职工监事制度的单位 Number of Units with Staff and Workers Supervisor	监事人数(人) Number of Members in Supervision Committee (Person)	职工监事人数 Number of Staff and Workers in Supervision Committee	女职工监事人数 Number of Female Staff and Workers in Supervision Committee	工会主席进入监事会的企业单位(个) Number of Units that Chairmen of Trade Unions are Members of Supervision Committee (Unit)
全国总计	**National Total**	**122561**	**80791**	**217115**	**71223**	**25053**	**43113**
北 京	Beijing	2868	1579	5484	1909	794	804
天 津	Tianjin	1366	896	3056	933	278	496
河 北	Hebei	4650	3403	13582	4272	1690	2733
山 西	Shanxi	2222	1718	5000	1849	394	864
内蒙古	Inner Mongolia	563	384	1043	368	135	225
辽 宁	Liaoning	2478	1514	4714	1538	609	861
吉 林	Jilin	1565	1380	1920	685	201	369
黑龙江	Heilongjiang	1273	835	2762	1077	375	565
上 海	Shanghai	6191	1765	6929	1814	699	1092
江 苏	Jiangsu	12264	7993	21196	6542	3166	4732
浙 江	Zhejiang	11060	6894	20161	6575	2426	3499
安 徽	Anhui	2505	1531	3975	1248	407	706
福 建	Fujian	1944	1166	4099	1154	340	693
江 西	Jiangxi	1191	696	1886	528	72	440
山 东	Shandong	24712	18194	36870	12384	3011	7548
河 南	Henan	3557	2331	7559	2597	997	2342
湖 北	Hubei	5211	3390	15280	4451	2054	2827
湖 南	Hunan	4651	2278	9776	2512	677	2532
广 东	Guangdong	10531	8074	8180	3294	1472	1572
广 西	Guangxi	1084	675	2499	800	259	399
海 南	Hainan	542	212	754	224	70	82
重 庆	Chongqing	4738	3509	8797	3256	794	1567
四 川	Sichuan	5654	4034	11207	3971	1882	2590
贵 州	Guizhou	736	458	1338	456	146	247
云 南	Yunnan	2979	1870	6180	2216	752	962
西 藏	Tibet	26		43	17	8	21
陕 西	Shaanxi	1953	1294	4088	1371	337	874
甘 肃	Gansu	1741	1257	3290	1399	360	727
青 海	Qinghai	276	162	670	217	76	115
宁 夏	Ningxia	759	398	1304	407	146	225
新 疆	Xinjiang	1258	890	3430	1143	422	395
国家机关	Government Agencies	13	11	43	16	4	9
中直机关	Agencies Directly Under CCCPC	0	0	0	0	0	0

3.34 各地区企事业单位工会劳动保护监督及安全生产工作情况(2010 年)
Status of Labor Protection Supervision and Safe Production Work In Enterprises and Institutions with Trade Unions by Region(2010)

地区	Region	建立劳动保护监督检查委员会的企事业工会(个) Number of Units with Labor Protection Supervision and Inspection Committee (unit)	工会小组劳动保护检查员(人) Number of Labor Inspectors of Trade Unions (person)	工会劳动保护监督组织受理举报案件(件) Number of Cases Accepted by Labor Protection Supervision and Inspection Organizations (case)	工会提请劳动安全卫生监督部门处理 Number of Cases Raised to Labor Security and Sanitation Supervision Departments
全国总计	**National Total**	**549026**	**2043719**	**59216**	**12924**
北 京	Beijing	4877	47606	933	79
天 津	Tianjin	11307	51902	814	461
河 北	Hebei	48810	162675	4121	403
山 西	Shanxi	11566	71262	1072	153
内蒙古	Inner Mongolia	7762	41979	528	157
辽 宁	Liaoning	19242	107813	1935	432
吉 林	Jilin	3811	26970	472	229
黑龙江	Heilongjiang	9869	72376	674	136
上 海	Shanghai	17056	78739	235	77
江 苏	Jiangsu	57087	190092	4175	802
浙 江	Zhejiang	48505	135660	4552	1180
安 徽	Anhui	5484	45344	1214	157
福 建	Fujian	25678	50693	4261	718
江 西	Jiangxi	4958	23519	615	190
山 东	Shandong	77461	248900	5823	1009
河 南	Henan	21058	100496	2589	870
湖 北	Hubei	19711	70558	5952	2187
湖 南	Hunan	13079	35230	5035	672
广 东	Guangdong	57493	124892	6920	1333
广 西	Guangxi	21213	55760	597	195
海 南	Hainan	911	5478	282	79
重 庆	Chongqing	6030	31935	1582	335
四 川	Sichuan	19263	77429	2292	329
贵 州	Guizhou	6134	22732	617	253
云 南	Yunnan	6013	32605	375	113
西 藏	Tibet	63	270	5	2
陕 西	Shaanxi	9378	50631	511	125
甘 肃	Gansu	6262	29573	377	130
青 海	Qinghai	916	6664	46	14
宁 夏	Ningxia	4041	11811	190	29
新 疆	Xinjiang	3949	31933	418	72
国家机关	Government Agencies	37	170	4	3
中直机关	Agencies Directly Under CCCPC	2	22	0	0

3.34 续表 Continued

地区	Region	工会参加安全生产检查次数（次）Number of Safe Production Inspections of Trade Unions (times)	工会参加处理工伤事故件数（件）Number of Industrial Injuries and Accidents Handled by Trade Unions (case)	工会参加"三同时"审查验收项目（项）Number of Checking and Acceptance Projects on "Simultaneous Design, Construction and Operation" (item)
全国总计	**National Total**	**4305234**	**125463**	**173804**
北　京	Beijing	95309	1826	4261
天　津	Tianjin	73524	1750	3476
河　北	Hebei	195171	2549	4832
山　西	Shanxi	53844	903	1814
内蒙古	Inner Mongolia	59226	526	1251
辽　宁	Liaoning	119578	3356	5704
吉　林	Jilin	29977	971	1038
黑龙江	Heilongjiang	107516	1954	2625
上　海	Shanghai	174387	3153	1903
江　苏	Jiangsu	415923	7959	13174
浙　江	Zhejiang	443082	12010	7030
安　徽	Anhui	63762	1888	2638
福　建	Fujian	145066	3037	3572
江　西	Jiangxi	31727	1336	1859
山　东	Shandong	488740	9221	26012
河　南	Henan	169646	3357	7750
湖　北	Hubei	105203	7917	5692
湖　南	Hunan	74702	2807	5058
广　东	Guangdong	412260	37221	29630
广　西	Guangxi	101100	2012	4159
海　南	Hainan	9215	476	769
重　庆	Chongqing	190970	2564	3206
四　川	Sichuan	271734	5300	18132
贵　州	Guizhou	102247	3065	2211
云　南	Yunnan	105381	3176	5041
西　藏	Tibet	665	18	58
陕　西	Shaanxi	94156	1565	4442
甘　肃	Gansu	50325	923	2940
青　海	Qinghai	14151	239	277
宁　夏	Ningxia	41961	805	790
新　疆	Xinjiang	64168	1563	2427
国家机关	Government Agencies	492	11	33
中直机关	Agencies Directly Under CCCPC	26	5	0

3.35 按登记注册类型和行业分基层工会劳动保护监督及安全生产工作情况(2010 年) Status of Labor Protection Supervision and Safe Production Work In Enterprises and Institutions with Trade Unions by Status of Registration and Sector(2010)

项　　目	Item	建立劳动保护监督检查委员会的企事业工会(个) Number of Units with Labor Protection Supervision and Inspection Committee (unit)	工会劳动保护监督组织受理举报案件(件) Number of Cases Accepted by Labor Protection Supervision and Inspection Organizations (case)	工会提请劳动安全卫生监督部门处理 Number of Cases Raised to Labor Security and Sanitation Supervision Departments
全国总计	**National Total**	**549026**	**59216**	**12924**
一、按注册登记类型分	**Grouped by Status of Registration**			
国有企业	State-owned Enterprises			
集体企业	Collective-owned Enterprises	480942	52574	11214
股份合作制企业	Share-holding Enterprises	32595	5433	1045
联营企业	Joint-owned Enterprises	22412	2120	587
有限责任公司	Limited Liability Corporations	14459	2796	1128
国有独资企业	Enterprises with 100% State-owned Fund	2613	386	152
其他有限责任公司	Other Limited-Liability Corporations	3035	584	79
股份有限公司	Share-holding Corporations Ltd.	39357	6756	782
国有控股公司	State-controlling Company	6181	785	158
其他股份有限公司	Other Share-holding Corporations Ltd.	12039	1358	217
私营企业	Private Enterprises	278012	24520	5296
其他内资企业	Other Domesic Funded Enterprises	5068	414	50
个体经济组织	Self-employed Business	28007	1837	251
港澳台商投资企业	Enterprises with Funds from Hong Kong, Macao and Taiwan	15151	2727	912
外商投资企业	Foreign Funded	22013	2858	557
事业单位	Institutons	68021	6637	1708
二、按行业分	**Grouped by Sector**			
农、林、牧、渔业	Farming, Forestry, Animal Husbandry and Fishing	28876	2921	841
采矿业	Mining	16232	3844	862
制造业	Manufacturing	251635	29724	6634
电力燃气及水的生产供应业	Production and Distribution of Electricity	11369	1352	198
建筑业	Construction	24915	3122	441
交通运输、仓储及邮政业	Transport, Storage and Post	17285	2429	299
信息传输、计算机服务和软件业	Information Transmission, Computer Services and Software	7024	304	104
批发和零售业	Wholesle and Retail Trade	36303	1946	390
住宿和餐饮业	Hotel and Restaurants	16744	1169	318
金融业	Financial Intermediation	4923	291	57
房地产业	Real Estate	6324	550	83
租赁和商业服务业	Leasing and Business Services	14473	1079	314
科学研究、技术服务和地质勘查业	Scientific Research, Technical Service and Geologic Prospecting	5035	332	94
水利、环境和公共设施管理业	Management of Water Conservancy, Environment and Public Facilities	6456	335	76
居民服务和其他服务业	Services to Households and Other Services	37209	3820	608
教育	Education	28175	2298	956
卫生、社会保障和社会福利业	Health, Social Security and Social Welfare	14301	1002	289
文化、体育和娱乐业	Culture, Sports and Entertainment	5825	369	97
公共管理和社会组织	Public Management and Social Organization	15846	2324	261
国际组织	International Organizations	13	0	0

3.35 续表
Continued

项　目	Item	工会参加安全生产检查次数（次） Number of Safe Production Inspections of Trade Unions (time)	工会参加处理工伤事故件数（件） Number of Industrial Injuries and Accidents Handled by Trade Unions (case)	工会参加"三同时"审查验收项目（项） Number of Checking and Acceptance Projects on "Simultaneous Design, Construction and Operation" (item)
全国总计	**National Total**	**4305234**	**125463**	**173804**
一、按注册登记类型分	**Grouped by Status of Registration**			
国有企业	State-owned Enterprises			
集体企业	Collective-owned Enterprises	3701224	112832	155236
股份合作制企业	Share-holding Enterprises	421015	13270	26057
联营企业	Joint-owned Enterprises	157310	3004	14389
有限责任公司	Limited Liability Corporations	142464	4992	5583
国有独资企业	Enterprises with 100% State-owned Fund	19336	377	396
其他有限责任公司	Other Limited-Liability Corporations	47841	1375	2657
股份有限公司	Share-holding Corporations Ltd.	380414	12958	12738
国有控股公司	State-controlling Company	97430	3357	5951
其他股份有限公司	Other Share-holding Corporations Ltd.	107339	3475	3940
私营企业	Private Enterprises	1849155	38823	72345
其他内资企业	Other Domesic Funded Enterprises	21431	1207	357
个体经济组织	Self-employed Business	178279	3194	2807
港澳台商投资企业	Enterprises with Funds from Hong Kong, Macao and Taiwan	117802	19580	3006
外商投资企业	Foreign Funded	161408	7220	5010
事业单位	Institutons	603345	12613	18510
二、按行业分	**Grouped by Sector**			
农、林、牧、渔业	Farming, Forestry, Animal Husbandry and Fishing	197104	3557	7714
采矿业	Mining	232293	10700	9147
制造业	Manufacturing	1819068	74712	76516
电力燃气及水的生产供应业	Production and Distribution of Electricity	120184	2068	8474
建筑业	Construction	225051	4739	17005
交通运输、仓储及邮政业	Transport, Storage and Post	225357	5068	7608
信息传输、计算机服务和软件业	Information Transmission, Computer Services and Software	40440	599	2949
批发和零售业	Wholesle and Retail Trade	249651	3066	13452
住宿和餐饮业	Hotel and Restaurants	132800	2018	2120
金融业	Financial Intermediation	45827	515	792
房地产业	Real Estate	47277	644	1943
租赁和商业服务业	Leasing and Business Services	104292	1233	2194
科学研究、技术服务和地质勘查业	Scientific Research, Technical Service and Geologic Prospecting	33021	650	2169
水利、环境和公共设施管理业	Management of Water Conservancy, Environment and Public Facilities	54747	1239	1962
居民服务和其他服务业	Services to Households and Other Services	232932	2859	4604
教育	Education	266940	3461	8101
卫生、社会保障和社会福利业	Health, Social Security and Social Welfare	109618	2036	3114
文化、体育和娱乐业	Culture, Sports and Entertainment	43556	582	770
公共管理和社会组织	Public Management and Social Organization	124374	5696	3112
国际组织	International Organizations	37	3	0

3.36 各地区基层以上工会劳动保护监督及安全生产工作情况(2010 年)
Status of Labor Protection Supervision and Safe Production Work Trade Unions above Grass-root Level by Region(2010)

地区	Region	建立劳动保护监督检查组织的基层以上工会(个) Number of Trade Unions above Grass-root Level with Labor Protection Supervision and Inspection Committee (unit)	劳动保护监督检查员人数(人) Number of Labor Inspectors of Trade Unions (person)	本年度劳动保护监督组织受理举报案件(件) Number of Cases Accepted by Labor Protection Supervision and Inspection Organizations (case)	工会本年度参加安全生产检查次数(次) Number of Safe Production Inspections of Trade Unions (time)	本年度提出事故隐患和职业危害整改意见(件) Number of Safe Production Opinions Raised by Trade Unions (case)	工会本年度参加处理工伤事故件数(件) Number of Industrial Injuries and Accidents Handled by Trade Unions (case)	工会本年度参加"三同时"审查验收项目(项) Number of Checking and Acceptance Projects on "Simultaneous Design, Construction and Operation" (item)
全国总计	**National Total**	**28635**	**302859**	**39858**	**322030**	**329256**	**23809**	**19568**
北京	Beijing	414	7431	376	9026	5356	382	855
天津	Tianjin	285	5853	230	3995	4589	217	180
河北	Hebei	2392	30294	919	13712	11967	456	1092
山西	Shanxi	700	5145	723	5113	3729	267	693
内蒙古	Inner Mongolia	111	970	267	834	1680	284	99
辽宁	Liaoning	1250	47493	5934	14366	14652	703	651
吉林	Jilin	416	4584	170	2402	2916	301	117
黑龙江	Heilongjiang	602	8930	725	14322	16420	365	484
上海	Shanghai	2059	13530	1108	20630	12311	584	343
江苏	Jiangsu	4383	23768	3498	35824	45497	1791	2630
浙江	Zhejiang	1768	10289	5800	19475	30737	5248	1307
安徽	Anhui	526	12851	1167	7298	6556	1050	462
福建	Fujian	905	3621	887	12443	5825	611	434
江西	Jiangxi	300	11577	375	1535	1878	267	198
山东	Shandong	2699	26543	2543	27489	33404	1228	2434
河南	Henan	863	9693	1216	7682	14284	550	896
湖北	Hubei	1048	21087	1224	8728	16476	632	1150
湖南	Hunan	785	4812	1342	7929	6512	868	644
广东	Guangdong	2227	15048	4413	34136	26856	2500	937
广西	Guangxi	819	4729	444	6551	3055	430	184
海南	Hainan	52	251	28	453	272	46	16
重庆	Chongqing	509	2005	571	12569	5785	629	567
四川	Sichuan	1410	15165	3058	28669	20836	1543	1548
贵州	Guizhou	120	2755	671	5934	9279	1117	173
云南	Yunnan	175	1499	215	2298	3527	499	230
西藏	Tibet	8	55	17	119	29	4	2
陕西	Shaanxi	775	4017	917	7662	3839	439	650
甘肃	Gansu	552	2696	304	2895	6933	286	324
青海	Qinghai	54	917	44	472	785	57	38
宁夏	Ningxia	244	2591	399	2047	1188	131	75
新疆	Xinjiang	182	2657	273	5422	12083	324	155
国家机关	Government Agencies	2	3	0	0	0	0	0
中直机关	Agencies Directly Under CCCPC	0	0	0	0	0	0	0

3.37 各地区基层工会领取法人证书及参与调解劳动争议工作情况(2010 年)
Status of Juridical Person Certificates and Participation in Labor Dispute of Grass-root Trade Unions by Region (2010)

地区	Region	领取了工会法人资格证书的基层工会 (个) Number of Grass-root Trade Unions Getting Juridical Person Certificates (unit)	工会法人领取了全国组织机构代码的基层工会 (个) Number of Units whose Trade Unions as Juridical Persons Got the Code of National Institutional Framework (unit)	建立劳动争议调解委员会的基层单位数 (个) Number of Grass-root Units with Labor Dispute Mediation Committee (unit)	劳动争议调解委员会中工会和职工代表人数 (人) Number of Trade Union and Staff and Workers Representatives in Labor Dispute Mediation Committee (person)
全国总计	**National Total**	**1179713**	**616559**	**518652**	**910274**
北京	Beijing	7565	4225	5566	14230
天津	Tianjin	17881	11258	16269	31580
河北	Hebei	95598	15300	48845	72370
山西	Shanxi	34260	7868	5698	12268
内蒙古	Inner Mongolia	29074	12886	19031	49740
辽宁	Liaoning	58617	37895	11772	21511
吉林	Jilin	10233	6646	3228	7181
黑龙江	Heilongjiang	29215	22262	6588	13937
上海	Shanghai	34809	22315	13160	25557
江苏	Jiangsu	75480	41922	52540	88185
浙江	Zhejiang	63364	36340	53432	91130
安徽	Anhui	36898	19433	4499	10341
福建	Fujian	29220	9904	26823	38564
江西	Jiangxi	42458	27533	2845	5797
山东	Shandong	32174	14189	67459	107492
河南	Henan	65612	37140	11895	21309
湖北	Hubei	89714	71212	17294	29353
湖南	Hunan	35247	20008	4393	8144
广东	Guangdong	106148	65848	58211	95493
广西	Guangxi	24556	13577	16588	27619
海南	Hainan	10263	4014	2642	6458
重庆	Chongqing	31940	25661	4094	10481
四川	Sichuan	95176	42862	24920	45699
贵州	Guizhou	23730	3258	5283	10378
云南	Yunnan	20789	11393	5706	12819
西藏	Tibet	2368	144	57	213
陕西	Shaanxi	47239	17607	13695	21644
甘肃	Gansu	14562	8182	6734	10911
青海	Qinghai	1681	484	929	1941
宁夏	Ningxia	6215	2311	3960	6308
新疆	Xinjiang	7290	2619	4416	11249
国家机关	Government Agencies	235	205	78	314
中直机关	Agencies Directly Under CCCPC	102	58	2	58

3.37 续表 1
Continued 1

地区	Region	本年度劳动争议调解委员会受理劳动争议件数（件）Number of Cases Accepted by Labor Dispute Mediation Committee This Year (case)	集体劳动争议 Number of Collective Labor Dispute	本年度劳动争议调解委员会调解成功劳动争议件数（件）Number of Collective Labor Dispute Successfully Mediated (case)	集体劳动争议 Number of Collective Labor Dispute
全国总计	**National Total**	**269926**	**6846**	**74791**	**3003**
北京	Beijing	6033	38	618	29
天津	Tianjin	7020	47	1650	21
河北	Hebei	6527	137	1190	107
山西	Shanxi	4714	49	1822	27
内蒙古	Inner Mongolia	3028	57	548	13
辽宁	Liaoning	9858	102	1703	81
吉林	Jilin	1449	18	154	8
黑龙江	Heilongjiang	5346	71	592	55
上海	Shanghai	4599	77	752	26
江苏	Jiangsu	20042	542	6594	358
浙江	Zhejiang	24874	479	6421	62
安徽	Anhui	5915	55	721	19
福建	Fujian	8535	128	3357	70
江西	Jiangxi	3975	471	1581	443
山东	Shandong	14375	406	4460	206
河南	Henan	7784	1977	1359	305
湖北	Hubei	16898	319	3714	113
湖南	Hunan	8295	282	1057	48
广东	Guangdong	42992	279	19191	193
广西	Guangxi	2758	113	343	79
海南	Hainan	416	45	154	39
重庆	Chongqing	7685	53	5532	35
四川	Sichuan	27042	492	6099	395
贵州	Guizhou	3202	104	877	14
云南	Yunnan	6769	52	444	22
西藏	Tibet	23	7		
陕西	Shaanxi	3650	56	676	29
甘肃	Gansu	5222	201	1471	111
青海	Qinghai	755	2	14	0
宁夏	Ningxia	2706	64	779	55
新疆	Xinjiang	7205	123	916	40
国家机关	Government Agencies	234	0	2	0
中直机关	Agencies Directly Under CCCPC	0	0	0	0

3.37 续表 2
Continued 2

地区	Region	受理的劳动争议案件引发原因(件) Causes of Labor Dispute (case) 变更、解除、终止、续订劳动合同 Renewal, Dissolution, Termination and Continuation of Labor Contract	除名、辞退职工与职工自动离职、辞职 Dismission or Resign of Staff and Workers	劳动报酬 Labor Reward	保险福利 Insurance	工作时间和休息休假 Working Hours, Rest and Vacation
全国总计	**National Total**	**152358**	**56456**	**21180**	**7784**	**8079**
北　京	Beijing	3706	1608	175	100	64
天　津	Tianjin	4512	1466	628	71	86
河　北	Hebei	4068	487	933	401	117
山　西	Shanxi	3372	451	416	85	42
内蒙古	Inner Mongolia	2315	219	195	50	73
辽　宁	Liaoning	6550	2185	423	122	125
吉　林	Jilin	781	294	69	36	40
黑龙江	Heilongjiang	3215	1414	239	128	56
上　海	Shanghai	2769	909	234	145	100
江　苏	Jiangsu	12099	4145	1412	472	423
浙　江	Zhejiang	12309	6251	2780	548	426
安　徽	Anhui	2901	2130	230	64	103
福　建	Fujian	4815	1866	553	318	295
江　西	Jiangxi	1794	649	176	105	94
山　东	Shandong	7830	2190	1455	556	867
河　南	Henan	3870	1191	964	502	365
湖　北	Hubei	12423	2561	711	197	287
湖　南	Hunan	4061	3102	352	134	107
广　东	Guangdong	16126	9824	5913	2498	3088
广　西	Guangxi	1476	870	131	42	38
海　南	Hainan	134	69	58	34	39
重　庆	Chongqing	3499	2931	486	158	87
四　川	Sichuan	19819	3874	971	451	337
贵　州	Guizhou	1819	538	153	84	76
云　南	Yunnan	4478	1492	111	123	54
西　藏	Tibet	13	0	0	0	7
陕　西	Shaanxi	1945	855	286	96	136
甘　肃	Gansu	2979	530	585	105	202
青　海	Qinghai	534	210	1	1	0
宁　夏	Ningxia	1351	641	225	87	94
新　疆	Xinjiang	4590	1482	313	71	251
国家机关	Government Agencies	205	22	2	0	0
中直机关	Agencies Directly Under CCCPC	0	0	0	0	0

3.37 续表 3
Continued 3

地　区	Region	劳动安全卫生 Labor Safety and Sanitation	职业培训 Occupation Training	未成年工和女职工特殊保护 Special Protection for Underage Workers and Female Workers	其他原因 Others
全国总计	**National Total**	**5866**	**5350**	**1068**	**11785**
北　京	Beijing	14	87	8	271
天　津	Tianjin	55	13	2	187
河　北	Hebei	98	54	10	359
山　西	Shanxi	104	23	7	214
内蒙古	Inner Mongolia	26	16	0	134
辽　宁	Liaoning	80	119	21	233
吉　林	Jilin	57	55	5	112
黑龙江	Heilongjiang	65	119	10	100
上　海	Shanghai	47	21	7	367
江　苏	Jiangsu	360	322	57	752
浙　江	Zhejiang	549	659	62	1290
安　徽	Anhui	55	138	28	266
福　建	Fujian	162	185	52	289
江　西	Jiangxi	124	152	85	796
山　东	Shandong	483	423	40	531
河　南	Henan	322	313	50	207
湖　北	Hubei	177	111	55	376
湖　南	Hunan	173	118	19	229
广　东	Guangdong	1776	1045	389	2333
广　西	Guangxi	16	90	8	87
海　南	Hainan	19	28	14	21
重　庆	Chongqing	68	38	11	407
四　川	Sichuan	249	381	42	918
贵　州	Guizhou	284	95	8	145
云　南	Yunnan	54	309	9	139
西　藏	Tibet	0	2	1	0
陕　西	Shaanxi	65	49	8	210
甘　肃	Gansu	280	132	35	374
青　海	Qinghai	0	5	1	3
宁　夏	Ningxia	65	27	8	208
新　疆	Xinjiang	39	221	16	222
国家机关	Government Agencies	0	0	0	5
中直机关	Agencies Directly Under CCCPC	0	0	0	0

3.38 按登记注册类型和行业分基层工会参与调解劳动争议工作情况(2010年)
Status of Participation in Labor Dispute of Grass-root Trade Unions by Registration and Sector (2010)

项　目	Item	建立劳动争议调解委员会的基层单位数(个) Number of Grass-root Units with Labor Dispute Mediation Committee (unit)	劳动争议调解委员会中工会和职工代表人数(人) Number of Trade Union and Staff and Workers Representatives in Labor Dispute Mediation Committee (person)
全国总计	**National Total**	**518652**	**910274**
一、按注册登记类型分	**Grouped by Status of Registration**		
国有企业	State-owned Enterprises		
集体企业	Collective-owned Enterprises	447758	774526
股份合作制企业	Share-holding Enterprises	29476	82938
联营企业	Joint-owned Enterprises	20044	33415
有限责任公司	Limited Liability Corporations	11296	21354
国有独资企业	Enterprises with 100% State-owned Fund	1890	3204
其他有限责任公司	Other Limited-Liability Corporations	2778	8805
股份有限公司	Share-holding Corporations Ltd.	37773	73114
国有控股公司	State-controlling Company	6750	20796
其他股份有限公司	Other Share-holding Corporations Ltd.	10518	20847
私营企业	Private Enterprises	260083	399309
其他内资企业	Other Domesic Funded Enterprises	5292	6644
个体经济组织	Self-employed Business	27872	44294
港澳台商投资企业	Enterprises with Funds from Hong Kong, Macao and Taiwan	14253	23922
外商投资企业	Foreign Funded	19733	35884
事业单位	Institutons	70837	135535
二、按行业分	**Grouped by Sector**		
农、林、牧、渔业	Farming, Forestry, Animal Husbandry and Fishing	26927	44787
采矿业	Mining	13685	29783
制造业	Manufacturing	233007	382463
电力燃气及水的生产供应业	Production and Distribution of Electricity	10157	24832
建筑业	Construction	22679	42113
交通运输、仓储及邮政业	Transport, Storage and Post	15980	37012
信息传输、计算机服务和软件业	Information Transmission, Computer Services and Software	6115	12672
批发和零售业	Wholesle and Retail Trade	36031	60632
住宿和餐饮业	Hotel and Restaurants	16014	25872
金融业	Financial Intermediation	5753	12564
房地产业	Real Estate	5578	9635
租赁和商业服务业	Leasing and Business Services	13517	22670
科学研究、技术服务和地质勘查业	Scientific Research, Technical Service and Geologic Prospecting	4299	9779
水利、环境和公共设施管理业	Management of Water Conservancy, Environment and Public Facilities	5612	10703
居民服务和其他服务业	Services to Households and Other Services	34006	55577
教育	Education	32201	64139
卫生、社会保障和社会福利业	Health, Social Security and Social Welfare	13337	24528
文化、体育和娱乐业	Culture, Sports and Entertainment	5366	8566
公共管理和社会组织	Public Management and Social Organization	18322	31724
国际组织	International Organizations	9	10

3.38 续表 1
Continued 1

项　目	Item	本年度劳动争议调解委员会受理劳动争议件数（件）Number of Cases Accepted by Labor Dispute Mediation Committee This Year (case)	受理集体劳动争议 Number of Collective Labor Dispute
全国总计	**National Total**	**269926**	**6846**
一、按注册登记类型分	**Grouped by Status of Registration**		
国有企业	State-owned Enterprises		
集体企业	Collective-owned Enterprises	252850	6063
股份合作制企业	Share-holding Enterprises	47475	1860
联营企业	Joint-owned Enterprises	8465	327
有限责任公司	Limited Liability Corporations	13145	263
国有独资企业	Enterprises with 100% State-owned Fund	445	75
其他有限责任公司	Other Limited-Liability Corporations	5832	57
股份有限公司	Share-holding Corporations Ltd.	28820	380
国有控股公司	State-controlling Company	28971	112
其他股份有限公司	Other Share-holding Corporations Ltd.	14314	148
私营企业	Private Enterprises	63260	2283
其他内资企业	Other Domesic Funded Enterprises	698	13
个体经济组织	Self-employed Business	2535	137
港澳台商投资企业	Enterprises with Funds from Hong Kong, Macao and Taiwan	21544	117
外商投资企业	Foreign Funded	17346	291
事业单位	Institutons	17053	776
二、按行业分	**Grouped by Sector**		
农、林、牧、渔业	Farming, Forestry, Animal Husbandry and Fishing	8153	320
采矿业	Mining	22039	257
制造业	Manufacturing	142386	3895
电力燃气及水的生产供应业	Production and Distribution of Electricity	5688	146
建筑业	Construction	17141	436
交通运输、仓储及邮政业	Transport, Storage and Post	15473	239
信息传输、计算机服务和软件业	Information Transmission, Computer Services and Software	2348	22
批发和零售业	Wholesle and Retail Trade	6077	159
住宿和餐饮业	Hotel and Restaurants	8453	98
金融业	Financial Intermediation	4122	34
房地产业	Real Estate	2321	33
租赁和商业服务业	Leasing and Business Services	2438	172
科学研究、技术服务和地质勘查业	Scientific Research, Technical Service and Geologic Prospecting	1596	39
水利、环境和公共设施管理业	Management of Water Conservancy, Environment and Public Facilities	1656	34
居民服务和其他服务业	Services to Households and Other Services	13897	382
教育	Education	5358	297
卫生、社会保障和社会福利业	Health, Social Security and Social Welfare	3423	63
文化、体育和娱乐业	Culture, Sports and Entertainment	1201	38
公共管理和社会组织	Public Management and Social Organization	6132	174
国际组织	International Organizations	1	1

3.38 续表 2
Continued 2

项　目	Item	本年度劳动争议调解委员会调解成功劳动争议件数（件）Number of Collective Labor Dispute Successfully Mediated (case)	受理集体劳动争议 Number of Collective Labor Dispute
全国总计	**National Total**	**74791**	**3003**
一、按注册登记类型分	**Grouped by Status of Registration**		
国有企业	State-owned Enterprises		
集体企业	Collective-owned Enterprises	68042	2538
股份合作制企业	Share-holding Enterprises	7697	259
联营企业	Joint-owned Enterprises	2632	206
有限责任公司	Limited Liability Corporations	2173	164
国有独资企业	Enterprises with 100% State-owned Fund	223	25
其他有限责任公司	Other Limited-Liability Corporations	614	32
股份有限公司	Share-holding Corporations Ltd.	6788	244
国有控股公司	State-controlling Company	1852	49
其他股份有限公司	Other Share-holding Corporations Ltd.	6224	68
私营企业	Private Enterprises	24031	1260
其他内资企业	Other Domesic Funded Enterprises	132	3
个体经济组织	Self-employed Business	1121	30
港澳台商投资企业	Enterprises with Funds from Hong Kong, Macao and Taiwan	11629	82
外商投资企业	Foreign Funded	2926	116
事业单位	Institutons	6749	465
二、按行业分	**Grouped by Sector**		
农、林、牧、渔业	Farming, Forestry, Animal Husbandry and Fishing	2449	201
采矿业	Mining	4744	168
制造业	Manufacturing	39784	1351
电力燃气及水的生产供应业	Production and Distribution of Electricity	629	80
建筑业	Construction	4081	279
交通运输、仓储及邮政业	Transport, Storage and Post	2666	80
信息传输、计算机服务和软件业	Information Transmission, Computer Services and Software	217	15
批发和零售业	Wholesle and Retail Trade	1485	77
住宿和餐饮业	Hotel and Restaurants	5261	45
金融业	Financial Intermediation	280	24
房地产业	Real Estate	642	23
租赁和商业服务业	Leasing and Business Services	747	40
科学研究、技术服务和地质勘查业	Scientific Research, Technical Service and Geologic Prospecting	241	20
水利、环境和公共设施管理业	Management of Water Conservancy, Environment and Public Facilities	617	21
居民服务和其他服务业	Services to Households and Other Services	5005	276
教育	Education	1199	122
卫生、社会保障和社会福利业	Health, Social Security and Social Welfare	595	40
文化、体育和娱乐业	Culture, Sports and Entertainment	241	31
公共管理和社会组织	Public Management and Social Organization	3908	110
国际组织	International Organizations	0	0

3.38 续表 3
Continued 3

项 目	Item	受理的劳动争议案件引发原因(件) Causes of Labor Dispute (case) 变更、解除、终止、续订劳动合同 Renewal, Dissolution, Termination and Continuation of Labor Contract	除名、辞退职工与职工自动离职、辞职 Dismission or Resign of Staff and Workers	劳动报酬 Labor Reward
全国总计	**National Total**	**152358**	**56456**	**21180**
一、按注册登记类型分	**Grouped by Status of Registration**			
国有企业	State-owned Enterprises			
集体企业	Collective-owned Enterprises	145137	53875	18465
股份合作制企业	Share-holding Enterprises	33673	8357	1700
联营企业	Joint-owned Enterprises	4490	932	1335
有限责任公司	Limited Liability Corporations	7533	2999	571
国有独资企业	Enterprises with 100% State-owned Fund	141	91	80
其他有限责任公司	Other Limited-Liability Corporations	4814	565	151
股份有限公司	Share-holding Corporations Ltd.	19166	5152	1619
国有控股公司	State-controlling Company	23234	4576	213
其他股份有限公司	Other Share-holding Corporations Ltd.	9026	3970	408
私营企业	Private Enterprises	26351	15357	7873
其他内资企业	Other Domesic Funded Enterprises	205	257	103
个体经济组织	Self-employed Business	652	458	554
港澳台商投资企业	Enterprises with Funds from Hong Kong, Macao and Taiwan	7391	5142	2931
外商投资企业	Foreign Funded Enterprises	8461	6019	927
事业单位	Institutions	7208	2581	2715
二、按行业分	Grouped by Sector			
农、林、牧、渔业	Farming, Forestry, Animal Husbandry and Fishing	3935	1303	1034
采矿业	Mining	13757	5109	991
制造业	Manufacturing	77950	31671	11433
电力燃气及水的生产供应业	Production and Distribution of Electricity	3973	511	306
建筑业	Construction	9814	4428	1013
交通运输、仓储及邮政业	Transport, Storage and Post	11694	2083	538
信息传输、计算机服务和软件业	Information Transmission, Computer Services and Software	1508	580	79
批发和零售业	Wholesle and Retail Trade	2898	1359	641
住宿和餐饮业	Hotel and Restaurants	4083	3368	286
金融业	Financial Intermediation	2830	352	116
房地产业	Real Estate	1574	353	135
租赁和商业服务业	Leasing and Business Services	990	422	277
科学研究、技术服务和地质勘查业	Scientific Research, Technical Service and Geologic Prospecting	1010	292	73
水利、环境和公共设施管理业	Management of Water Conservancy, Environment and Public Facilities	739	438	177
居民服务和其他服务业	Services to Households and Other Services	8649	1835	1341
教育	Education	2867	713	508
卫生、社会保障和社会福利业	Health, Social Security and Social Welfare	1689	529	302
文化、体育和娱乐业	Culture, Sports and Entertainment	690	196	110
公共管理和社会组织	Public Management and Social Organization	1694	914	1820
国际组织	International Organizations	1	0	0

3.38 续表 4
Continued 4

项　　目	Item	保险福利 Insurance	工作时间和休息休假 Working Hours, Rest and Vacation	劳动安全卫生 Labor Safety and Sanitation
全国总计	**National Total**	**7784**	**8079**	**5866**
一、按注册登记类型分	**Grouped by Status of Registration**			
国有企业	State-owned Enterprises			
集体企业	Collective-owned Enterprises	6845	7264	5308
股份合作制企业	Share-holding Enterprises	780	597	350
联营企业	Joint-owned Enterprises	301	302	216
有限责任公司	Limited Liability Corporations	231	322	208
国有独资企业	Enterprises with 100% State-owned Fund	33	25	15
其他有限责任公司	Other Limited-Liability Corporations	95	55	36
股份有限公司	Share-holding Corporations Ltd.	435	412	336
国有控股公司	State-controlling Company	148	263	96
其他股份有限公司	Other Share-holding Corporations Ltd.	177	115	128
私营企业	Private Enterprises	2672	2806	2220
其他内资企业	Other Domesic Funded Enterprises	36	14	41
个体经济组织	Self-employed Business	144	169	113
港澳台商投资企业	Enterprises with Funds from Hong Kong, Macao and Taiwan	1518	1896	1382
外商投资企业	Foreign Funded Enterprises	275	288	167
事业单位	Institutions	939	808	558
二、按行业分	**Grouped by Sector**			
农、林、牧、渔业	Farming, Forestry, Animal Husbandry and Fishing	366	326	252
采矿业	Mining	414	218	599
制造业	Manufacturing	4190	4660	3382
电力燃气及水的生产供应业	Production and Distribution of Electricity	181	192	149
建筑业	Construction	269	312	274
交通运输、仓储及邮政业	Transport, Storage and Post	287	231	144
信息传输、计算机服务和软件业	Information Transmission, Computer Services and Software	19	22	12
批发和零售业	Wholesle and Retail Trade	277	265	121
住宿和餐饮业	Hotel and Restaurants	99	175	70
金融业	Financial Intermediation	176	214	16
房地产业	Real Estate	55	63	41
租赁和商业服务业	Leasing and Business Services	113	98	80
科学研究、技术服务和地质勘查业	Scientific Research, Technical Service and Geologic Prospecting	36	33	34
水利、环境和公共设施管理业	Management of Water Conservancy, Environment and Public Facilities	129	57	19
居民服务和其他服务业	Services to Households and Other Services	358	554	237
教育	Education	226	203	99
卫生、社会保障和社会福利业	Health, Social Security and Social Welfare	233	178	146
文化、体育和娱乐业	Culture, Sports and Entertainment	48	52	25
公共管理和社会组织	Public Management and Social Organization	308	219	166
国际组织	I nternational Organizations	0	0	0

3.38 续表 5
Continued 5

项 目	Item	职业培训 Occupation Training	未成年工和女职工特殊保护 Special Protection for Underage Workers and Female Workers	其他原因 Others
全国总计	**National Total**	**5350**	**1068**	**11785**
一、按注册登记类型分	**Grouped by Status of Registration**			
国有企业	State-owned Enterprises			
集体企业	Collective-owned Enterprises	4683	845	10428
股份合作制企业	Share-holding Enterprises	784	115	1119
联营企业	Joint-owned Enterprises	308	31	550
有限责任公司	Limited Liability Corporations	355	42	884
国有独资企业	Enterprises with 100% State-owned Fund	9	2	49
其他有限责任公司	Other Limited-Liability Corporations	64	3	49
股份有限公司	Share-holding Corporations Ltd.	819	60	821
国有控股公司	State-controlling Company	176	20	245
其他股份有限公司	Other Share-holding Corporations Ltd.	62	13	415
私营企业	Private Enterprises	1415	345	4221
其他内资企业	Other Domesic Funded Enterprises	10	2	30
个体经济组织	Self-employed Business	119	28	298
港澳台商投资企业	Enterprises with Funds from Hong Kong, Macao and Taiwan	392	144	748
外商投资企业	Foreign Funded Enterprises	170	40	999
事业单位	Institutions	665	222	1357
二、按行业分	**Grouped by Sector**			
农、林、牧、渔业	Farming, Forestry, Animal Husbandry and Fishing	216	55	666
采矿业	Mining	291	38	622
制造业	Manufacturing	2443	479	6178
电力燃气及水的生产供应业	Production and Distribution of Electricity	215	20	141
建筑业	Construction	334	44	653
交通运输、仓储及邮政业	Transport, Storage and Post	189	25	282
信息传输、计算机服务和软件业	Information Transmission, Computer Services and Software	68	5	55
批发和零售业	Wholesle and Retail Trade	116	45	355
住宿和餐饮业	Hotel and Restaurants	78	20	274
金融业	Financial Intermediation	345	11	62
房地产业	Real Estate	35	11	54
租赁和商业服务业	Leasing and Business Services	45	8	405
科学研究、技术服务和地质勘查业	Scientific Research, Technical Service and Geologic Prospecting	64	2	52
水利、环境和公共设施管理业	Management of Water Conservancy, Environment and Public Facilities	24	14	59
居民服务和其他服务业	Services to Households and Other Services	195	52	676
教育	Education	320	97	325
卫生、社会保障和社会福利业	Health, Social Security and Social Welfare	129	49	168
文化、体育和娱乐业	Culture, Sports and Entertainment	26	7	47
公共管理和社会组织	Public Management and Social Organization	215	85	711
国际组织	International Organizations	0	0	0

3.39 各地区基层以上工会劳动争议调解和参与劳动争议仲裁工作情况(2010年) Status of Labor Dispute Mediation and Participation of Trade Unions above Grass-root Level in Labor Dispute Arbitration by Region(2010)

地区	Region	设立了区域性、行业性劳动争议调解组织(个) Number of Regional and Sectoral Labor Dispute Mediation Committees (unit)	区域性、行业性劳动争议调解组织人数(人) Number of Staff of Regional and Sectoral Labor Dispute Mediation Committees (person)	区域性、行业性劳动争议调解组织受理案件(件) Number of Cases Accepted by Regional and Sectoral Labor Dispute Mediation Committees (case)	调解成功的案件 Number of Cases Mediated successfully	工会劳动争议仲裁员参与处理案件(件) Number of Cases in which Labor Dispute Arbitrator from Trade Unions Participated (case)	取得劳动争议仲裁员资格的工会干部人数(人) Trade Union Cadres with Labor Dispute Arbitrator Qualification (person)	受聘人数 Number of the Invited Trade Union Cadres with Labor Dispute Arbitrator Qualification
全国总计	**National Total**	**14848**	**183391**	**123542**	**100625**	**27081**	**5316**	**3517**
北京	Beijing	215	5118	7984	5143	638	226	152
天津	Tianjin	184	3374	864	724	30	24	11
河北	Hebei	1225	11005	1908	1558	683	320	196
山西	Shanxi	273	5668	712	608	329	167	84
内蒙古	Inner Mongolia	67	1834	159	150	605	106	76
辽宁	Liaoning	527	19973	4332	3782	2844	402	261
吉林	Jilin	151	2072	2514	2120	268	92	63
黑龙江	Heilongjiang	223	3461	1422	1132	250	157	88
上海	Shanghai	998	5257	10331	5665	1240	156	88
江苏	Jiangsu	2680	24168	13487	11921	3238	380	277
浙江	Zhejiang	921	11255	26249	23637	2733	408	265
安徽	Anhui	206	2637	1246	1057	601	111	94
福建	Fujian	405	2859	2656	2287	1451	150	121
江西	Jiangxi	114	1540	1505	1383	343	125	95
山东	Shandong	1464	21499	3789	3211	882	389	227
河南	Henan	408	3801	1913	1391	741	173	135
湖北	Hubei	574	6684	3555	2395	1232	288	207
湖南	Hunan	340	4971	2853	2299	747	154	113
广东	Guangdong	1133	15671	20934	17335	539	222	133
广西	Guangxi	411	3015	955	615	2825	131	90
海南	Hainan	27	329	769	752	84	17	9
重庆	Chongqing	284	3250	1562	1305	410	109	77
四川	Sichuan	870	10587	6909	6334	1341	340	179
贵州	Guizhou	54	772	261	172	405	114	86
云南	Yunnan	85	1753	489	355	562	174	135
西藏	Tibet	3	51	4	4	4	4	3
陕西	Shaanxi	443	4856	1338	1105	524	83	55
甘肃	Gansu	317	1753	1105	813	408	98	63
青海	Qinghai	21	149	90	78	72	29	24
宁夏	Ningxia	133	1603	841	722	100	30	18
新疆	Xinjiang	91	2425	806	572	956	137	92
国家机关	Government Agencies	1	1	0	0	0	0	0
中直机关	Agencies Directly Under CCCPC	0	0	0	0	0	0	0

3.40 各地区基层工会劳动法律监督工作情况(2010 年) Status of Labor Legal Supervision of Grass-root Trade Unions by Region(2010)

地 区	Region	工会劳动法律监督组织数(个) Number of Labor Legal Supervision Organizations (unit)	工会劳动法律监督员人数(人) Number of Labor Legal Supervisors in Trade Unions (person)	本年度工会劳动法律监督组织受理违法、违规案件数(件) Number of Cases against Laws and Regulations Accepted by Labor Legal Supervision Organizations (case)	自行处理违法、违规案件数 Number of Cases Treated by Legal Supervision Organizations of Trade Unions	提请劳动监察部门处理案件 Number of Cases Raised to Labor Supervision Department
全国总计	**National Total**	**442213**	**1035809**	**49859**	**37580**	**4428**
北 京	Beijing	3571	12993	314	200	30
天 津	Tianjin	6939	15529	1243	897	137
河 北	Hebei	48099	122041	1496	716	83
山 西	Shanxi	9510	20197	261	188	14
内蒙古	Inner Mongolia	7014	25203	567	392	61
辽 宁	Liaoning	15034	36297	1104	755	92
吉 林	Jilin	2736	6795	535	485	19
黑龙江	Heilongjiang	7819	20538	343	178	47
上 海	Shanghai	6820	13994	283	219	36
江 苏	Jiangsu	47111	114492	2865	2359	186
浙 江	Zhejiang	44998	98642	3171	2423	232
安 徽	Anhui	3306	9414	667	335	65
福 建	Fujian	14013	25286	3199	2286	633
江 西	Jiangxi	3797	10207	1026	601	274
山 东	Shandong	69670	155267	4534	2546	384
河 南	Henan	13779	34175	2289	1495	328
湖 北	Hubei	11371	24078	910	661	140
湖 南	Hunan	6746	15807	2979	1718	224
广 东	Guangdong	46047	95021	15655	14519	553
广 西	Guangxi	15668	37098	567	249	147
海 南	Hainan	639	2357	218	166	45
重 庆	Chongqing	4686	15852	1213	1077	73
四 川	Sichuan	23085	45930	2293	1850	318
贵 州	Guizhou	4873	13826	559	428	64
云 南	Yunnan	5306	15056	364	174	48
西 藏	Tibet	33	128	71		
陕 西	Shaanxi	7450	17193	350	160	59
甘 肃	Gansu	5207	12741	441	313	89
青 海	Qinghai	544	1221	5	3	0
宁 夏	Ningxia	3945	9328	128	87	15
新 疆	Xinjiang	2363	9014	208	99	32
国家机关	Government Agencies	33	88	1	1	0
中直机关	Agencies Directly Under CCCPC	1	1	0	0	0

3.41 按登记注册类型和行业分基层工会劳动法律监督工作情况(2010年) Status of Labor Legal Supervision of Grass-root Trade Unions by Registration and Sector (2010)

项目	Item	工会劳动法律监督组织数(个) Number of Labor Legal Supervision Organizations (unit)	工会劳动法律监督员人数(人) Number of Labor Legal Supervisors in Trade Unions (person)
全国总计	**National Total**	**442213**	**1035809**
一、按注册登记类型分	**Grouped by Status of Registration**		
国有企业	State-owned Enterprises		
集体企业	Collective-owned Enterprises	384789	902487
股份合作制企业	Share-holding Enterprises	24880	100908
联营企业	Joint-owned Enterprises	18067	38344
有限责任公司	Limited Liability Corporations	12441	28902
国有独资企业	Enterprises with 100% State-owned Fund	1758	3806
其他有限责任公司	Other Limited-Liability Corporations	2216	9972
股份有限公司	Share-holding Corporations Ltd.	31234	72468
国有控股公司	State-controlling Company	4720	21898
其他股份有限公司	Other Share-holding Corporations Ltd.	9804	25803
私营企业	Private Enterprises	223400	471845
其他内资企业	Other Domesic Funded Enterprises	4566	6847
个体经济单位	Self-employed Business	24397	58215
港澳台商投资企业	Enterprises with Funds from Hong Kong, Macao and Taiwan	10950	24170
外商投资企业	Foreign Funded Enterprises	16356	39309
事业单位	Institutions	57391	133194
二、按行业分	**Grouped by Sector**		
农、林、牧、渔业	Farming, Forestry, Animal Husbandry and Fishing	24484	57832
采矿业	Mining	12683	43651
制造业	Manufacturing	199011	449901
电力燃气及水的生产供应业	Production and Distribution of Electricity	8372	27814
建筑业	Construction	19476	53802
交通运输、仓储及邮政业	Transport, Storage and Post	13772	43600
信息传输、计算机服务和软件业	Information Transmission, Computer Services and Software	5573	13871
批发和零售业	Wholesle and Retail Trade	30972	63357
住宿和餐饮业	Hotel and Restaurants	13280	26400
金融业	Financial Intermediation	4258	10347
房地产业	Real Estate	5016	10788
租赁和商业服务业	Leasing and Business Services	11043	22506
科学研究、技术服务和地质勘查业	Scientific Research, Technical Service and Geologic Prospecting	3586	9363
水利、环境和公共设施管理业	Management of Water Conservancy, Environment and Public Facilities	4799	10767
居民服务和其他服务业	Services to Households and Other Services	29905	64344
教育	Education	24368	54154
卫生、社会保障和社会福利业	Health, Social Security and Social Welfare	11738	27089
文化、体育和娱乐业	Culture, Sports and Entertainment	4845	9221
公共管理和社会组织	Public Management and Social Organization	14991	36859
国际组织	International Organizations	8	15

3.41 续表
Continued

项　目	Item	本年度工会劳动法律监督组织受理违法、违规案件数（件）Number of Cases against Laws and Regulations Accepted by Labor Legal Supervision Organizations (case)	自行处理违法、违规案件数 Number of Cases Treated by Legal Supervision Organizations of Trade Unions	提请劳动监察部门处理案件 Number of Cases Raised to Labor Supervision Department
全国总计	**National Total**	**49859**	**37580**	**4428**
一、按注册登记类型分	**Grouped by Status of Registration**			
国有企业	State-owned Enterprises			
集体企业	Collective-owned Enterprises	44967	34389	3852
股份合作制企业	Share-holding Enterprises	2275	1241	321
联营企业	Joint-owned Enterprises	1565	924	207
有限责任公司	Limited Liability Corporations	1604	790	218
国有独资企业	Enterprises with 100% State-owned Fund	222	153	25
其他有限责任公司	Other Limited-Liability Corporations	142	90	32
股份有限公司	Share-holding Corporations Ltd.	3225	2589	196
国有控股公司	State-controlling Company	555	373	62
其他股份有限公司	Other Share-holding Corporations Ltd.	974	832	60
私营企业	Private Enterprises	18300	12544	2065
其他内资企业	Other Domesic Funded Enterprises	209	150	31
个体经济单位	Self-employed Business	1526	1255	65
港澳台商投资企业	Enterprises with Funds from Hong Kong, Macao and Taiwan	12978	12498	365
外商投资企业	Foreign Funded Enterprises	1392	950	205
事业单位	Institutions	4821	3191	576
二、按行业分	**Grouped by Sector**			
农、林、牧、渔业	Farming, Forestry, Animal Husbandry and Fishing	2086	1197	196
采矿业	Mining	2491	1813	331
制造业	Manufacturing	29804	24115	2287
电力燃气及水的生产供应业	Production and Distribution of Electricity	654	383	87
建筑业	Construction	1932	1308	225
交通运输、仓储及邮政业	Transport, Storage and Post	1314	876	119
信息传输、计算机服务和软件业	Information Transmission, Computer Services and Software	202	133	25
批发和零售业	Wholesle and Retail Trade	2246	1559	197
住宿和餐饮业	Hotel and Restaurants	1019	692	77
金融业	Financial Intermediation	263	130	22
房地产业	Real Estate	434	288	57
租赁和商业服务业	Leasing and Business Services	677	482	69
科学研究、技术服务和地质勘查业	Scientific Research, Technical Service and Geologic Prospecting	254	108	31
水利、环境和公共设施管理业	Management of Water Conservancy, Environment and Public Facilities	246	179	22
居民服务和其他服务业	Services to Households and Other Services	1487	1040	123
教育	Education	1156	729	111
卫生、社会保障和社会福利业	Health, Social Security and Social Welfare	678	328	102
文化、体育和娱乐业	Culture, Sports and Entertainment	352	282	30
公共管理和社会组织	Public Management and Social Organization	2490	1938	317
国际组织	International Organizations	3	0	0

3.42 各地区基层工会以上劳动法律监督工作情况(2010年)
Status of Juridical Person and Labor Legal Supervision of Trade Unions above Grass-root Level by Region(2010)

地区	Region	已建立劳动关系预警机制的基层以上工会数(个) Number of Trade Unions above Grass-root Level with Labor Relations Warning System (unit)	基层以上工会劳动法律监督组织数(个) Number of Labor Legal Supervision Organizations of Trade Unions above Grass-root Level (unit)	基层以上工会劳动法律监督员人数(人) Number of Labor Legal Supervisors in Trade Unions above Grass-root Level (person)	基层以上工会劳动法律监督组织受理案件数(件) Number of Cases against Laws and Regulations Accepted by Labor Legal Supervision Organizations (case)	工会劳动法律监督组织自行处理案件 Number of Cases Treated by Legal Supervision Organizations of Trade Unions	提请劳动监察部门处理案件 Number of Cases Raised to Labor Supervision Departments	工会劳动保障法律监督员(人) Number of Labor Security Legal Supervisors in Trade Unions (person)
全国总计	**National Total**	**11885**	**14753**	**75922**	**44294**	**30053**	**8605**	**40120**
北京	Beijing	162	200	1144	308	165	114	540
天津	Tianjin	125	128	642	3189	3162	20	488
河北	Hebei	1038	1597	8819	1630	1198	186	2634
山西	Shanxi	224	311	1264	398	286	104	953
内蒙古	Inner Mongolia	61	80	267	368	174	182	144
辽宁	Liaoning	375	507	9561	3129	1928	642	7346
吉林	Jilin	110	114	1356	1068	508	545	322
黑龙江	Heilongjiang	186	247	1358	489	326	114	936
上海	Shanghai	954	767	2309	897	729	125	970
江苏	Jiangsu	2223	2649	9373	4742	3520	543	4194
浙江	Zhejiang	728	943	4817	7608	5599	1504	2969
安徽	Anhui	140	145	1220	1817	242	654	486
福建	Fujian	226	246	926	1172	811	297	448
江西	Jiangxi	135	174	1989	594	466	108	1625
山东	Shandong	1197	1506	9958	1996	1188	476	5086
河南	Henan	244	401	2180	1225	702	357	1493
湖北	Hubei	500	516	3355	1631	1186	161	1521
湖南	Hunan	222	306	813	976	505	316	578
广东	Guangdong	1014	1252	4376	5227	3672	436	2585
广西	Guangxi	306	508	1567	529	297	141	416
海南	Hainan	10	19	52	99	58	41	13
重庆	Chongqing	229	288	961	584	304	250	544
四川	Sichuan	700	777	2501	1871	1239	413	1199
贵州	Guizhou	61	82	212	371	286	79	127
云南	Yunnan	109	131	1111	493	272	215	743
西藏	Tibet	1	1	32	4	4	0	9
陕西	Shaanxi	223	307	1094	312	199	75	370
甘肃	Gansu	165	253	1099	246	165	73	360
青海	Qinghai	14	19	110	148	76	72	89
宁夏	Ningxia	124	175	1073	883	653	218	724
新疆	Xinjiang	79	103	382	290	133	144	208
国家机关	Government Agencies	0	1	1	0	0	0	0
中直机关	Agencies Directly Under CCCPC	0	0	0	0	0	0	0

3.43 各地区基层以上工会法律援助服务工作情况(2010 年)
Status of Legal Aid Work of Trade Unions above Grass-root Level by Region(2010)

地区	Region	建有工会法律援助服务机构的基层以上工会数(个) Number of Trade Unions above Grass-root Level with Legal Aid Organizations (unit)	工会法律援助服务机构工作人员数(人) Number of Workers in the Legal Aid Organizations of Trade Unions (person)	取得律师资格的工会干部数 Number of Trade Union Cadres with Lawyer Qualification	工会法律援助志愿者(人) Number of Volunteers for Trade Unions' Legal Aid (person)
全国总计	**National Total**	**7634**	**23071**	**2316**	**28681**
北京	Beijing	99	441	60	447
天津	Tianjin	89	232	30	672
河北	Hebei	621	2536	166	3370
山西	Shanxi	134	393	46	456
内蒙古	Inner Mongolia	78	198	28	85
辽宁	Liaoning	404	1240	151	1832
吉林	Jilin	129	776	24	1226
黑龙江	Heilongjiang	178	481	47	1617
上海	Shanghai	368	1198	133	1304
江苏	Jiangsu	995	3132	215	3687
浙江	Zhejiang	389	1142	134	2363
安徽	Anhui	140	391	49	873
福建	Fujian	165	395	64	591
江西	Jiangxi	110	341	45	1139
山东	Shandong	658	1629	194	1275
河南	Henan	247	892	148	1268
湖北	Hubei	340	1058	182	705
湖南	Hunan	244	523	67	487
广东	Guangdong	368	1028	108	994
广西	Guangxi	176	402	45	147
海南	Hainan	18	34	3	23
重庆	Chongqing	297	913	93	498
四川	Sichuan	681	1787	134	1957
贵州	Guizhou	89	257	28	99
云南	Yunnan	98	239	16	498
西藏	Tibet	2	8		20
陕西	Shaanxi	147	473	30	349
甘肃	Gansu	151	296	20	212
青海	Qinghai	25	62	3	5
宁夏	Ningxia	101	333	24	371
新疆	Xinjiang	93	241	29	111

3.43 续表 Continued

地区	Region	本年度工会法律援助服务机构受理案件数(件) Number of Cases Accepted by Legal Aid Organizations of Trade Unions (case)	劳动争议 Number of Cases Concerning Labor Dispute	侵犯职工人身权利 Number of Cases Concerning Infringement of Right of the Person	侵犯工会经费财产权 Number of Cases Concerning Infringement of the Right of Property on Trade Union Funds	其他 Number of Cases Concerning Others	本年度工会法律援助服务机构处理案件数(件) Number of Cases Treated by Legal Aid Organizations of Trade Unions (case)
全国总计	**National Total**	**62233**	**40627**	**4764**	**736**	**16106**	**37273**
北京	Beijing	2959	2894	2	0	63	1559
天津	Tianjin	8208	3084	61	0	5063	3166
河北	Hebei	1386	831	125	37	393	679
山西	Shanxi	529	348	112	3	66	297
内蒙古	Inner Mongolia	305	233	10	1	61	237
辽宁	Liaoning	2806	1689	412	14	691	1453
吉林	Jilin	418	288	60	1	69	228
黑龙江	Heilongjiang	745	588	77	5	75	405
上海	Shanghai	3427	2130	94	7	1196	1958
江苏	Jiangsu	3439	2598	171	69	601	1792
浙江	Zhejiang	10835	9064	290	4	1477	7896
安徽	Anhui	1064	774	138	6	146	774
福建	Fujian	1835	1563	49	8	215	971
江西	Jiangxi	554	350	127	14	63	409
山东	Shandong	7129	3508	1530	66	2025	4637
河南	Henan	1284	776	233	58	217	869
湖北	Hubei	1815	1256	259	33	267	1075
湖南	Hunan	738	386	138	75	139	517
广东	Guangdong	1499	1207	64	13	215	604
广西	Guangxi	755	615	41	7	92	362
海南	Hainan	32	23	1	0	8	21
重庆	Chongqing	2619	1739	66	13	801	2158
四川	Sichuan	3288	1856	421	258	753	2286
贵州	Guizhou	701	558	62	30	51	146
云南	Yunnan	447	236	41	1	169	402
西藏	Tibet						
陕西	Shaanxi	872	472	34	1	365	251
甘肃	Gansu	397	243	44	4	106	309
青海	Qinghai	177	157	5	2	13	157
宁夏	Ningxia	966	510	58	5	393	753
新疆	Xinjiang	1004	651	39	1	313	902

3.44 各地区基层以上工会参与制定地方法规情况(2010 年)
Status of Participation in Local Statutes Formation of Trade Unions above Grass-root Level by Region(2010)

单位:件 (case)

地区	Region	基层以上工会参与制定的地方法规 Number of Local Statutes Participated in by Trade Unions above Grass-root Level	涉及职工权益的法规 Number of Local Statutes Related to the Right of Staff and Workers	涉及工会权益的法规 Number of Local Statutes Related to the Right of Trade Unions
全国总计	**National Total**	**145**	**86**	**24**
北京	Beijing	5	2	3
天津	Tianjin	1	1	0
河北	Hebei	2	1	0
山西	Shanxi	3	2	0
内蒙古	Inner Mongolia	0	0	0
辽宁	Liaoning	3	2	0
吉林	Jilin	5	0	0
黑龙江	Heilongjiang	6	1	0
上海	Shanghai	2	1	1
江苏	Jiangsu	2	1	1
浙江	Zhejiang	28	9	3
安徽	Anhui	5	2	1
福建	Fujian	6	3	2
江西	Jiangxi	8	7	1
山东	Shandong	3	3	0
河南	Henan	5	4	1
湖北	Hubei	1	0	1
湖南	Hunan	0	0	0
广东	Guangdong	7	5	1
广西	Guangxi	0	0	0
海南	Hainan	3	3	0
重庆	Chongqing	0	0	0
四川	Sichuan	25	19	4
贵州	Guizhou	0	0	0
云南	Yunnan	7	5	2
西藏	Tibet			
陕西	Shaanxi	3	2	1
甘肃	Gansu	1	1	0
青海	Qinghai	5	4	1
宁夏	Ningxia	2	1	1
新疆	Xinjiang	7	7	0

3.45 各地区基层工会开展合理化建议、劳动竞赛活动情况(2010年)
Status of Grass-root Trade Unions Conducting Rationalization Proposal, Labor Contest and Technical Drill and Competition Activities by Region(2010)

地　区	Region	本年度职工提出合理化建议件数(件) Number of Rationalization Proposals This Year (case)	本年度已实施的合理化建议件数(件) Number of Rationalization Proposals in Practice (case)	本年度参加劳动竞赛的职工(人次) Number of Staff and Workers Participating in Labor Contest (person-time)
全国总计	**National Total**	**8640378**	**4123883**	**59801950**
北　京	Beijing	420911	250053	1939014
天　津	Tianjin	474253	201907	3228403
河　北	Hebei	674586	245506	4323926
山　西	Shanxi	332618	168406	1669377
内蒙古	Inner Mongolia	52776	23342	932064
辽　宁	Liaoning	526389	172887	2205067
吉　林	Jilin	197025	111310	695396
黑龙江	Heilongjiang	113350	48855	1504505
上　海	Shanghai	956557	662224	2228069
江　苏	Jiangsu	538021	225753	4202361
浙　江	Zhejiang	341449	135608	3684768
安　徽	Anhui	163737	49811	1359691
福　建	Fujian	175576	79867	1064792
江　西	Jiangxi	61882	22075	762552
山　东	Shandong	1243937	648747	6841196
河　南	Henan	226686	118328	2751457
湖　北	Hubei	258770	137805	2346372
湖　南	Hunan	176623	75989	1167747
广　东	Guangdong	374810	131163	2433477
广　西	Guangxi	93880	30874	1211432
海　南	Hainan	15908	6294	199613
重　庆	Chongqing	458377	293623	1654635
四　川	Sichuan	349653	123795	2591414
贵　州	Guizhou	50322	22805	680451
云　南	Yunnan	56730	26578	1062983
西　藏	Tibet	64	64	5124
陕　西	Shaanxi	165484	54410	1995473
甘　肃	Gansu	73189	27487	790358
青　海	Qinghai	6167	2702	284837
宁　夏	Ningxia	25064	10795	390778
新　疆	Xinjiang	34478	14573	3588329
国家机关	Government Agencies	885	247	5430
中直机关	Agencies Directly Under CCCPC	221	0	859

3.46 按登记注册类型和行业分基层工会开展合理化建议活动情况(2010 年)

Status of Rationalization Proposal Activities of Grass-root Trade Unions by Registration and Sector (2010)

项　目	Item	本年度职工提出合理化建议件数(件) Number of Rationalization Proposals This Year (case)	本年度已实施的合理化建议件数(件) Number of Rationalization Proposals in Practice (case)	本年度参加劳动竞赛的职工(人次) Number of Staff and Workers Participating in Labor Contest (person-time)
全国总计	**National Total**	**8640378**	**4123883**	**59801950**
一、按注册登记类型分	**Grouped by Status of Registration**			
国有企业	State-owned Enterprises			
集体企业	Collective-owned Enterprises	7984747	3851368	52411849
股份合作制企业	Share-holding Enterprises	2485794	1097344	18273831
联营企业	Joint-owned Enterprises	133580	66506	1434414
有限责任公司	Limited Liability Corporations	267899	144571	1647004
国有独资企业	Enterprises with 100% State-owned Fund	8482	3716	157336
其他有限责任公司	Other Limited-Liability Corporations	259547	116096	2390313
股份有限公司	Share-holding Corporations Ltd.	776388	384348	4394295
国有控股公司	State-controlling Company	829504	378658	5320417
其他股份有限公司	Other Share-holding Corporations Ltd.	328479	176342	2071734
私营企业	Private Enterprises	977151	357196	11287355
其他内资企业	Other Domesic Funded Enterprises	54610	5023	251072
个体经济单位	Self-employed Business	101540	58864	1085188
港澳台商投资企业	Enterprises with Funds from Hong Kong, Macao and Taiwan	163844	71512	1231618
外商投资企业	Foreign Funded Enterprises	1597929	991192	2867272
事业单位	Institutions	655567	272451	7384977
二、按行业分	**Grouped by Sector**			
农、林、牧、渔业	Farming, Forestry, Animal Husbandry and Fishing	163665	66445	4692962
采矿业	Mining	533292	216738	4812840
制造业	Manufacturing	5163788	2816107	20796077
电力燃气及水的生产供应业	Production and Distribution of Electricity	398505	137968	2623304
建筑业	Construction	205445	88494	3740917
交通运输、仓储及邮政业	Transport, Storage and Post	638767	195572	6588210
信息传输、计算机服务和软件业	Information Transmission, Computer Services and Software	128005	33254	1572731
批发和零售业	Wholesle and Retail Trade	231275	94050	2175630
住宿和餐饮业	Hotel and Restaurants	67046	28600	846422
金融业	Financial Intermediation	83126	31865	1563456
房地产业	Real Estate	39148	12297	389296
租赁和商业服务业	Leasing and Business Services	52268	21946	713773
科学研究、技术服务和地质勘查业	Scientific Research, Technical Service and Geologic Prospecting	59194	23098	528704
水利、环境和公共设施管理业	Management of Water Conservancy, Environment and Public Facilities	36610	14692	534712
居民服务和其他服务业	Services to Households and Other Services	157584	49434	1697985
教育	Education	412286	172573	3342340
卫生、社会保障和社会福利业	Health, Social Security and Social Welfare	129888	51899	1755487
文化、体育和娱乐业	Culture, Sports and Entertainment	27311	13029	262151
公共管理和社会组织	Public Management and Social Organization	109978	55083	1159729
国际组织	International Organizations	3133	675	100

3.47 各地区基层单位技术革新、技术发明工作情况(2010年)
Status of the Technical Renovation and Invention in Grass-root Trade Unions by Region(2010)

地区	Region	本年度技术革新项目(项) Number of Technical Renovations This Year (item)	本年度职工发明创造项目(项) Number of Technical Inventions This Year (item)	荣获国家专利项目 Number of Technical Inventions Patented	本年度总结推广先进操作法项目(项) Number of Advanced Operational Approaches Summarized and Popularized This Year (item)
全国总计	**National Total**	**545219**	**192747**	**59033**	**142211**
北京	Beijing	22686	3404	2401	2091
天津	Tianjin	24281	3679	1077	15357
河北	Hebei	15500	3654	967	3653
山西	Shanxi	13258	2040	574	981
内蒙古	Inner Mongolia	2767	25408	355	322
辽宁	Liaoning	45411	3454	2276	2645
吉林	Jilin	15539	646	342	481
黑龙江	Heilongjiang	12447	2125	518	1648
上海	Shanghai	9410	3859	5370	2188
江苏	Jiangsu	27480	4539	4773	4052
浙江	Zhejiang	12523	4348	10583	8247
安徽	Anhui	29556	2655	653	2417
福建	Fujian	41484	1715	943	25433
江西	Jiangxi	4695	391	317	541
山东	Shandong	77236	38684	4816	37905
河南	Henan	13405	3998	1525	3399
湖北	Hubei	24349	4704	2211	3713
湖南	Hunan	36328	5939	8167	6278
广东	Guangdong	21265	60298	2369	4763
广西	Guangxi	4233	1223	1055	714
海南	Hainan	172	11	9	256
重庆	Chongqing	42445	3430	547	2274
四川	Sichuan	19803	2931	2971	3790
贵州	Guizhou	4963	871	709	3094
云南	Yunnan	4250	923	432	1609
西藏	Tibet	16	3	2	10
陕西	Shaanxi	8108	1397	1561	1229
甘肃	Gansu	3014	4860	244	794
青海	Qinghai	627	99	38	216
宁夏	Ningxia	4376	380	91	549
新疆	Xinjiang	3470	896	490	1454
国家机关	Government Agencies	122	183	647	108
中直机关	Agencies Directly Under CCCPC	0	0	0	0

3.48 各地区基层以上工会经济技术创新工作情况(2010 年)
Status of Economic and Technical Innovation Work of Trade Unions above Grass-root Level by Region(2010)

地区	Region	本年度工会组织的技术培训班(次) Number of Technical Trainings organized by trade unions (time)	本年度参加技术培训班的职工(人次) Number of Staff and Workers Receiving Technical Trainings (person-time)	本年度参加工会组织技能比赛的职工(人次) Number of Staff and Workers Participating in Technical Competition Organized by Trade Unions (person-time)	通过技能比赛晋升技术等级的职工 Number of Staff and Workers Upgrading their Technical Level by Technical Competition
全国总计	**National Total**	**75938**	**7504100**	**17051737**	**637829**
北京	Beijing	8016	726672	293101	7773
天津	Tianjin	4015	224770	287907	40632
河北	Hebei	6678	831903	672048	21531
山西	Shanxi	427	51890	333178	17014
内蒙古	Inner Mongolia	292	44761	416595	1762
辽宁	Liaoning	3546	336228	585001	16615
吉林	Jilin	512	29569	97807	5214
黑龙江	Heilongjiang	1195	79442	416847	8517
上海	Shanghai	2779	254011	652493	8308
江苏	Jiangsu	6725	807178	1644337	72846
浙江	Zhejiang	3231	272968	316843	23915
安徽	Anhui	792	56817	124630	4586
福建	Fujian	1649	278826	99216	8200
江西	Jiangxi	1041	44145	2088089	2863
山东	Shandong	4706	1229173	2423251	83360
河南	Henan	1969	307450	1845180	148886
湖北	Hubei	2905	210154	631639	8134
湖南	Hunan	1614	117885	272989	24853
广东	Guangdong	5386	295492	602654	15244
广西	Guangxi	1381	91735	126876	2128
海南	Hainan	118	12540	11490	230
重庆	Chongqing	3753	109091	533324	24578
四川	Sichuan	6637	604181	856647	22255
贵州	Guizhou	895	37405	59958	804
云南	Yunnan	669	42025	144059	3289
西藏	Tibet	7	275	7717	1989
陕西	Shaanxi	1898	137986	253547	12876
甘肃	Gansu	1090	93492	622810	30964
青海	Qinghai	63	7331	238970	2297
宁夏	Ningxia	853	68168	291542	12580
新疆	Xinjiang	1095	100499	100992	3586
国家机关	Government Agencies	0	0	0	0
中直机关	Agencies Directly Under CCCPC	1	38	0	0

3.49 各地区工会技协组织工作情况(2010 年) Status of Technical Cooperation Organization Work of Trade Unions by Region(2010)

地　　区	Region	基层工会建立职工技协组织(个) Number of Units with Technical Cooperation Organizations (unit)	基层工会职工技协会员(人) Number of Members of Technical Cooperation Organizations (person)	基层以上工会建立职工技协组织(个) Number of Units with Technical Cooperation Orgnizations (unit)	开展技术交易活动 Number of Technical Trading activities
全国总计	**National Total**	**39555**	**2231967**	**3500**	**1369**
北　　京	Beijing	758	77567	84	15
天　　津	Tianjin	396	42700	48	10
河　　北	Hebei	2937	108834	353	122
山　　西	Shanxi	429	62578	75	50
内 蒙 古	Inner Mongolia	1166	75631	26	6
辽　　宁	Liaoning	1443	106127	193	91
吉　　林	Jilin	318	42072	44	24
黑 龙 江	Heilongjiang	1275	129153	115	55
上　　海	Shanghai	831	79970	160	40
江　　苏	Jiangsu	3669	127443	324	145
浙　　江	Zhejiang	1997	94041	175	58
安　　徽	Anhui	530	38458	66	20
福　　建	Fujian	3087	65825	64	25
江　　西	Jiangxi	671	14962	40	22
山　　东	Shandong	8734	385768	405	202
河　　南	Henan	1732	97407	117	44
湖　　北	Hubei	2159	112001	151	37
湖　　南	Hunan	963	66285	160	68
广　　东	Guangdong	1244	81293	182	60
广　　西	Guangxi	704	54789	94	27
海　　南	Hainan	59	4823	5	1
重　　庆	Chongqing	825	43410	69	32
四　　川	Sichuan	1512	89351	193	124
贵　　州	Guizhou	159	18664	20	3
云　　南	Yunnan	399	42838	84	10
西　　藏	Tibet	4	65	15	2
陕　　西	Shaanxi	326	46698	93	36
甘　　肃	Gansu	646	53908	66	16
青　　海	Qinghai	116	5925	23	7
宁　　夏	Ningxia	151	7311	17	8
新　　疆	Xinjiang	309	55858	39	9
国家机关	Government Agencies	6	212	0	0
中直机关	Agencies Directly Under CCCPC	0	0	0	0

3.49 续表
Continued

地 区	Region	本年度通过技协中介服务机构成交的合同项目 Number of Conclusions through Intermediary Service Organizations	
		项目(项) Items (item)	总价值(元) Value (yuan)
全国总计	**National Total**	**14455**	**1208519874**
北 京	Beijing	422	50055000
天 津	Tianjin	527	36940000
河 北	Hebei	352	52787460
山 西	Shanxi	21	469640
内蒙古	Inner Mongolia	10	550000
辽 宁	Liaoning	309	17309075
吉 林	Jilin	47	1104114
黑龙江	Heilongjiang	114	29808190
上 海	Shanghai	646	31526868
江 苏	Jiangsu	2049	253292400
浙 江	Zhejiang	2919	29500697
安 徽	Anhui	486	18270022
福 建	Fujian	144	63199673
江 西	Jiangxi	123	575423
山 东	Shandong	1365	99131390
河 南	Henan	738	78095246
湖 北	Hubei	81	22576600
湖 南	Hunan	87	5460250
广 东	Guangdong	1168	36030923
广 西	Guangxi	80	5829000
海 南	Hainan	0	0
重 庆	Chongqing	56	18776000
四 川	Sichuan	926	212721227
贵 州	Guizhou	96	980380
云 南	Yunnan	1171	17161839
西 藏	Tibet		
陕 西	Shaanxi	449	106064952
甘 肃	Gansu	31	16883505
青 海	Qinghai	10	1400000
宁 夏	Ningxia	0	0
新 疆	Xinjiang	28	2020000

3.50 各地区基层工会职工文化体育设施情况(2010 年)
Status of Cultural and Gym Facilities for Staff and Workers of Grass-root Trade Unions by Region(2010)

单位:个 (unit)

地区	Region	工会直属文化宫、俱乐部数 Number of Cultural Palaces and Club Houses Affiliated to Trade Unions	工会直属图书馆数(藏书1万册以上) Number of Libraries Affiliated to Trade Unions	工会直属体育场、体育馆数 Number of Gyms and Stadiums Affiliated to Trade Unions
全国总计	**National Total**	**37619**	**26719**	**25685**
北京	Beijing	669	412	342
天津	Tianjin	812	598	306
河北	Hebei	1649	1015	790
山西	Shanxi	1030	614	576
内蒙古	Inner Mongolia	314	205	166
辽宁	Liaoning	1151	855	905
吉林	Jilin	301	294	382
黑龙江	Heilongjiang	599	551	599
上海	Shanghai	436	192	225
江苏	Jiangsu	2719	1756	2183
浙江	Zhejiang	3917	1404	2059
安徽	Anhui	425	293	443
福建	Fujian	786	671	638
江西	Jiangxi	1781	978	930
山东	Shandong	3423	2777	3165
河南	Henan	2468	1669	1732
湖北	Hubei	1394	1065	1209
湖南	Hunan	1870	2297	1205
广东	Guangdong	3606	3901	2266
广西	Guangxi	1609	962	406
海南	Hainan	222	97	89
重庆	Chongqing	1067	851	925
四川	Sichuan	1928	835	1261
贵州	Guizhou	281	211	165
云南	Yunnan	1008	772	465
西藏	Tibet	26	5	4
陕西	Shaanxi	697	454	1186
甘肃	Gansu	537	408	380
青海	Qinghai	103	79	78
宁夏	Ningxia	264	153	90
新疆	Xinjiang	479	324	489
国家机关	Government Agencies	48	21	18
中直机关	Agencies Directly Under CCCPC	0	0	8

3.51 各地区基层以上工会职工文化体育设施及教育机构情况(2010年)
Status of Cultural and Gym Facilities for Staff and Workers of Trade Unions above grass-root Level by Region(2010)

单位:个 (unit)

地区	Region	工会直属文化宫、俱乐部数 Number of Cultural Palaces and Club Houses Affiliated to Trade Unions	工会直属图书馆数(藏书1万册以上) Number of Libraries Affiliated to Trade Unions	工会直属体育场、体育馆数 Number of Gyms and Stadiums Affiliated to Trade Unions	工会独立兴办的职工教育机构 Number of Workers' Educational Institutions founded by trade union independently	职工高等学校 Number of Workers' colleges	职工中等学校 Number of Workers' secondary School
全国总计	**National Total**	**4465**	**3596**	**3607**	**897**	**102**	**219**
北京	Beijing	111	89	50	2	1	1
天津	Tianjin	110	54	120	10	3	2
河北	Hebei	131	115	99	18	0	4
山西	Shanxi	123	86	48	39	2	5
内蒙古	Inner Mongolia	34	15	7	4	1	3
辽宁	Liaoning	182	198	231	24	3	6
吉林	Jilin	102	64	95	16	4	11
黑龙江	Heilongjiang	100	130	135	33	7	2
上海	Shanghai	92	109	57	8	1	0
江苏	Jiangsu	348	385	243	85	15	28
浙江	Zhejiang	270	186	122	61	17	26
安徽	Anhui	94	123	70	19	3	3
福建	Fujian	102	106	112	43	2	14
江西	Jiangxi	133	86	88	38	9	24
山东	Shandong	448	453	335	85	5	18
河南	Henan	260	299	262	64	6	19
湖北	Hubei	232	75	188	34	6	3
湖南	Hunan	220	165	381	40	1	4
广东	Guangdong	387	327	502	43	6	20
广西	Guangxi	74	51	48	38	1	3
海南	Hainan	17	7	8	2	0	1
重庆	Chongqing	77	78	96	8	2	4
四川	Sichuan	270	146	99	86	2	9
贵州	Guizhou	60	10	6	2	0	0
云南	Yunnan	116	64	38	47	1	1
西藏	Tibet	19	2	1	2		
陕西	Shaanxi	127	34	41	10	3	0
甘肃	Gansu	97	54	62	10	0	7
青海	Qinghai	17	26	2	0	0	0
宁夏	Ningxia	30	7	29	24	0	1
新疆	Xinjiang	73	43	27	2	1	0
国家机关	Government Agencies	9	7	5	0	0	0
中直机关	Agencies Directly Under CCCPC	0	2	0	0	0	0

3.52 各地区各级工会女职工组织情况(2010年)
Status of Female Staff and Workers Organizations of Trade Unions at Each Level by Region (2010)

地区	Region	基层工会 Grass-root Trade Unions			基层以上工会 Trade Unions Above Grass-root Level		
		女职工组织数(个) Number of Female Staff and Workers Organizations (unit)	专职女职工工作人员(人) Number of Full-time Cadres of Female Staff and Workers Work (person)	兼职女职工工作人员(人) Number of Part-time Cadres of Female Staff and Workers Work (person)	女职工组织数(个) Number of Female Staff and Workers Organizations (unit)	专职女职工工作干部(人) Number of Full-time Cadres of Female Staff and Workers Work (person)	兼职女职工工作干部(人) Number of Part-time Cadres of Female Staff and Workers Work (person)
全国总计	**National Total**	**1530827**	**169442**	**2007893**	**58235**	**18619**	**102243**
		0					
北京	Beijing	10865	1797	22063	705	332	2286
天津	Tianjin	24032	1465	31217	404	186	715
河北	Hebei	88299	17313	110213	3556	1965	7818
山西	Shanxi	39234	6040	50294	1238	393	2343
内蒙古	Inner Mongolia	27385	2634	35735	139	160	123
		0					
辽宁	Liaoning	33356	4368	54338	2141	1009	3185
吉林	Jilin	13141	2782	19214	903	393	1459
黑龙江	Heilongjiang	39182	4842	47805	1487	651	1929
		0					
上海	Shanghai	50483	2009	68420	5645	710	10319
江苏	Jiangsu	85842	3696	142825	7018	909	10946
浙江	Zhejiang	90967	1311	129563	2695	448	5004
安徽	Anhui	36404	2996	45011	1435	388	1683
福建	Fujian	80873	731	114198	2099	456	3701
江西	Jiangxi	51891	18044	45615	1016	604	1333
山东	Shandong	144217	30342	165584	4929	2483	6590
		0					
河南	Henan	95418	19070	101027	1949	1021	3169
湖北	Hubei	73518	11506	77564	3077	1445	4074
湖南	Hunan	66625	10085	74246	3335	1142	6312
广东	Guangdong	161909	8063	210100	4127	1184	10169
广西	Guangxi	50204	1936	65555	1498	317	2557
海南	Hainan	7393	281	9993	247	89	376
		0					
重庆	Chongqing	19285	2536	28881	987	240	1944
四川	Sichuan	67075	2203	92553	2803	524	4800
贵州	Guizhou	40189	4382	56453	178	132	339
云南	Yunnan	22836	1111	41086	225	209	1107
西藏	Tibet	1384	165	730	47	20	202
		0					
陕西	Shaanxi	54529	4551	69974	2386	556	3637
甘肃	Gansu	22188	954	33891	1187	164	1913
青海	Qinghai	8342	338	14644	100	83	186
宁夏	Ningxia	8293	359	13288	326	138	719
新疆	Xinjiang	14904	1427	33458	299	237	1020
		0					
国家机关	Government Agencies	528	83	1786	43	21	204
中直机关	Agencies Directly Under CCCPC	36	22	569	11	10	81

3.53 各地区基层工会经费审查工作情况(2010 年)
Status of Funds Censoring Work of Grass-root Trade Unions by Region(2010)

单位:个 (unit)

地　区	Region	建立了工会经费审查组织的基层工会所在单位 Number of Funds Censoring Organizations of Grass-root Trade Unions	工会经费审查委员会开展了经费年度预、决算审查的基层工会所在单位 Number of Funds Censoring Organizations of Grass-root Trade Unions Conducting Funds Censoring Work This Year
全国总计	**National Total**	**1220806**	**927670**
北　京	Beijing	10972	9637
天　津	Tianjin	14623	13098
河　北	Hebei	102615	84178
山　西	Shanxi	22664	17889
内蒙古	Inner Mongolia	15343	11534
辽　宁	Liaoning	36400	31423
吉　林	Jilin	7195	5316
黑龙江	Heilongjiang	9736	8839
上　海	Shanghai	46387	35320
江　苏	Jiangsu	83607	70657
浙　江	Zhejiang	105173	86024
安　徽	Anhui	20763	10363
福　建	Fujian	78117	36355
江　西	Jiangxi	17618	14189
山　东	Shandong	123361	104282
河　南	Henan	46394	37870
湖　北	Hubei	37625	28915
湖　南	Hunan	50421	40899
广　东	Guangdong	103075	62835
广　西	Guangxi	52074	49186
海　南	Hainan	7009	1756
重　庆	Chongqing	20420	16372
四　川	Sichuan	65210	53119
贵　州	Guizhou	35669	21849
云　南	Yunnan	24240	21031
西　藏	Tibet	59	34
陕　西	Shaanxi	38024	23338
甘　肃	Gansu	18675	11887
青　海	Qinghai	7453	3679
宁　夏	Ningxia	7049	5914
新　疆	Xinjiang	12179	9291
国家机关	Government Agencies	612	547
中直机关	Agencies Directly Under CCCPC	44	44

3.54 各地区基层以上工会经费审查组织情况(2010 年)
Status of Funds Censoring Organizations of Trade Unions above Grass-root Level by Region(2010)

地区	Region	设有资产管理机构的基层以上工会(个) Number of Trade Unions above Grass-root Level with Assets Management Organizations (unit)	设有经费审查委员会的基层以上工会(个) Number of Trade Unions above Grass-root Level with Funds Censoring Committees (unit)	设有经审会办公室的基层以上工会(个) Number of Trade Unions above Grass-root Level with Funds Censoring Offices (unit)	基层以上工会经审会办公室专职工干部人数(人) Number of Full-time Cadres of Funds Censoring Offices of Trade Unions above Grass-root Level (person)	基层以上工会经审会办公室兼职工干部人数(人) Number of Part-time Cadres of Funds Censoring Offices of Trade Unions above Grass-root Level (person)
全国总计	**National Total**	**14178**	**37548**	**18428**	**5298**	**31646**
北京	Beijing	261	652	297	95	658
天津	Tianjin	201	328	198	63	440
河北	Hebei	1365	2787	1865	414	2710
山西	Shanxi	325	705	430	94	791
内蒙古	Inner Mongolia	86	116	85	58	148
辽宁	Liaoning	624	1354	625	304	1178
吉林	Jilin	163	269	141	61	242
黑龙江	Heilongjiang	323	560	265	131	507
上海	Shanghai	442	3600	762	116	1452
江苏	Jiangsu	1417	5250	2501	255	3694
浙江	Zhejiang	710	2227	947	144	1872
安徽	Anhui	275	787	310	103	452
福建	Fujian	228	1455	582	107	1032
江西	Jiangxi	185	397	267	124	451
山东	Shandong	1775	3213	2076	969	2773
河南	Henan	385	831	590	341	1280
湖北	Hubei	698	1502	766	438	1012
湖南	Hunan	896	1775	827	393	1362
广东	Guangdong	672	2445	1183	251	2422
广西	Guangxi	552	1253	868	103	1332
海南	Hainan	38	242	48	20	94
重庆	Chongqing	311	820	458	100	961
四川	Sichuan	986	1680	777	151	1453
贵州	Guizhou	101	176	139	62	312
云南	Yunnan	164	221	191	95	507
西藏	Tibet	12	41	7	10	34
陕西	Shaanxi	398	1269	564	129	944
甘肃	Gansu	301	867	352	44	776
青海	Qinghai	43	97	58	28	140
宁夏	Ningxia	82	271	75	20	156
新疆	Xinjiang	147	292	157	65	415
国家机关	Government Agencies	8	56	11	4	34
中直机关	Agencies Directly Under CCCPC	4	10	6	6	12

3.55 各地区基层以上工会经费审查工作情况(2010 年)
Status of Funds Censoring Work of Trade Unions above Grass-root Level by Region (2010)

单位:个 (unit)

地区	Region	基层以上工会开展了预、决算审查的经费审查委员会 Number of Funds Censoring Committees above Grass-root Level Conducting Censoring Work to Budget and Final Accounting of Trade Unions at the Same Level This Year	基层以上工会开展了预、决算执行情况审计的经费审查委员会 Number of Funds Censoring Committees above Grass-root Level Conducting Censoring Work to Budget and Final Accounting Execution of Trade Unions at the Same Level This Year	基层以上工会开展了对下级工会经费年度收支情况审计的经费审查委员会 Number of Funds Censoring Committees above Grass-root Level Conducting Funds Censoring Work to Trade Unions at the Lower Level This Year	基层以上工会开展了直属单位年度财务收支情况审计的经费审查委员会 Number of Funds Censoring Committees above Grass-root Level Conducting Funds Censoring Work to Their Affiliated InstitutionsThis Year
全国总计	**National Total**	**23719**	**22592**	**16526**	**13559**
北京	Beijing	558	548	362	298
天津	Tianjin	266	260	181	160
河北	Hebei	2090	1877	1454	1128
山西	Shanxi	361	340	174	138
内蒙古	Inner Mongolia	105	103	64	48
辽宁	Liaoning	1024	984	629	481
吉林	Jilin	171	168	153	118
黑龙江	Heilongjiang	440	428	299	265
上海	Shanghai	1765	1726	1153	1019
江苏	Jiangsu	2924	2719	2043	1589
浙江	Zhejiang	1561	1470	1207	965
安徽	Anhui	357	315	232	202
福建	Fujian	733	678	397	300
江西	Jiangxi	297	288	210	178
山东	Shandong	2357	2245	1824	1587
河南	Henan	590	572	439	397
湖北	Hubei	921	930	788	660
湖南	Hunan	1141	1095	741	666
广东	Guangdong	1319	1255	812	641
广西	Guangxi	886	863	659	595
海南	Hainan	57	54	29	24
重庆	Chongqing	557	555	448	413
四川	Sichuan	1286	1282	907	719
贵州	Guizhou	157	154	126	78
云南	Yunnan	207	209	194	153
西藏	Tibet	12	12	6	7
陕西	Shaanxi	585	552	334	234
甘肃	Gansu	458	392	237	179
青海	Qinghai	72	70	69	42
宁夏	Ningxia	170	165	151	111
新疆	Xinjiang	232	225	168	133
国家机关	Government Agencies	50	48	26	22
中直机关	Agencies Directly Under CCCPC	10	10	10	9

3.56 各地区基层以上工会国际工作情况(2010 年)
Status of International Work of Trade Unions above Grass-root Level by Region(2010)

地　区	Region	本年度应邀来访的国际交往代表团数(个) Number of International Exchange Delegations Invited to China (unit)	本年度应邀来访的国际交往代表团人数(人) Number of Delegates in International Exchange Delegations Invited to China (person)	本年度应邀出访的国际交往代表团数(个) Number of International Exchange Delegations Invited to Other Countries (unit)	本年度应邀出访的国际交往代表团人数(人) Number of Delegates in International Exchange Delegations Invited to Other Countries (person)
全国总计	**National Total**	**278**	**3621**	**172**	**1378**
北　京	Beijing	18	193	13	126
天　津	Tianjin	5	65	3	13
河　北	Hebei	19	332	3	32
山　西	Shanxi	0	0	0	0
内蒙古	Inner Mongolia	0	0	0	0
辽　宁	Liaoning	16	163	11	59
吉　林	Jilin	4	26	7	62
黑龙江	Heilongjiang	8	38	6	98
上　海	Shanghai	52	706	6	31
江　苏	Jiangsu	26	373	16	116
浙　江	Zhejiang	11	98	7	40
安　徽	Anhui	2	37	1	6
福　建	Fujian	7	52	8	43
江　西	Jiangxi	0	0	6	16
山　东	Shandong	12	113	5	226
河　南	Henan	0	0	0	0
湖　北	Hubei	20	590	10	39
湖　南	Hunan	26	165	24	142
广　东	Guangdong	10	103	8	49
广　西	Guangxi	8	61	7	51
海　南	Hainan	4	51	9	49
重　庆	Chongqing	4	159	4	19
四　川	Sichuan	8	124	4	59
贵　州	Guizhou	0	0	0	0
云　南	Yunnan	6	70	6	36
西　藏	Tibet				
陕　西	Shaanxi	7	74	5	55
甘　肃	Gansu	2	14	1	4
青　海	Qinghai	0	0	0	0
宁　夏	Ningxia	0	0	0	0
新　疆	Xinjiang	3	14	2	7
国家机关	Government Agencies	0	0	0	0
中直机关	Agencies Directly Under CCCPC	0	0	0	0

3.57 各地区基层以上工会对外经济技术交流工作情况(2010 年)
Status of Foreign Economic and Technological Exchange Work of Trade Unions above Grass-root Level by Region(2010)

地区	Region	本年度应邀来访的业务考察代表团数(个) Number of Business Delegations Invited to China (unit)	本年度应邀来访的业务考察代表团人数(人) Number of Delegates in Business Delegations Invited to China (person)	本年度应邀出访的业务考察代表团数(个) Number of Business Delegations Invited to Other Countries (unit)	本年度应邀出访的业务考察代表团人数(人) Number of Delegates in Business Delegations Invited to Other Countries (person)
全国总计	**National Total**	**1295**	**18271**	**687**	**6965**
北京	Beijing	28	262	18	137
天津	Tianjin	21	357	10	122
河北	Hebei	35	1402	20	449
山西	Shanxi	41	514	19	345
内蒙古	Inner Mongolia	0	0	0	0
辽宁	Liaoning	131	2311	63	321
吉林	Jilin	1	3	3	16
黑龙江	Heilongjiang	26	527	6	145
上海	Shanghai	0	0	0	0
江苏	Jiangsu	108	1258	33	452
浙江	Zhejiang	99	1362	22	282
安徽	Anhui	9	238	4	54
福建	Fujian	35	1149	13	83
江西	Jiangxi	4	85	4	67
山东	Shandong	120	1957	59	776
河南	Henan	6	24	5	29
湖北	Hubei	65	1013	33	266
湖南	Hunan	173	904	62	500
广东	Guangdong	31	450	16	154
广西	Guangxi	25	682	26	460
海南	Hainan	9	201	12	415
重庆	Chongqing	194	1579	189	1041
四川	Sichuan	43	699	25	275
贵州	Guizhou	4	38	0	0
云南	Yunnan	23	424	8	93
西藏	Tibet				
陕西	Shaanxi	19	172	11	63
甘肃	Gansu	29	442	16	234
青海	Qinghai	0	0	0	0
宁夏	Ningxia	4	92	7	133
新疆	Xinjiang	12	126	3	53
国家机关	Government Agencies	0	0	0	0
中直机关	Agencies Directly Under CCCPC	0	0	0	0

主要统计指标解释

基层工会　包括单独基层工会和联合基层工会。

单独基层工会　指单个最低一级独立法人单位,经上级工会批准建立的基层工会委员会。会员人数不足 25 人的独立法人单位,虽未建立基层工会委员会,但经上级工会批准建立的工会组织,按单独基层工会统计。

联合基层工会　指由两个及以上独立法人单位,经上级工会批准联合建立的基层工会委员会。

涵盖的独立法人单位　指联合基层工会涵盖的所有最低一级企事业、机关、团体等独立法人单位。

基层以上工会组织　指具有工会领导机关职能的各级工会组织,包括各级地方工会和产业工会。

经济性裁员　指用人单位濒临破产进入法定调整期间或因生产经营发生困难等原因而裁减的人员。

拖欠职工工资　指在岗职工在国家法定工作时间提供正常劳动的前提下,用人单位未按规定按时发放职工工资达 1 个月以上并在报告期内仍未补发的情况。拖欠金额的统计以劳动合同规定的职工基本工资和国家规定的补贴金额为标准统计;实行计件工资的单位,指应发而未发的计件工资额。

职工互助活动　指工会组织职工,遵循职工自愿参加、权利义务相结合、不以营利为目的的原则,通过职工个人缴纳互助费或政府、企业、工会以及社会多方资助等方式筹集资金,在职工发生疾病、工伤、意外伤害等特殊困难时,给予一定经济资助的互助互济活动。

平等协商、集体合同制度　指由用人单位与相应的工会组织或职工推举的代表,就劳动标准、劳动条件及其它与劳动关系相关的问题,进行协商签订书面协议,并形成制度。

工资集体协商制度　指企业与工会或职工推举的代表依法就企业内部工资分配制度、工资分配形式、工资收入水平、工资支付办法等事项进行平等协商,在协商一致的基础上签订工资协议,并形成制度。工资协议可以是工资专项集体合同,也可以作为集体合同附件,与集体合同具有同等效力。

职工(代表)大会制度　是企事业单位实行民主管理的基本形式,是职工行使民主管理权力的机构,接受企事业党组织的思想政治领导,职工(代表)大会制度是国家法定的基层民主制度,工会是职工(代表)大会的工作机构。

民主评议企事业的领导干部　指企事业的领导班子成员,主要是企事业的厂长(经理)、副厂长(副经理)、党委书记、副书记、董事长、副董事长和工会主席。

"三同时"　指一切生产性基本建设工程项目、技术改造项目和引进项目的劳动安全卫生设施必须与主体工程同时设计,同时施工,同时投产。工会依法参加"三同时"项目的初步设计审查和竣工验收。

集体劳动争议　指所发生的劳动争议的职工一方,人数在 3 人以上并具有共同的理由的劳动争议。

合理化建议　指有关改进和完善企事业单位生产技术和经营管理方面的办法和措施。合理化建议必须具有进步性、可行性和效益性,只提出问题的现象或仅提建议、设想的名称而无解决问题的具体办法,属于一般性意见,不作为合理化建议。

职工技协组织　指按《中国职工技术协会章程》建立的各级职工技术协会。包括未改名的各级职工技术协作委员会。

工会职业介绍机构　指各级工会组织在政府有关部门的支持和规范下,利用自身优势,为劳动力供求双方沟通联系、提供劳动力供求信息,为城市求职者特别是下岗失业进行就业指导、咨询等就业服务的一种劳务中介机构。

送温暖工程　是指包括(1)开展职工扶贫解困工作;(2)开展职工互助互济活动;(3)协助政府广开门路,为失业职工再就业创造条件;(4)关心离退休职工的生活;(5)配合政府帮助困难企业扭亏增盈;(6)兴办群众性、公益性、互助性基金组织等为困难职工送温暖活动的总称。

工会法律援助服务机构　指在基层以上工会中为职工提供法律援助服务的机构。包括律师事务所、法律服务中心、法律咨询室、职工法律事务所等。

区域性集体合同　指在一定区域范围内,由外商投资企业工会联合会、私营企业工会联合会或开发区(工业区、高科技园区等)工会、乡镇(村)工会、街道工会、联合基层工会与相应的企业组织或所属企业,就企业劳动标准、劳动条件及其它与劳动关系相关的问题,进行平等协商,签订集体合同或集体协议。

行业性集体合同 指在一定区域内,由行业工会或行业性工会联合会与相应的企业组织或所属企业,就企业劳动标准、劳动条件及其它与劳动关系相关的问题,进行平等协商,签订集体合同或集体协议。

三方协调机制 指由劳动行政部门代表、同级工会代表和用人单位代表等三方,建立相关机构,制定程序规则,就涉及劳动关系的重要问题和有关立法、经济与社会政策制定,相互沟通,平等交涉,共商对策,合作共事的工作制度。

工会再就业培训基地 指工会独立兴办的或附设在工会各类文化教育事业单位(如文化宫、俱乐部、职工学校、工会干校或职工技协、技术交流站等),以开展下岗、失业职工再就业培训为主要任务的培训机构。一般再就业培训基地是当地政府授牌,并承担政府下达的培训指标,也有少部门培训基地是由主管工会授牌的。

Explanatory Notes of Main Statistic Indicators

Grass-root Trade Unions include independent grass-root trade unions and joint grass-root trade unions.

Independent Grass-root Trade Unions refer to grass-root committee of trade unions established by one independent juridical person and approved by superior trade unions. The trade union organization (not a grass-root committee of trade union) built by one independent juridical person with less than 25 trade union members and approved by superior trade union is also calculated as independent grass-root trade union.

Joint Grass-root Trade Unions refer to grass-root committee of trade unions established by two or more independent juridical persons and approved by superior trade unions.

Covered Independent Juridical Persons refer to the juridical persons covered by joint grass-root trade unions, including enterprises, institutions, government agencies, etc..

Trade Unions above Grass-root Level refer to trade union organizations at each level with the function of leading body, including regional and industrial trade unions.

Economical Layoff means that units downsize their personnel when they are on the verge of bankruptcy or their operations are in difficulty.

Owing the Wages of Staff and Workers refers to that units haven't allocated wages on time for at least one month and still haven't paid in the reporting period. The calculation of the amount of wages owed is based on the basic wages regulated in labor contracts and the allowances stipulated by the State. In the units allocating their wages by job, the wages owed refer to the amount of owed wages allocating by job.

Staff and Workers Mutual Cooperation is a sort of mutual-aid insurance to make for the shortage of state substantive insurance. It is conducted by trade unions, paid mainly by staff and workers and supplemented additionally by others. The staff and workers can get some aid from this kind of insurance when they and their family encounter risks from birth, ageing, diseases, death, injury, disability, unemployment and accidental injury.

Equal Negotiation and Collective Contract System means that trade union organizations or representatives elected by staff and workers negotiate with units to sign written agreement on labor criterion, labor conditions and other issues related to labor relationship.

System of Collective Negotiation for Wage means that trade unions or representatives elected by staff and workers negotiate with enterprises equally to sign written agreement on the wage distribution system, wage distribution form, wage income level, wage payment method, etc.. The wage agreement can take the form of special collective contract only for wage and also can be the attachments of collective contract. The attachments have the same legal effect as collective contract.

Staff and Workers' Congress System is the basic form of democratic management in enterprises and institutions and the organ for staff and workers to implement their rights on democratic management, which receives the political leadership of the Party organizations of the enterprises and institutions. This system is the grass-root democratic system regulated by State legislation. Trade unions are the standing body of staff and workers' congress.

Democratic Assessment of Leaders and Cadres of Enterprises or Institutions refers to members of the leading group of enterprises or institutions, mainly the factory directors (managers), deputy factory directors (deputy managers), secretaries and vice secretaries of Party Committee, chairmen and vice chairmen of the Board of Directors and trade union chairmen of enterprises or institutions.

"**Three Simultaneous**" refers to that the labor safety and sanitation facilities of all infrastructure projects, technical transformation projects and imported projects must be designed, constructed and put into operation with the main projects at the same time. Trade unions participate in the examination of the preliminary design and after the completion of the project.

Collective Labor Dispute refers to the labor dispute in which three or more staff and workers participate for the same reason.

Rationalization Proposals refer to the approaches and measures for improving and perfecting the production techniques, operation and management of enterprises or institutions. The rationalization proposals must be progressive, practical and beneficial. The ideas that just point out the problems or give the titles of proposals with no specific steps are just general ideas, not rationalization proposal.

Technical Cooperation Organizations refer to the technological associations at each level based on *Statute of Staff and Workers' Technological Associations in China*. It also includes the technical cooperation committees of staff and workers.

Occupation Introduction Organizations of Trade Unions are labor intermediaries, which take advantage of themselves to connect the two sides of labor relationship, provide information about the supply and demand of labor force and offer employment services for urban job seekers, especially for unemployment and laid-off staff and workers. They are established by trade unions at each level, supported and regulated by relative government agencies.

Warmth Delivery Project refers to (1) supporting poor staff and workers, (2) mutual aid between staff and workers, (3) helping government to resolve reemployment problems, (3) concerning the livelihood of the retired and resigned, (5) working with government to help enterprises in difficulties make up deficits, and (6) building massive, public beneficial and mutual-aid funds.

Legal Aid Organizations of Trade Unions refer to the organizations in trade unions above grass-root level offering legal aid for staff and workers, including lawyer's offices, legal service centers, legal counseling office, staff and workers' law firms, etc..

Regional Collective Contract refers to the collective contract or agreement that trade union federations of foreign funded enterprises or trade union federations of private enterprises or trade unions of development zones (industrial zones, hi-tech park) or town and township trade unions or street trade unions or joint grass-root trade unions sign with organizations of enterprises at the corresponding level through equal negotiation in certain regions. This kind of contract focuses on labor criterion, labor conditions and other issues related to labor relationship.

Industrial Collective Contract refers to the collective contract or agreement that industrial trade unions or industrial trade union federations sign with organizations of enterprises at the corresponding level through equal negotiation in certain regions. This kind of contract focuses on labor criterion, labor conditions and other issues related to labor relationship.

Three Parties Coordinating Mechanism refers to the working system of mutual communication, equal negotiation and cooperation established by three parties - labor administrative department, representatives of trade unions at the corresponding level and representatives of units to make procedures and principles and regulations, and advise on issues related to labor relationship and some relative legislation and economic and social policymaking.

Reemployment Training Centers of Trade Unions This kind of centers are built independently by trade unions or affiliated to culture and education institutions established by trade unions (cultural palaces, clubs, schools for staff and workers, schools for trade union cadres, technical associations of staff and workers and technical exchange stations). These centers focus on providing training for unemployed or laid-off staff and workers, which are generally warranted by local governments and undertake the assignment of training. There are also some training centers warranted by trade unions in charge.

四、36个大中城市职工家庭生活状况资料

Chapter 4　MAIN INDICATORS OF STAFF AND WORKERS HOUSEHOLD LIVING CONDITIONS IN 36 BIG AND MEDIUM-SIZED CITIES

简要说明

本部分资料由国家统计局住户调查办公室提供,数据来源于城镇住户调查资料。调查内容主要包括家庭人口及其构成、家庭现金收支、主要商品购买数量及支出金额、劳动就业状况、居住状况和耐用消费品的拥有量等。

城镇住户调查是由国家统计局住户调查办公室组织实施,国家统计局各调查总队及抽中市、县调查队依据国家统计局统一制定的城市住户调查方案收集资料,逐级审核,由国家超级汇总。

Brief Explanation

The materials of this part are provided by the Office of Household Surveys of the NBS and the data is from the sample survey on the urban households. The main contents of the survey include persons in the household and the household composition; cash income and expenditure of the household; quantity of major commodities purchased and expenditure; the employment of household members; the housing condition; and the possession of durable consumer goods.

Urban household survey is organized by the Office of Household Survey of the NBS. The NBS survey offices in the provinces, autonomous regions and municipalities directly under the Central Government as well as the survey offices in selected cities and counties are responsible for collecting data in accordance with the survey scheme stipulated by the NBS and submitting the data to the offices at higher levels.

4.1 居民家庭人口就业情况(2010 年,平均每户)
Employment Status of Households(2010, per household)

单位:人 (person)

城市	City	(一)有收入者人数 Number of People with Income	1. 就业人口数 Number of Employee	(1)国有经济单位职工人数 Number of Staff and Workers in State-owned Units	(2)城镇集体经济单位职工人数 Number of Staff and Workers in Collective-owned Units	(3)其他各种经济类型单位职工 Numbers of Staff and Workers in Units of Other Types of Ownership	(4)城镇个体经营者人员数 Numbers of Individual Laborers
平均水平	**Average Level**	**2.19**	**1.51**	**0.69**	**0.06**	**0.26**	**0.11**
北京	Beijing	2.32	1.62	0.87	0.05	0.33	0.03
天津	Tianjin	2.32	1.52	0.73	0.02	0.30	0.08
石家庄	Shijiazhuang	2.13	1.24	0.60	0.07	0.15	0.11
太原	Taiyuan	1.96	1.13	0.78	0.06	0.02	0.07
呼和浩特	Huhhot	1.94	1.25	0.76	0.02	0.11	0.08
沈阳	Shenyang	2.25	1.53	0.60	0.03	0.27	0.13
大连	Dalian	2.25	1.55	0.55	0.08	0.19	0.10
长春	Changchun	2.24	1.59	0.78	0.04	0.18	0.14
哈尔滨	Harbin	2.07	1.29	0.63	0.08	0.05	0.12
上海	Shanghai	2.35	1.60	0.73	0.04	0.45	0.08
南京	Nanjing	2.17	1.27	0.54	0.06	0.43	0.08
杭州	Hangzhou	2.12	1.25	0.45	0.10	0.38	0.08
宁波	Ningbo	1.92	1.41	0.42	0.10	0.29	0.19
合肥	Hefei	2.11	1.60	0.73	0.07	0.27	0.17
福州	Fuzhou	2.38	1.71	0.78	0.14	0.44	0.10
厦门	Xiamen	2.19	1.69	0.68	0.01	0.67	0.13
南昌	Nanchang	2.19	1.52	1.01	0.04	0.13	0.06
济南	Jinan	2.06	1.71	1.12	0.11	0.12	0.12
青岛	Qingdao	2.25	1.61	0.62	0.21	0.33	0.13
郑州	Zhengzhou	2.16	1.43	0.74	0.05	0.12	0.17
武汉	Wuhan	2.23	1.39	0.66	0.10	0.21	0.10
长沙	Changsha	2.22	1.52	0.47	0.05	0.22	0.25
广州	Guangzhou	2.25	1.76	0.85	0.05	0.27	0.11
深圳	Shenzhen	1.97	1.68	0.41	0.08	0.40	0.24
南宁	Nanning	2.24	1.65	1.04	0.08	0.17	0.07
海口	Haikou	2.01	1.34	0.53	0.02	0.23	0.17
重庆	Chongqing	2.35	1.55	0.69	0.06	0.12	0.11
成都	Chengdu	2.28	1.53	0.45	0.03	0.33	0.09
贵阳	Guiyang	2.15	1.49	0.91	0.03	0.13	0.25
昆明	Kunming	1.98	1.25	0.46	0.09	0.15	0.10
拉萨	Lhasa	1.73	1.70	1.22	0.23	0.08	0.04
西安	Xian	2.14	1.57	1.02	0.02	0.17	0.04
兰州	Lanzhou	1.98	1.27	0.64	0.14	0.06	0.04
西宁	Xining	1.85	1.20	0.47	0.01	0.24	0.12
银川	Yinchuan	1.79	1.25	0.50		0.24	0.22
乌鲁木齐	Urumqi	1.95	1.59	0.83	0.05	0.13	0.12

4.1 续表
Continued

城　市	City	(5)城镇个体被雇人员数 Numbers of Individual Employee	(6)离退休再就业人员数 Number of the Reemployed of Retired People	(7)其他就业人员数 Number of People of Other Employment	2. 离退休人员数 Number of the Retired and Resigned	3. 其他有收入者人数 Number of Other People with Income	(二)无收入者人数 Number of People without Income
平均水平	**Average Level**	**0.22**	**0.06**	**0.10**	**0.63**	**0.05**	**0.68**
北　京	Beijing	0.17	0.13	0.02	0.67	0.03	0.48
天　津	Tianjin	0.12	0.13	0.15	0.76	0.04	0.54
石家庄	Shijiazhuang	0.18	0.02	0.11	0.88	0.01	0.54
太　原	Taiyuan	0.12	0.01	0.07	0.76	0.07	0.70
呼和浩特	Huhhot	0.20	0.03	0.05	0.64	0.06	0.65
沈　阳	Shenyang	0.25	0.07	0.18	0.70	0.02	0.55
大　连	Dalian	0.39	0.07	0.18	0.67	0.03	0.60
长　春	Changchun	0.28	0.05	0.13	0.61	0.05	0.71
哈尔滨	Harbin	0.31	0.02	0.08	0.75	0.04	0.59
上　海	Shanghai	0.10	0.15	0.04	0.66	0.09	0.55
南　京	Nanjing	0.06	0.06	0.05	0.85	0.04	0.50
杭　州	Hangzhou	0.15	0.03	0.05	0.82	0.04	0.58
宁　波	Ningbo	0.34	0.07	0.01	0.46	0.05	0.74
合　肥	Hefei	0.31	0.04	0.01	0.50	0.02	0.73
福　州	Fuzhou	0.13	0.10	0.02	0.62	0.06	0.68
厦　门	Xiamen	0.09	0.05	0.06	0.40	0.10	0.81
南　昌	Nanchang	0.20	0.03	0.04	0.66	0.01	0.58
济　南	Jinan	0.11	0.01	0.12	0.32	0.03	0.79
青　岛	Qingdao	0.21	0.02	0.09	0.61	0.03	0.57
郑　州	Zhengzhou	0.20	0.04	0.11	0.71	0.02	0.75
武　汉	Wuhan	0.23	0.04	0.05	0.78	0.06	0.67
长　沙	Changsha	0.17	0.03	0.33	0.65	0.05	0.70
广　州	Guangzhou	0.33	0.01	0.12	0.49	0.01	0.92
深　圳	Shenzhen	0.44	0.01	0.10	0.21	0.07	1.25
南　宁	Nanning	0.13	0.02	0.15	0.57	0.01	0.78
海　口	Haikou	0.30		0.09	0.56	0.11	1.12
重　庆	Chongqing	0.39	0.07	0.11	0.76	0.04	0.56
成　都	Chengdu	0.22	0.07	0.35	0.71	0.03	0.52
贵　阳	Guiyang	0.16	0.01		0.56	0.09	0.84
昆　明	Kunming	0.20	0.01	0.24	0.64	0.08	0.87
拉　萨	Lhasa	0.03	0.02	0.09	0.03		1.57
西　安	Xian	0.22	0.06	0.03	0.50	0.07	0.72
兰　州	Lanzhou	0.27	0.01	0.11	0.62	0.09	0.62
西　宁	Xining	0.28	0.02	0.07	0.58	0.07	1.09
银　川	Yinchuan	0.26	0.02	0.01	0.47	0.08	0.93
乌鲁木齐	Urumqi	0.42	0.02	0.03	0.34	0.02	0.84

4.2 居民家庭现金收入(2010 年,年人均)
Household Cash Income (2010, per person per year)

单位:元 (yuan)

城市	City	一、期初手存现金 Initial Cash Deposit	二、家庭总收入 Total Household Income	其中:可支配收入 Disposable Income	(一)工薪收入 Income of Wages and Salaries	1.工资及补贴收入 Wages and Subsidies Income	2.其他劳动收入 Income of Other Laborers
平均水平	**Average Level**	**1212.29**	**26855.47**	**24014.61**	**17697.51**	**17417.75**	**279.76**
北京	Beijing	821.68	35255.56	30664.89	24550.12	24159.76	390.36
天津	Tianjin	1114.95	26942.00	24292.60	16780.41	16686.50	93.91
石家庄	Shijiazhuang	1691.87	19605.18	18289.95	10306.78	10289.56	17.22
太原	Taiyuan	1250.63	18712.09	17257.67	10302.50	9871.43	431.08
呼和浩特	Huhhot	644.69	26407.11	24630.17	14894.08	13650.05	1244.04
沈阳	Shenyang	2949.64	23960.48	20541.23	14339.48	14259.83	79.65
大连	Dalian	1265.55	25222.88	21292.56	15820.25	15698.53	121.72
长春	Changchun	645.01	19709.91	17921.86	12819.19	12354.45	464.73
哈尔滨	Harbin	672.10	19297.48	17556.83	10827.34	10373.58	453.76
上海	Shanghai	1479.33	35738.51	31838.08	25439.97	25203.19	236.78
南京	Nanjing	2048.60	31314.26	28311.63	19215.82	18978.87	236.95
杭州	Hangzhou	723.71	33810.11	30034.99	21074.58	20712.77	361.81
宁波	Ningbo	1403.47	34324.25	30166.36	21767.71	21573.52	194.19
合肥	Hefei	900.21	21125.10	19050.50	13852.73	13680.29	172.44
福州	Fuzhou	802.41	25737.60	23245.98	17115.80	16800.78	315.03
厦门	Xiamen	726.46	33865.69	29253.14	23313.88	23096.39	217.49
南昌	Nanchang	1476.21	19820.14	18276.10	13186.31	13135.18	51.13
济南	Jinan	918.07	27723.78	25321.06	20946.01	20613.24	332.77
青岛	Qingdao	1484.16	27283.48	24998.13	17512.31	17057.67	454.64
郑州	Zhengzhou	631.84	20929.96	19375.81	12266.93	12145.65	121.28
武汉	Wuhan	1636.84	23168.61	20806.32	14249.52	13532.06	717.46
长沙	Changsha	3162.17	23637.52	22284.40	13231.13	12975.16	255.97
广州	Guangzhou	1159.04	36295.59	30658.49	26470.72	26423.32	47.40
深圳	Shenzhen	1524.04	35523.75	32380.86	25267.75	24954.26	313.48
南宁	Nanning	582.69	20316.62	17740.72	14617.68	14495.60	122.08
海口	Haikou	892.52	18075.68	16719.75	11006.47	9985.56	1020.91
重庆	Chongqing	888.98	20824.70	19099.73	14154.57	13872.38	282.20
成都	Chengdu	882.08	22946.69	20835.34	14109.08	13803.47	305.62
贵阳	Guiyang	596.45	18107.91	16597.28	11184.29	10927.40	256.89
昆明	Kunming	378.58	19470.93	17958.22	10393.87	10203.41	190.47
拉萨	Lhasa	63.58	18787.20	16567.36	17524.17	17447.64	76.53
西安	Xian	852.59	19864.46	18403.81	13771.52	13564.23	207.29
兰州	Lanzhou	576.76	15228.14	14061.84	9623.80	9263.72	360.08
西宁	Xining	185.44	15426.73	14085.24	8813.36	8679.44	133.92
银川	Yinchuan	174.70	19515.78	17073.12	11129.71	10833.10	296.60
乌鲁木齐	Urumqi	381.71	16502.44	14401.73	11917.86	11837.33	80.53

4.2 续表 1
Continued 1

城市	City	(二)经营净收入 Net Income from Management	(三)财产性收入 Property Income	1. 利息收入 Interest Income	2. 股息与红利收入 Income from Bonus and Dividend	3. 保险收益 Income from Insurance	4. 其它投资收入 Income from Other Investment
平均水平	**Average Level**	**1817.40**	**656.01**	**54.17**	**96.46**	**5.53**	**74.14**
北　京	Beijing	1038.46	649.94	46.83	156.72	9.38	54.69
天　津	Tianjin	931.81	333.17	155.99	31.21	4.78	1.40
石家庄	Shijiazhuang	1256.49	145.00	66.89	0.12		
太　原	Taiyuan	659.90	125.52	39.20	17.40		7.28
呼和浩特	Huhhot	2514.68	1191.45	5.42	67.17	26.96	528.60
沈　阳	Shenyang	2735.70	166.04	22.03	40.84	0.24	
大　连	Dalian	1630.34	625.15	52.11	88.81	7.43	325.10
长　春	Changchun	1820.04	223.77	17.33	1.13		
哈尔滨	Harbin	1962.23	201.13	17.77	53.70	5.27	9.04
上　海	Shanghai	1628.22	512.12	49.06	4.14	3.32	13.79
南　京	Nanjing	1312.55	233.40	89.68	13.91	2.02	2.78
杭　州	Hangzhou	1650.75	2189.12	74.76	380.78	20.51	116.05
宁　波	Ningbo	3302.76	2095.85	194.36	839.98	0.32	152.09
合　肥	Hefei	2108.06	389.92	37.62	91.91	0.35	
福　州	Fuzhou	1274.78	1040.21	202.47	118.73	2.31	80.58
厦　门	Xiamen	2296.83	1676.41	72.73	148.43	18.35	593.72
南　昌	Nanchang	1201.73	254.19	95.43	99.73		
济　南	Jinan	1907.57	214.27	20.31	21.66	1.72	38.82
青　岛	Qingdao	2203.52	836.46	51.44	145.74		290.01
郑　州	Zhengzhou	1945.42	147.04	35.57	5.24		
武　汉	Wuhan	1783.43	490.99	11.47	20.76		181.06
长　沙	Changsha	3440.46	983.76	31.68	389.60	3.49	31.92
广　州	Guangzhou	2260.69	637.04	80.54	69.45	33.17	17.25
深　圳	Shenzhen	5003.68	1720.21	13.88	203.40	0.99	241.74
南　宁	Nanning	822.72	350.01	19.40	69.26	2.85	16.07
海　口	Haikou	1966.34	826.12	22.87	143.60		44.33
重　庆	Chongqing	1066.26	262.50	40.76	18.13	1.31	11.15
成　都	Chengdu	1458.27	873.92	71.15	28.84	4.70	85.79
贵　阳	Guiyang	1624.22	185.04	8.15	7.65	7.44	11.16
昆　明	Kunming	943.80	2710.43	58.42	405.23	1.32	153.55
拉　萨	Lhasa	110.41	298.46	5.40	33.88	0.09	11.00
西　安	Xian	712.07	294.36	47.18	21.23	8.56	
兰　州	Lanzhou	350.12	87.48	36.11	14.63	1.28	
西　宁	Xining	1006.51	69.40	8.51	8.73		
银　川	Yinchuan	2498.67	207.64	7.91	90.01	10.77	
乌鲁木齐	Urumqi	1305.40	177.37	46.58	5.77	6.49	44.34

4.2 续表 2
Continued 2

城市	City	5. 出租房屋收入 Income from Rental of Houses	6. 知识产权收入 Income from Intellectual Property	7. 其他财产性收入 Income from Other Properties	(四)转移性收入 Income from Transfer	1. 养老金或离退休金 Pension	2. 社会救济收入 Income from Social Relief
平均水平	**Average Level**	**397.49**	**0.08**	**28.14**	**6684.55**	**5679.73**	**40.06**
北京	Beijing	380.79		1.52	9017.04	8051.06	55.44
天津	Tianjin	139.79			8896.61	7104.10	53.15
石家庄	Shijiazhuang	73.50	4.50		7896.90	7476.33	5.38
太原	Taiyuan	59.13		2.51	7624.17	6571.47	64.62
呼和浩特	Huhhot	337.96		225.34	7806.90	6399.55	60.85
沈阳	Shenyang	102.25		0.70	6719.26	6367.79	5.33
大连	Dalian	138.37		13.33	7147.13	5697.17	19.90
长春	Changchun	196.20		9.11	4846.91	4361.71	35.13
哈尔滨	Harbin	115.27		0.08	6306.78	5357.35	27.63
上海	Shanghai	441.81			8158.20	6793.93	65.15
南京	Nanjing	123.54		1.47	10552.49	9816.98	43.52
杭州	Hangzhou	1597.02			8895.66	7689.32	52.57
宁波	Ningbo	909.10			7157.93	5165.47	46.66
合肥	Hefei	249.02		11.02	4774.39	3642.46	16.79
福州	Fuzhou	634.68		1.44	6306.81	4498.14	3.83
厦门	Xiamen	843.16		0.02	6578.57	4288.31	40.08
南昌	Nanchang	53.26		5.77	5177.91	4385.10	12.02
济南	Jinan	117.60		14.16	4655.94	4200.74	13.31
青岛	Qingdao	343.01		6.25	6731.20	6038.78	18.18
郑州	Zhengzhou	106.23			6570.56	5971.97	39.39
武汉	Wuhan	227.53		50.16	6644.66	5765.90	87.72
长沙	Changsha	526.21		0.86	5982.17	4933.66	31.97
广州	Guangzhou	436.22		0.41	6927.15	5746.25	1.84
深圳	Shenzhen	1260.19			3532.12	2447.30	39.93
南宁	Nanning	241.11		1.33	4526.21	3976.38	1.00
海口	Haikou	514.03		101.29	4276.75	3441.73	23.87
重庆	Chongqing	188.33		2.82	5341.36	4664.93	52.71
成都	Chengdu	678.02		5.42	6505.42	5557.71	14.28
贵阳	Guiyang	118.18		32.47	5114.36	3907.99	75.42
昆明	Kunming	1135.65		956.27	5422.83	4368.74	5.28
拉萨	Lhasa	240.35		7.74	854.16	631.87	53.69
西安	Xian	217.40			5086.51	4238.25	39.97
兰州	Lanzhou	35.47			5166.74	4753.55	118.79
西宁	Xining	52.15			5537.46	5050.66	55.49
银川	Yinchuan	69.57		29.38	5679.76	4545.35	113.87
乌鲁木齐	Urumqi	71.28		2.91	3101.81	2785.65	10.58

4.2 续表3
Continued 3

城　市	City	3. 辞退金 Severance Pay	4. 赔偿收入 Income from Compensation	5. 保险收入 Income from Insurance	其中:失业保险金 In which: Unemployment Insurance	6. 赡养收入 Support Income	7. 捐赠收入 Income from Donation
平均水平	**Average Level**	**15.82**	**14.19**	**23.87**	**20.64**	**182.92**	**390.72**
北　京	Beijing	3.43	5.93	1.93	0.58	146.39	207.53
天　津	Tianjin	73.03	0.47	14.73	14.18	197.87	724.58
石家庄	Shijiazhuang		4.63			96.30	66.30
太　原	Taiyuan		0.44	1.38		462.74	381.25
呼和浩特	Huhhot			15.50	15.29	291.50	638.55
沈　阳	Shenyang	0.02	0.14	6.48	6.48	39.94	160.05
大　连	Dalian	42.06	10.43	32.30	26.79	516.76	355.20
长　春	Changchun		8.29	15.76	11.48	42.98	232.81
哈尔滨	Harbin		0.90	19.19	17.08	69.09	510.81
上　海	Shanghai	26.89	0.90	125.33	123.68	250.33	565.04
南　京	Nanjing	0.50	2.29	14.15	5.62	180.20	200.47
杭　州	Hangzhou	0.91	7.99	41.65	41.27	276.57	377.14
宁　波	Ningbo	15.55	44.54	121.79	120.80	220.27	745.20
合　肥	Hefei		0.13	6.90	6.90	60.28	648.03
福　州	Fuzhou	13.93	45.97	11.44	9.81	631.49	624.50
厦　门	Xiamen		24.07	83.84	78.48	770.22	724.49
南　昌	Nanchang		0.48			77.68	382.90
济　南	Jinan		15.07	3.82		29.20	265.54
青　岛	Qingdao		0.98	1.63	0.74	39.36	191.47
郑　州	Zhengzhou	0.69	3.13	0.81		166.22	261.61
武　汉	Wuhan	44.85		6.71	6.71	144.01	456.05
长　沙	Changsha		27.15	6.07	0.96	88.69	708.44
广　州	Guangzhou	51.71		27.13	3.87	202.69	547.51
深　圳	Shenzhen	0.48		14.21	13.97	143.67	493.64
南　宁	Nanning		0.23	5.79		110.12	210.19
海　口	Haikou		1.06	13.25	11.93	195.50	238.99
重　庆	Chongqing	1.11	12.43	7.60	4.00	89.57	225.33
成　都	Chengdu	0.36		21.13	18.90	241.43	318.46
贵　阳	Guiyang	133.43	2.79			202.15	551.25
昆　明	Kunming		404.65	1.41	1.22	65.08	276.55
拉　萨	Lhasa		6.06	0.91	0.15	13.35	10.17
西　安	Xian	12.21		11.83	9.83	238.23	286.92
兰　州	Lanzhou	25.61		0.93	0.55	40.08	155.98
西　宁	Xining			3.29	0.79	157.50	108.72
银　川	Yinchuan		53.80	24.21	4.20	398.69	278.84
乌鲁木齐	Urumqi			1.92		35.17	111.10

4.2 续表4
Continued 4

城市	City	8. 提取住房公积金 Withdrawal of Housing Accumulation Fund	9. 记帐补贴 Investigation Subsidies	10. 其他转移性收入 Income from Other Transfer	三、出售财物收入 Income from Goods Sale	1. 出售住房收入 Income from Sale of Houses
平均水平	**Average Level**	**92.73**	**164.62**	**79.89**	**610.62**	**592.58**
北京	Beijing	249.59	260.35	35.38	103.59	77.78
天津	Tianjin	551.95	118.29	58.43	791.36	760.72
石家庄	Shijiazhuang	12.51	88.13	147.33	2.16	
太原	Taiyuan		90.34	51.93	58.78	
呼和浩特	Huhhot	230.62	136.46	33.87	28.92	
沈阳	Shenyang	7.71	127.05	4.76	231.86	134.21
大连	Dalian	180.46	260.82	32.03	1427.61	1425.08
长春	Changchun	16.88	122.01	11.32	433.70	430.11
哈尔滨	Harbin	158.16	136.56	27.08	1.37	
上海	Shanghai		204.21	126.42	3721.03	3694.05
南京	Nanjing	3.28	153.42	137.68	7.13	
杭州	Hangzhou	37.06	236.13	176.34	1097.54	1062.87
宁波	Ningbo	343.55	186.12	268.79	281.37	277.96
合肥	Hefei	272.50	86.85	40.45	178.37	175.89
福州	Fuzhou	230.34	143.86	103.30	7.91	
厦门	Xiamen	202.49	267.97	177.11	1757.66	1732.55
南昌	Nanchang	11.67	129.62	178.45	1.57	
济南	Jinan		99.56	28.70	129.19	113.38
青岛	Qingdao	157.80	138.34	144.65	5.60	
郑州	Zhengzhou	51.80	74.94	0.01	0.73	
武汉	Wuhan	17.95	111.26	10.21	138.15	138.01
长沙	Changsha		152.76	33.41	559.78	556.31
广州	Guangzhou	78.18	228.58	43.26	198.25	170.58
深圳	Shenzhen	20.58	292.52	79.79	502.15	479.27
南宁	Nanning	56.47	101.46	64.58	2.74	
海口	Haikou	36.16	132.18	194.01	0.61	
重庆	Chongqing	34.51	116.29	136.88	474.01	471.61
成都	Chengdu	23.45	211.31	117.28	5.22	
贵阳	Guiyang	13.07	128.64	99.62	624.99	568.98
昆明	Kunming	29.12	110.61	161.39	1083.94	1082.01
拉萨	Lhasa	27.31	106.84	3.95	0.76	
西安	Xian	50.13	128.23	80.74	4.66	
兰州	Lanzhou		63.11	8.70	2.99	
西宁	Xining	9.32	122.14	30.34	0.43	
银川	Yinchuan	52.63	88.20	124.17	124.00	122.40
乌鲁木齐	Urumqi	37.23	115.89	4.28	162.38	161.07

4.2 续表 5
Continued 5

城　市	City	2. 出售其他物品收入 Income from Sale of Other Goods	四、借贷收入 LoanIncome	1. 提取储蓄存款 Withdraw Bank Deposits	2. 借入款 Money Borrowed	3. 收回借出款 Recall Lent Money	4. 收回储蓄性保险本 Recall Savings Insurance Capital
平均水平	**Average Level**	**18.03**	**9016.93**	**8562.32**	**93.08**	**52.45**	**7.13**
北　京	Beijing	25.81	18354.73	17984.27	91.81	75.92	41.70
天　津	Tianjin	30.64	7547.61	6523.11	204.38	26.20	20.57
石家庄	Shijiazhuang	2.16	2476.58	2462.82	13.76		
太　原	Taiyuan	58.78	11234.68	10797.81	266.75	10.04	6.27
呼和浩特	Huhhot	28.92	11397.05	10997.48	43.33	2.70	
沈　阳	Shengyang	97.65	10068.35	10060.65	1.43		
大　连	Dalian	2.52	5710.85	5177.53	113.63	2.10	3.50
长　春	Changchun	3.59	6755.41	5995.83	274.59	107.07	
哈尔滨	Harbin	1.37	10364.49	10264.45	53.47	11.30	4.76
上　海	Shanghai	26.98	6328.63	5649.53	0.17		5.28
南　京	Nanjing	7.13	5195.30	5186.04	6.08		1.78
杭　州	Hangzhou	34.68	23064.64	21892.88	17.87	44.29	14.65
宁　波	Ningbo	3.41	8272.11	5954.64	8.25	1721.75	16.40
合　肥	Hefei	2.48	4088.32	3085.95	77.22	99.32	2.29
福　州	Fuzhou	7.91	17575.30	16735.96	21.77	33.75	
厦　门	Xiamen	25.10	20957.55	20665.11	62.97		7.78
南　昌	Nanchang	1.57	4139.86	3772.35	72.30		
济　南	Jinan	15.80	9357.55	8642.36	487.31	29.58	17.38
青　岛	Qingdao	5.60	11115.89	10922.78	52.31	15.18	
郑　州	Zhengzhou	0.73	2153.26	2069.24	75.18	1.32	
武　汉	Wuhan	0.14	4035.63	3574.33	136.35	2.69	
长　沙	Changsha	3.47	2291.75	2270.92	17.89	0.38	
广　州	Guangzhou	27.67	10551.00	10486.95	39.09	5.75	13.83
深　圳	Shenzhen	22.89	17915.29	17189.46	13.82	78.32	0.66
南　宁	Nanning	2.74	8825.31	8536.03	198.34	40.30	1.16
海　口	Haikou	0.61	8648.39	8408.21	212.73	1.60	
重　庆	Chongqing	2.40	5363.77	5080.20	52.40	46.35	2.63
成　都	Chengdu	5.22	4848.83	4600.15	220.04	1.79	
贵　阳	Guiyang	56.01	7262.13	6846.15	129.58	5.44	
昆　明	Kunming	1.93	5416.13	4863.03	27.70	66.61	0.62
拉　萨	Lhasa	0.76	483.00	480.73		2.28	
西　安	Xian	4.66	4013.38	3773.78	223.81	3.02	0.90
兰　州	Lanzhou	2.99	5963.94	5890.93	47.38	12.80	1.28
西　宁	Xining	0.43	9817.05	9787.96	20.18	1.66	
银　川	Yinchuan	1.60	13389.34	12720.06	343.94	36.72	
乌鲁木齐	Urumqi	1.31	3024.33	2719.99	138.16	5.10	

4.2 续表 6
Continued 6

城　市	City	5. 兑售有价证券 Securities Sales	6. 收回投资本金 Recall Investment Capital	7. 住房贷款 Bank Loan for Buying House	8. 汽车贷款 Bank Loan for Buying Cars	9. 教育贷款 Education Loan	10. 其他贷款 Other Loan	11. 其他借贷收入 Other Loan Income
平均水平	**Average Level**	**24.24**	**6.97**	**223.21**	**4.01**	**6.56**	**5.60**	**31.38**
北　京	Beijing	22.85	3.09	85.08			8.61	41.41
天　津	Tianjin	1.16	12.11	749.33				10.74
石家庄	Shijiazhuang							
太　原	Taiyuan						0.83	152.98
呼和浩特	Huhhot	26.96		250.34			65.96	10.29
沈　阳	Shenyang						6.27	
大　连	Dalian			406.57			7.49	0.03
长　春	Changchun			164.12			1.13	212.66
哈尔滨	Harbin						30.51	
上　海	Shanghai	62.04		465.33		75.83		70.44
南　京	Nanjing	0.28					1.12	
杭　州	Hangzhou	82.07	122.38	889.91				0.59
宁　波	Ningbo	80.44						490.62
合　肥	Hefei			823.55				
福　州	Fuzhou	217.73	21.77	544.32				
厦　门	Xiamen	63.39	55.60		100.08		2.61	
南　昌	Nanchang	114.47		180.74				
济　南	Jinan			160.18			19.74	0.99
青　岛	Qingdao						19.69	105.92
郑　州	Zhengzhou	7.52						
武　汉	Wuhan			317.42			4.83	
长　沙	Changsha						2.57	
广　州	Guangzhou		5.38					
深　圳	Shenzhen	97.21		452.06	43.44		5.05	35.26
南　宁	Nanning						36.82	12.66
海　口	Haikou			1.78				24.08
重　庆	Chongqing	14.57	0.16	157.76			7.74	1.96
成　都	Chengdu		26.86					
贵　阳	Guiyang			245.44			3.35	32.16
昆　明	Kunming			450.66			1.11	6.41
拉　萨	Lhasa							
西　安	Xian			2.70			8.21	0.97
兰　州	Lanzhou						3.87	7.68
西　宁	Xining						7.26	
银　川	Yinchuan			244.80			42.23	1.59
乌鲁木齐	Urumqi		40.27	109.45			2.68	8.68

4.3 居民家庭现金支出(2010年,年人均)
Household Cash Expenditure (2010, per person per year)

单位:元 (yuan)

城　市	City	一、家庭总支出 Total Household Expenditure	(一)消费支出 Living Expenditure	其中:服务性消费支出 In Which: Expenditure for Services	1. 食品 Food	2. 衣着 Clothing	3. 居住 Residence	4. 家庭设备用品及服务 Household Facilities Articles and Services
平均水平	**Average Level**	**23329.43**	**17294.91**	**4892.30**	**6050.71**	**1737.67**	**1595.58**	**1187.92**
北　京	Beijing	28438.05	21281.42	6120.28	6759.84	2228.63	1593.43	1470.18
天　津	Tianjin	24345.19	16561.77	4300.11	5940.44	1567.58	1615.57	1119.93
石家庄	Shijiazhuang	13209.64	10568.49	2238.22	3660.85	1192.27	1402.45	759.59
太　原	Taiyuan	15822.88	12105.64	3431.72	3709.58	1234.19	1171.82	635.90
呼和浩特	Huhhot	22432.87	16901.90	4485.90	5087.96	2077.55	1729.92	1298.54
沈　阳	Shenyang	22678.42	16961.44	4959.14	5384.84	2139.66	1364.94	1031.96
大　连	Dalian	24870.08	16579.70	4106.16	6145.16	1676.02	1741.57	994.76
长　春	Changchun	18352.90	14400.40	4033.06	4641.78	1817.99	1628.67	915.33
哈尔滨	Harbin	18321.25	13939.52	3605.49	4647.42	2058.88	1252.31	802.89
上　海	Shanghai	32575.05	23200.40	6955.19	7776.98	1794.06	2166.22	1800.19
南　京	Nanjing	23835.61	18156.34	5745.90	6451.46	1571.73	1518.40	1404.08
杭　州	Hangzhou	29955.68	20218.98	5426.97	7790.18	2061.36	1853.18	955.98
宁　波	Ningbo	27515.11	19420.13	5160.64	6898.71	2067.24	1629.11	1153.23
合　肥	Hefei	19508.37	14011.79	3970.97	5010.47	1531.29	1483.00	817.97
福　州	Fuzhou	22370.48	16323.26	4364.43	6395.49	1453.08	1538.51	990.38
厦　门	Xiamen	30264.40	19960.67	5563.55	7275.28	1596.88	2063.63	1307.42
南　昌	Nanchang	17056.19	13899.13	2992.19	4782.11	1524.29	1355.03	1221.39
济　南	Jinan	21103.21	15973.32	3944.32	5051.18	1882.44	1666.28	1144.36
青　岛	Qingdao	22929.03	17531.05	3571.17	6553.27	2188.08	1639.71	1221.12
郑　州	Zhengzhou	15234.60	12587.76	2641.14	4153.98	1886.40	984.21	1192.19
武　汉	Wuhan	19350.29	14490.07	3373.85	5367.36	1731.35	1581.09	1224.92
长　沙	Changsha	19419.47	15769.50	4544.47	5513.33	1365.57	1610.22	1168.47
广　州	Guangzhou	34622.71	25011.61	9151.17	8325.46	1882.97	1971.17	1773.00
深　圳	Shenzhen	29891.17	22806.54	7279.02	8104.51	1749.87	2561.43	1446.09
南　宁	Nanning	17342.91	12866.65	3182.79	4512.72	928.75	1177.11	1078.27
海　口	Haikou	15870.92	12401.04	3390.04	5219.00	670.49	1393.73	725.30
重　庆	Chongqing	18757.34	14754.74	3999.95	5531.88	1892.08	1328.67	1137.79
成　都	Chengdu	20620.59	15510.91	4377.32	5835.26	1487.40	1113.17	882.47
贵　阳	Guiyang	17872.72	12939.80	3624.77	4905.33	1340.01	1029.56	871.89
昆　明	Kunming	16278.65	13337.63	3471.19	5442.20	1519.87	1191.40	601.78
拉　萨	Lhasa	14832.26	11687.21	2999.70	5496.01	1569.10	716.37	612.22
西　安	Xian	17602.61	14159.74	4305.82	5205.95	1583.05	1361.70	831.02
兰　州	Lanzhou	13459.10	10930.39	2837.86	4244.25	1276.19	932.92	727.15
西　宁	Xining	13368.03	9420.84	2264.69	3863.12	1077.42	849.55	592.35
银　川	Yinchuan	19206.40	13589.00	3478.75	4358.46	1564.87	1332.44	842.38
乌鲁木齐	Urumqi	14754.01	10238.85	2650.35	3890.99	1407.49	675.66	602.13

4.3 续表 1
Continued 1

城市	City	5. 医疗保健 Medicine and Medical Services	6. 交通和通信 Transport and Communication Services	7. 教育文化娱乐服务 Education Cultural and Recreation Services	8. 杂项商品和服务 Miscellaneous Commodities and Services	(二)购房与建房支出 Expenditure for Buying House or Building House	1. 购房 Purchase of House	2. 建房 Building House
平均水平	**Average Level**	**1071.57**	**2684.23**	**2279.19**	**688.04**	**1203.42**	**1195.94**	**7.48**
北　京	Beijing	1373.97	3681.28	3228.12	945.97	983.66	983.00	0.65
天　津	Tianjin	1275.64	2454.38	1899.50	688.73	2331.05	2331.05	
石家庄	Shijiazhuang	830.53	1335.98	1029.94	356.89	500.64	500.64	
太　原	Taiyuan	1283.33	2079.80	1583.33	407.69	279.98	279.73	0.25
呼和浩特	Huhhot	1569.26	2477.74	1951.70	709.24	1246.26	1246.26	
沈　阳	Shenyang	1447.89	2428.25	2359.29	804.61	630.99	630.99	
大　连	Dalian	1128.17	2519.59	1741.83	632.60	2846.29	2846.29	
长　春	Changchun	1309.88	1631.96	1793.02	661.75	824.69	824.69	
哈尔滨	Harbin	1221.65	1848.01	1505.42	602.93	941.99	941.99	
上　海	Shanghai	1005.54	4076.46	3363.25	1217.70	2643.84	2643.84	
南　京	Nanjing	1369.71	1949.63	3262.80	628.52	386.09	386.09	
杭　州	Hangzhou	994.16	3909.61	2088.77	565.73	1852.46	1774.61	77.86
宁　波	Ningbo	712.36	3091.11	3089.24	779.13	880.84	880.62	0.22
合　肥	Hefei	750.30	1859.22	2043.47	516.07	2174.04	2174.04	
福　州	Fuzhou	681.64	2497.13	2191.04	575.99	1443.30	1441.12	2.18
厦　门	Xiamen	656.74	4074.86	2403.26	582.61	2874.62	2874.62	
南　昌	Nanchang	758.50	2327.81	1362.77	567.23	387.81	387.81	
济　南	Jinan	1182.77	2645.78	1898.05	502.47	1487.28	1486.34	0.93
青　岛	Qingdao	1048.76	2584.23	1748.14	547.74	1702.22	1702.22	
郑　州	Zhengzhou	1013.67	1591.47	1243.83	521.99	203.14	203.14	
武　汉	Wuhan	903.61	1694.28	1480.81	506.66	748.71	748.71	
长　沙	Changsha	954.32	2608.76	2011.44	537.39			
广　州	Guangzhou	1358.61	3981.72	4611.35	1107.32	1394.77	1356.05	38.72
深　圳	Shenzhen	997.64	4506.65	2653.23	787.11	938.95	938.95	
南　宁	Nanning	745.62	2575.17	1504.66	344.35	916.30	916.30	
海　口	Haikou	634.28	2320.71	1135.95	301.58	721.15	457.37	263.78
重　庆	Chongqing	1150.18	1519.82	1644.58	549.75	748.48	747.68	0.81
成　都	Chengdu	827.30	2652.83	2032.58	679.89	1188.38	1188.38	
贵　阳	Guiyang	584.03	2040.95	1743.57	424.44	1597.03	1597.03	
昆　明	Kunming	856.30	2003.73	1354.82	367.53	586.85	586.85	
拉　萨	Lhasa	487.26	1528.37	631.69	646.20			
西　安	Xian	1097.74	1473.56	2130.90	475.82	491.90	485.90	6.00
兰　州	Lanzhou	937.22	1158.05	1243.40	411.21	7.30	7.30	
西　宁	Xining	809.20	1063.18	843.02	323.00	1120.79	1075.44	45.35
银　川	Yinchuan	1113.78	2159.90	1604.13	613.05	1306.43	1306.43	
乌鲁木齐	Urumqi	666.72	1358.36	1208.04	429.47	1115.29	1115.29	

4.3 续表2
Continued 2

城市	City	(三)转移性支出 Transfer Expenditure	1. 交纳的个人收入税 Income Tax	2. 捐赠支出 Donation Expenditure	3. 购买彩票 Buying Lottery	4. 赡养支出 Support Expenditure	其中:在外就学子女费用 In Which: Expenditure for Children's Education outside of the City	5. 各种非储蓄性保险支出 Expenditure of Various Nonsaving Insurance
平均水平	**Average Level**	**2316.94**	**338.69**	**1303.33**	**11.68**	**490.39**	**185.36**	**112.36**
北京	Beijing	2414.35	703.99	1011.64	12.45	439.26	159.01	204.57
天津	Tianjin	2863.00	179.42	2151.84	5.10	385.92	180.20	93.47
石家庄	Shijiazhuang	964.97	65.21	482.25	1.62	341.12	132.57	46.13
太原	Taiyuan	2119.48	59.86	1575.71	0.99	350.95	193.29	110.79
呼和浩特	Huhhot	2788.75	159.49	2098.12	1.74	232.77	156.66	219.86
沈阳	Shenyang	1971.10	317.79	1084.51	10.44	383.83	266.58	147.41
大连	Dalian	1870.77	288.47	829.73	12.55	629.41	381.33	91.48
长春	Changchun	1615.22	164.13	1117.68	9.90	240.03	38.86	49.13
哈尔滨	Harbin	1878.85	65.48	1579.66	6.85	177.22	119.25	34.51
上海	Shanghai	3243.95	681.31	1806.45	14.41	536.73	346.23	145.49
南京	Nanjing	2616.66	311.65	1769.72	7.12	369.63	54.17	87.90
杭州	Hangzhou	4492.17	575.86	1851.01	50.49	1695.31	263.91	241.83
宁波	Ningbo	3571.16	682.03	1901.78	29.56	719.63	66.20	177.32
合肥	Hefei	1364.37	44.36	1089.22	13.71	156.16	51.25	48.62
福州	Fuzhou	2399.99	330.42	1301.13	8.62	649.02	357.98	64.18
厦门	Xiamen	3299.60	627.10	1744.25	24.40	624.57	210.29	221.44
南昌	Nanchang	1338.92	49.82	1005.56	0.48	194.08	169.27	61.65
济南	Jinan	1459.28	159.65	894.72	7.99	217.68	31.52	86.24
青岛	Qingdao	1610.06	115.74	948.32	10.78	224.99	24.29	208.66
郑州	Zhengzhou	995.14	49.39	737.59	2.58	80.69	24.45	57.05
武汉	Wuhan	1895.01	105.32	1530.98	8.15	209.97	27.54	19.11
长沙	Changsha	2487.09	67.46	2046.86	15.53	220.13	80.58	77.53
广州	Guangzhou	3585.49	969.71	1234.27	5.37	1184.71	508.84	83.30
深圳	Shenzhen	3575.42	774.29	1341.63	19.96	1061.89	164.42	294.53
南宁	Nanning	1350.81	283.76	639.13	7.93	314.14	135.04	52.24
海口	Haikou	1660.66	135.70	668.71	43.24	717.48	393.31	39.26
重庆	Chongqing	1623.77	90.08	1152.16	7.47	260.71	120.38	54.97
成都	Chengdu	1896.12	120.82	1108.38	4.69	300.97	41.00	140.42
贵阳	Guiyang	1875.16	17.62	1314.49	6.38	394.21	307.10	55.80
昆明	Kunming	962.26	94.96	489.33	19.98	299.88	141.30	44.10
拉萨	Lhasa	1031.70	0.25	106.77	35.78	852.76	463.07	36.14
西安	Xian	1638.23	85.53	1016.15	8.55	444.00	202.10	37.89
兰州	Lanzhou	1459.73	47.29	1072.97	0.81	253.27	125.33	36.89
西宁	Xining	1619.50	55.60	933.22	9.23	548.97	309.14	26.03
银川	Yinchuan	1884.45	148.18	1077.61	12.36	548.08	213.95	41.79
乌鲁木齐	Urumqi	1414.17	57.73	640.68	20.68	526.57	321.13	49.54

4.3 续表 3
Continued 3

城　市	City	其中:车辆保险支出 In Which: Car Insurance Expenditure	6.其他转移性支出 Other Transfer Expenditure	(四)财产性支出 Property Expenditure	1.非生产性利息支出 Expenditure for Non-production Interest	2.其他 Other	(五)社会保障支出 Social Security Expenditure
平均水平	**Average Level**	**74.74**	**60.49**	**176.55**	**139.30**	**37.25**	**2337.55**
北　京	Beijing	141.67	42.44	132.29	107.71	24.59	3626.32
天　津	Tianjin	75.71	47.25	237.69	189.28	48.41	2351.68
石家庄	Shijiazhuang	23.27	28.64	13.65	12.65	1.00	1161.89
太　原	Taiyuan	81.74	21.17	13.56	10.18	3.38	1304.22
呼和浩特	Huhhot	113.75	76.76	14.97	14.54	0.43	1480.99
沈　阳	Shenyang	71.65	27.13	140.46	103.58	36.89	2974.42
大　连	Dalian	35.23	19.13	192.30	126.25	66.05	3381.02
长　春	Changchun	39.20	34.35	10.69	10.35	0.34	1501.90
哈尔滨	Harbin	13.77	15.13	22.28	20.95	1.33	1538.61
上　海	Shanghai	136.60	59.57	471.95	325.43	146.52	3014.91
南　京	Nanjing	62.73	70.64	138.94	107.32	31.62	2537.57
杭　州	Hangzhou	190.93	77.66	428.94	335.21	93.73	2963.13
宁　波	Ningbo	159.39	60.84	353.24	334.92	18.32	3289.75
合　肥	Hefei	4.27	12.30	14.78	14.68	0.11	1943.38
福　州	Fuzhou	40.25	46.61	186.60	121.76	64.84	2017.34
厦　门	Xiamen	202.40	57.84	412.03	320.67	91.36	3717.49
南　昌	Nanchang	50.86	27.33	65.73	58.16	7.57	1364.61
济　南	Jinan	50.33	93.01	37.85	16.68	21.17	2143.51
青　岛	Qingdao	82.96	101.58	54.42	50.06	4.37	2031.27
郑　州	Zhengzhou	1.04	67.84	18.75	3.67	15.08	1429.82
武　汉	Wuhan	6.97	21.47	70.79	16.97	53.82	2145.71
长　沙	Changsha	57.02	59.59	29.98	24.72	5.26	1132.90
广　州	Guangzhou	46.32	108.12	192.03	163.35	28.68	4438.81
深　圳	Shenzhen	208.08	83.12	494.19	468.18	26.01	2076.08
南　宁	Nanning	32.24	53.61	18.46	16.37	2.09	2190.68
海　口	Haikou	25.14	56.27				1088.06
重　庆	Chongqing	19.92	58.37	111.75	105.29	6.46	1518.60
成　都	Chengdu	63.00	220.84	245.97	245.97		1779.21
贵　阳	Guiyang	48.29	86.67	96.36	85.20	11.16	1364.38
昆　明	Kunming	30.01	14.01	84.76	69.94	14.82	1307.15
拉　萨	Lhasa	31.39		0.61	0.61		2112.74
西　安	Xian	33.81	46.10	65.85		65.85	1246.89
兰　州	Lanzhou	0.91	48.49	5.80	4.49	1.31	1055.90
西　宁	Xining	5.09	46.44	43.15	43.12	0.03	1163.75
银　川	Yinchuan	33.11	56.43	220.24	199.13	21.12	2206.28
乌鲁木齐	Urumqi	17.00	118.97	58.61	53.60	5.01	1927.09

4.3 续表4
Continued 4

城　市 City	1.个人交纳的养老基金 Payment to Pension Fund	2.个人交纳的住房公积金 Payment to Housing Accumulation Fund	3.个人交纳的医疗基金 Payment to Health Care Fund	4.个人交纳的失业基金 Payment to Unemployment Fund	5.其他社会保障支出 Other Social Security Expenditure	二、借贷支出 Loan Expenditu
平均水平 Average Level	**1037.97**	**898.02**	**330.67**	**60.50**	**10.39**	**12036.06**
北　京 Beijing	1282.67	1835.60	427.54	74.37	6.14	24504.11
天　津 Tianjin	671.48	1316.78	292.94	68.49	1.99	8856.23
石家庄 Shijiazhuang	526.31	368.32	243.56	22.47	1.24	7421.86
太　原 Taiyuan	551.87	515.43	196.41	32.51	8.00	14207.13
呼和浩特 Huhhot	368.12	801.51	251.05	31.28	29.03	15140.93
沈　阳 Shenyang	1376.49	904.21	619.12	62.86	11.75	12153.68
大　连 Dalian	1707.21	1092.52	493.96	79.33	8.01	6724.20
长　春 Changchun	717.97	522.44	175.58	54.59	31.33	7338.38
哈尔滨 Harbin	666.83	398.79	446.98	22.66	3.35	11018.57
上　海 Shanghai	1336.87	1161.84	351.36	162.69	2.16	8729.48
南　京 Nanjing	1109.58	1002.71	331.25	73.96	20.08	10893.87
杭　州 Hangzhou	1087.76	1404.53	376.18	87.31	7.34	27961.46
宁　波 Ningbo	1322.92	1378.47	471.96	116.14	0.25	14887.71
合　肥 Hefei	871.61	653.71	351.03	49.00	18.03	3928.27
福　州 Fuzhou	687.00	895.17	391.77	43.40		20926.68
厦　门 Xiamen	1421.34	1620.44	579.46	84.87	11.37	26067.77
南　昌 Nanchang	613.97	582.13	137.30	21.50	9.71	5947.97
济　南 Jinan	943.72	875.00	245.11	63.27	16.42	15102.18
青　岛 Qingdao	1001.50	671.23	278.46	63.53	16.54	14793.10
郑　州 Zhengzhou	608.24	577.21	216.85	27.50	0.02	6122.56
武　汉 Wuhan	1145.98	648.11	302.54	31.60	17.48	7772.57
长　沙 Changsha	581.55	344.15	175.06	23.24	8.89	4656.89
广　州 Guangzhou	1676.31	2228.75	450.19	71.56	12.00	11746.28
深　圳 Shenzhen	1528.89	118.33	406.75	7.62	14.48	24162.71
南　宁 Nanning	559.38	1286.44	265.23	76.72	2.91	11200.07
海　口 Haikou	461.87	429.98	148.51	36.63	11.06	11335.24
重　庆 Chongqing	958.27	302.17	199.84	36.75	21.58	6702.69
成　都 Chengdu	907.51	535.16	281.85	35.77	18.91	4398.93
贵　阳 Guiyang	748.26	353.79	220.93	39.44	1.95	7981.11
昆　明 Kunming	518.91	488.80	235.58	47.44	16.41	9271.71
拉　萨 Lhasa	460.89	1284.04	333.71	33.43	0.66	4333.30
西　安 Xian	676.25	327.65	195.27	43.88	3.83	5624.68
兰　州 Lanzhou	497.84	393.78	123.88	33.67	6.71	7580.92
西　宁 Xining	501.91	452.64	176.66	24.09	8.45	11920.32
银　川 Yinchuan	1199.70	682.48	278.12	44.49	1.48	13781.94
乌鲁木齐 Urumqi	930.44	537.21	380.33	58.49	20.61	4625.80

4.3 续表 5
Continued 5

城　市	City	1. 存入储蓄款 Savings Deposit	2. 借出款 Money Lent	3. 归还借款 Return Borrowed Money	4. 储蓄性保险支出 Expenditure of Saving Insurance	5. 购买有价证券 Buying Securities	6. 其它投资支出 Other Investment Expenditure
平均水平	**Average Level**	**11150.45**	**48.34**	**91.79**	**159.26**	**64.81**	**25.64**
北　京	Beijing	23473.21	148.99	117.82	190.20	101.16	18.50
天　津	Tianjin	7795.98	50.26	162.08	256.59	115.39	12.99
石家庄	Shijiazhuang	7329.84	1.38		50.37		18.76
太　原	Taiyuan	13917.94	3.95	86.21	53.81		34.07
呼和浩特	Huhhot	14183.48	13.73	206.24	166.76	9.02	29.51
沈　阳	Shenyang	11622.24	9.65	49.26	47.14		2.26
大　连	Dalian	6155.52	69.05	9.54	114.20	0.49	1.52
长　春	Changchun	6567.80	1.81	146.69	146.70		130.49
哈尔滨	Harbin	10670.84	1.02	30.20	16.44	166.32	
上　海	Shanghai	7307.38	1.72	147.53	353.02	24.47	182.93
南　京	Nanjing	10164.45	30.07	50.86	208.84	16.40	0.17
杭　州	Hangzhou	25550.75	0.15	78.74	232.59	168.21	
宁　波	Ningbo	12980.10	131.70	172.26	245.72	162.58	
合　肥	Hefei	3268.79	8.00	57.16	74.48	87.94	0.23
福　州	Fuzhou	18923.43	544.32	47.28	301.06	581.22	6.27
厦　门	Xiamen	24752.68		91.62	285.90	8.12	5.10
南　昌	Nanchang	5688.60	62.66	26.82	47.92		
济　南	Jinan	14391.89	40.95	63.28	151.28	2.22	26.66
青　岛	Qingdao	14048.51	4.00	299.50	35.44		0.68
郑　州	Zhengzhou	5953.21	8.05	41.13	24.97	5.38	
武　汉	Wuhan	6934.25	118.74	132.39	31.14	138.01	
长　沙	Changsha	4320.63	4.59	95.05	40.48	4.28	0.03
广　州	Guangzhou	10859.26	69.15	61.89	231.45	58.50	
深　圳	Shenzhen	22742.28	23.87	45.22	208.51	133.16	
南　宁	Nanning	10276.23	86.27	116.28	355.49	0.33	49.76
海　口	Haikou	10993.23	35.10	11.70	115.36	0.18	
重　庆	Chongqing	6174.66	2.11	43.93	43.32	7.55	11.97
成　都	Chengdu	3450.08	52.16	132.19	121.21	0.54	9.83
贵　阳	Guiyang	7396.18	39.40	13.93	69.21	6.14	2.21
昆　明	Kunming	8599.87	21.33	75.93	52.61	266.12	59.16
拉　萨	Lhasa	2777.88	9.10	68.74	1.52	1.82	2.28
西　安	Xian	5025.87	8.70	170.93	222.41	2.10	3.67
兰　州	Lanzhou	7321.74	38.41	57.16	91.07	0.94	0.42
西　宁	Xining	11659.31	30.05	32.73	41.02		0.77
银　川	Yinchuan	13075.65		87.81	265.02		
乌鲁木齐	Urumqi	3923.59	24.70	24.62	284.71	28.40	2.31

4.3 续表6
Continued 6

城　市	City	7. 归还住房贷款 Return Mortgage for House	8. 归还汽车贷款 Return Car Loan	9. 归还教育贷款 Return Education Loan	10. 归还其他贷款 Return Other Loans	11. 其他借贷支出 Other Loan Expenditure	三、期末手存现金 End Cash Deposit
平均水平	**Average Level**	**458.34**	**17.67**	**1.66**	**1.54**	**16.57**	**2316.98**
北　京	Beijing	376.10	39.79	0.25	4.94	33.16	1534.21
天　津	Tianjin	448.34	9.78		0.19	4.63	3142.54
石家庄	Shijiazhuang	21.51					3115.89
太　原	Taiyuan	37.95	37.64			35.56	1244.67
呼和浩特	Huhhot	439.99	55.46		8.28	28.45	908.53
沈　阳	Shenyang	399.64	9.14	11.47	0.32	2.57	2384.65
大　连	Dalian	304.21	66.68			3.00	2036.47
长　春	Changchun	338.34	6.34			0.23	1800.20
哈尔滨	Harbin	104.35	28.32	0.58		0.51	1015.87
上　海	Shanghai	697.04		9.34		6.04	5930.52
南　京	Nanjing	410.66	6.79		1.59	4.05	3868.05
杭　州	Hangzhou	1930.86				0.15	780.36
宁　波	Ningbo	1148.26	33.49			13.59	1872.72
合　肥	Hefei	429.46				2.20	2833.23
福　州	Fuzhou	508.34		5.21	9.56		844.22
厦　门	Xiamen	878.54	29.65			16.17	993.71
南　昌	Nanchang	101.00				20.97	2291.28
济　南	Jinan	403.54	10.92		7.94	3.49	1871.68
青　岛	Qingdao	344.52	1.42		12.27	46.76	2115.01
郑　州	Zhengzhou	89.83				2196.60	
武　汉	Wuhan	418.03				1914.41	
长　沙	Changsha	176.81	3.23		2.08	9.71	5762.59
广　州	Guangzhou	378.53				87.50	1791.77
深　圳	Shenzhen	899.16	96.84	1.85		11.83	1414.41
南　宁	Nanning	267.96			13.26	34.49	1219.59
海　口	Haikou	175.21				4.47	405.99
重　庆	Chongqing	413.64	2.01		1.66	1.84	2145.09
成　都	Chengdu	536.17	80.63	4.44		11.68	3517.55
贵　阳	Guiyang	393.12				60.92	739.95
昆　明	Kunming	161.78	11.22			23.68	798.18
拉　萨	Lhasa	1372.19	72.17	3.85	23.75		165.46
西　安	Xian	156.36	5.60			29.03	1517.81
兰　州	Lanzhou	68.69				2.50	758.27
西　宁	Xining	152.13				4.31	139.00
银　川	Yinchuan	321.78			1.10	30.59	213.80
乌鲁木齐	Urumqi	278.00	2.49		1.43	55.54	710.86

4.4 居民家庭消费支出(2010 年,年人均)

Household Living Expenditure (2010, per person per year)

单位:元 (yuan)

城市	City	消费支出 Living Expenditure	其中:服务性消费支出 In Which: Expenditure for Services	一、食品 Food	1. 粮食 Grain	2. 油脂类 Oil and Fats	3. 肉类 Meat	4. 禽类 Poultry
平均水平	**Average Level**	**17294.91**	**4892.30**	**6050.71**	**451.43**	**138.67**	**781.66**	**265.39**
北京	Beijing	21281.42	6120.28	6759.84	424.37	140.36	782.04	165.02
天津	Tianjin	16561.77	4300.11	5940.44	385.73	130.85	716.84	148.86
石家庄	Shijiazhuang	10568.49	2238.22	3660.85	374.67	119.92	532.67	129.86
太原	Taiyuan	12105.64	3431.72	3709.58	403.68	100.38	491.39	81.89
呼和浩特	Huhhot	16901.90	4485.90	5087.96	475.26	101.61	665.86	104.17
沈阳	Shenyang	16961.44	4959.14	5384.84	367.41	123.52	666.29	113.68
大连	Dalian	16579.70	4106.16	6145.16	395.80	107.12	715.76	122.50
长春	Changchun	14400.40	4033.06	4641.78	408.97	120.85	767.77	118.46
哈尔滨	Harbin	13939.52	3605.49	4647.42	451.48	142.19	804.90	124.93
上海	Shanghai	23200.40	6955.19	7776.98	614.73	113.73	767.38	368.85
南京	Nanjing	18156.34	5745.90	6451.46	392.08	126.39	779.53	422.30
杭州	Hangzhou	20218.98	5426.97	7790.18	394.25	149.80	597.86	386.16
宁波	Ningbo	19420.13	5160.64	6898.71	506.47	182.68	529.72	229.25
合肥	Hefei	14011.79	3970.97	5010.47	335.75	131.59	555.20	220.77
福州	Fuzhou	16323.26	4364.43	6395.49	530.09	142.55	841.41	340.67
厦门	Xiamen	19960.67	5563.55	7275.28	536.50	120.32	998.24	369.48
南昌	Nanchang	13899.13	2992.19	4782.11	352.87	191.55	747.07	244.19
济南	Jinan	15973.32	3944.32	5051.18	341.38	111.80	606.91	123.44
青岛	Qingdao	17531.05	3571.17	6553.27	377.38	148.77	845.69	179.76
郑州	Zhengzhou	12587.76	2641.14	4153.98	441.83	120.01	559.35	154.28
武汉	Wuhan	14490.07	3373.85	5367.36	770.87	175.94	838.00	165.34
长沙	Changsha	15769.50	4544.47	5513.33	339.09	225.83	835.33	243.49
广州	Guangzhou	25011.61	9151.17	8325.46	510.61	125.90	1110.01	554.70
深圳	Shenzhen	22806.54	7279.02	8104.51	568.54	149.90	1310.56	509.16
南宁	Nanning	12866.65	3182.79	4512.72	355.22	121.51	905.92	500.79
海口	Haikou	12401.04	3390.04	5219.00	293.95	116.31	805.77	407.85
重庆	Chongqing	14754.74	3999.95	5531.88	318.25	205.81	814.67	376.16
成都	Chengdu	15510.91	4377.32	5835.26	392.01	179.08	930.67	342.03
贵阳	Guiyang	12939.80	3624.77	4905.33	329.67	127.16	736.07	238.42
昆明	Kunming	13337.63	3471.19	5442.20	383.01	63.66	689.90	236.52
拉萨	Lhasa	11687.21	2999.70	5496.01	439.44	203.69	805.46	126.58
西安	Xian	14159.74	4305.82	5205.95	452.46	116.00	487.06	115.18
兰州	Lanzhou	10930.39	2837.86	4244.25	389.84	143.36	545.94	123.79
西宁	Xining	9420.84	2264.69	3863.12	497.09	112.35	584.23	112.50
银川	Yinchuan	13589.00	3478.75	4358.46	392.14	127.89	537.57	134.73
乌鲁木齐	Urumqi	10238.85	2650.35	3890.99	334.39	106.01	586.17	152.14

4.4 续表1
Continued 1

城　市	City	5. 蛋类 Eggs	6. 水产品类 Aquatic Products	7. 蔬菜类 Vegetable	8. 酒类 Liquor	9. 饮料 Beverages	10. 干鲜瓜果类 Fresh and Dried Fruits	11. 奶及奶制品 Milk and Diary Products
平均水平	**Average Level**	**111.33**	**448.41**	**586.16**	**159.51**	**137.41**	**481.64**	**277.18**
北　京	Beijing	124.20	281.88	549.19	214.34	289.37	677.40	396.36
天　津	Tianjin	158.77	443.79	521.49	215.30	140.23	539.06	236.06
石家庄	Shijiazhuang	116.30	118.04	459.84	151.19	89.22	310.66	190.16
太　原	Taiyuan	101.03	105.09	431.65	93.58	68.48	375.81	220.76
呼和浩特	Huhhot	67.41	89.69	469.29	215.28	101.08	475.93	251.73
沈　阳	Shenyang	98.91	321.31	471.98	183.83	135.08	504.97	260.55
大　连	Dalian	153.42	835.54	628.56	162.44	131.69	666.79	269.62
长　春	Changchun	95.48	208.55	499.75	152.79	111.79	489.85	140.85
哈尔滨	Harbin	113.74	258.29	496.64	116.06	86.37	472.59	168.80
上　海	Shanghai	117.29	817.64	622.01	153.44	183.07	593.73	410.27
南　京	Nanjing	123.33	443.38	725.19	183.85	107.59	432.85	344.04
杭　州	Hangzhou	99.67	808.88	664.29	271.90	213.30	609.96	333.08
宁　波	Ningbo	90.06	1269.59	639.98	191.75	93.83	558.41	337.56
合　肥	Hefei	131.55	240.69	446.87	356.76	128.93	278.23	346.51
福　州	Fuzhou	128.56	1252.44	600.14	70.30	121.56	512.06	308.48
厦　门	Xiamen	127.78	998.51	576.35	149.19	235.90	531.17	264.11
南　昌	Nanchang	98.32	351.23	690.85	65.02	56.53	392.79	225.33
济　南	Jinan	123.05	262.24	456.74	186.53	148.57	415.62	246.11
青　岛	Qingdao	173.11	923.28	593.29	332.85	259.35	637.28	316.35
郑　州	Zhengzhou	110.40	138.48	499.74	175.81	126.90	370.41	175.96
武　汉	Wuhan	115.82	411.45	755.37	179.51	40.19	271.08	174.07
长　沙	Changsha	92.04	268.73	686.07	187.98	69.76	419.63	166.93
广　州	Guangzhou	91.04	618.42	619.77	115.94	163.90	521.01	309.04
深　圳	Shenzhen	104.39	683.11	792.30	73.17	179.08	594.42	321.97
南　宁	Nanning	70.88	293.12	476.00	60.71	63.25	332.98	164.19
海　口	Haikou	51.02	600.54	519.90	66.39	58.84	354.87	197.71
重　庆	Chongqing	107.35	229.37	575.84	129.87	66.81	363.57	290.07
成　都	Chengdu	114.17	203.09	638.82	111.11	107.32	379.19	322.74
贵　阳	Guiyang	82.38	121.02	479.09	127.44	99.12	379.10	237.82
昆　明	Kunming	91.77	216.10	640.94	66.80	116.36	406.51	105.96
拉　萨	Lhasa	51.24	71.27	694.45	114.53	106.44	326.53	230.13
西　安	Xian	91.88	117.11	446.05	156.24	115.97	481.80	271.69
兰　州	Lanzhou	85.00	104.41	515.76	149.52	79.56	394.38	192.80
西　宁	Xining	73.87	93.56	420.29	134.40	90.64	330.63	210.30
银　川	Yinchuan	67.86	98.68	434.77	94.32	87.60	380.24	209.20
乌鲁木齐	Urumqi	77.60	125.13	392.12	84.93	60.32	392.30	181.19

4.4 续表 2
Continued 2

城市	City	二、衣着 Clothing	1. 服装 Garments	2. 衣着材料 Clothing Materials	3. 鞋类 Shoes	三、居住 Residence	1. 住房 Housing
平均水平	**Average Level**	**1737.67**	**1261.90**	**10.79**	**399.26**	**1595.58**	**545.72**
北　京	Beijing	2228.63	1562.30	12.31	563.55	1593.43	673.33
天　津	Tianjin	1567.58	1122.04	15.26	355.95	1615.57	562.82
石家庄	Shijiazhuang	1192.27	832.83	9.11	284.77	1402.45	184.43
太　原	Taiyuan	1234.19	909.28	10.42	278.85	1171.82	257.74
呼和浩特	Huhhot	2077.55	1512.43	15.08	441.27	1729.92	677.97
沈　阳	Shenyang	2139.66	1493.91	9.75	539.21	1364.94	232.39
大　连	Dalian	1676.02	1202.48	12.26	389.89	1741.57	529.75
长　春	Changchun	1817.99	1206.36	15.66	480.03	1628.67	205.85
哈尔滨	Harbin	2058.88	1407.55	5.97	544.80	1252.31	262.20
上　海	Shanghai	1794.06	1351.82	19.38	355.14	2166.22	1214.24
南　京	Nanjing	1571.73	1148.75	14.49	346.43	1518.40	577.57
杭　州	Hangzhou	2061.36	1612.50	14.73	390.88	1853.18	742.58
宁　波	Ningbo	2067.24	1606.27	28.00	387.53	1629.11	690.17
合　肥	Hefei	1531.29	1063.26	7.20	400.49	1483.00	686.18
福　州	Fuzhou	1453.08	1111.58	2.56	295.78	1538.51	469.56
厦　门	Xiamen	1596.88	1228.83	6.69	318.83	2063.63	913.78
南　昌	Nanchang	1524.29	1200.55	3.64	289.27	1355.03	385.06
济　南	Jinan	1882.44	1381.18	16.73	419.45	1666.28	619.32
青　岛	Qingdao	2188.08	1539.47	10.01	530.28	1639.71	427.85
郑　州	Zhengzhou	1886.40	1319.88	8.46	504.00	984.21	205.05
武　汉	Wuhan	1731.35	1286.17	10.16	387.74	1581.09	557.30
长　沙	Changsha	1365.57	951.68	11.32	343.53	1610.22	355.34
广　州	Guangzhou	1882.97	1309.60	2.52	467.60	1971.17	462.21
深　圳	Shenzhen	1749.87	1352.89	0.92	350.09	2561.43	882.95
南　宁	Nanning	928.75	706.18	4.75	184.83	1177.11	332.97
海　口	Haikou	670.49	518.89	1.26	136.52	1393.73	452.99
重　庆	Chongqing	1892.08	1401.43	7.63	406.94	1328.67	416.68
成　都	Chengdu	1487.40	1084.50	7.49	343.93	1113.17	289.15
贵　阳	Guiyang	1340.01	982.68	18.56	310.69	1029.56	330.04
昆　明	Kunming	1519.87	1077.07	11.91	400.96	1191.40	502.73
拉　萨	Lhasa	1569.10	1180.29	2.77	376.22	716.37	104.73
西　安	Xian	1583.05	1123.90	10.62	401.14	1361.70	367.80
兰　州	Lanzhou	1276.19	886.47	17.74	311.16	932.92	259.50
西　宁	Xining	1077.42	792.74	6.04	231.52	849.55	121.18
银　川	Yinchuan	1564.87	1171.14	13.48	329.36	1332.44	419.02
乌鲁木齐	Urumqi	1407.49	977.53	15.19	351.64	675.66	124.88

4.4 续表3
Continued 3

城市	City	2.水电燃料及其他 Water, Electricity, Fuels and Others	3.居住服务费 Service Charge for Residence	四、家庭设备用品及服务 Household Facilities, Articles and Services	1.耐用消费品 Durable Consumer Goods	2.室内装饰品 Room Decorations	3.床上用品 Bed Articles
平均水平	**Average Level**	**890.36**	**159.51**	**1187.92**	**503.42**	**38.18**	**97.05**
北京	Beijing	778.07	142.03	1470.18	656.87	46.97	111.05
天津	Tianjin	991.60	61.14	1119.93	628.07	37.24	75.91
石家庄	Shijiazhuang	1151.64	66.39	759.59	389.41	5.22	50.08
太原	Taiyuan	872.07	42.02	635.90	223.93	11.87	46.38
呼和浩特	Huhhot	956.55	95.40	1298.54	596.75	39.40	87.96
沈阳	Shenyang	960.29	172.26	1031.96	366.79	29.29	91.97
大连	Dalian	1140.10	71.72	994.76	402.85	32.91	96.64
长春	Changchun	1317.15	105.67	915.33	392.26	43.78	88.95
哈尔滨	Harbin	908.76	81.34	802.89	361.73	23.40	72.25
上海	Shanghai	773.93	178.05	1800.19	815.82	72.02	132.77
南京	Nanjing	821.48	119.35	1404.08	520.87	38.10	112.71
杭州	Hangzhou	1014.91	95.69	955.98	335.01	22.46	87.42
宁波	Ningbo	801.25	137.69	1153.23	557.58	44.76	103.14
合肥	Hefei	690.34	106.48	817.97	412.93	38.58	98.99
福州	Fuzhou	932.91	136.04	990.38	332.63	10.78	92.11
厦门	Xiamen	879.04	270.81	1307.42	505.99	42.23	100.41
南昌	Nanchang	888.68	81.30	1221.39	547.04	3.94	49.35
济南	Jinan	947.15	99.82	1144.36	583.16	19.50	62.38
青岛	Qingdao	1096.37	115.49	1221.12	576.69	39.65	94.36
郑州	Zhengzhou	709.49	69.67	1192.19	557.19	28.82	109.69
武汉	Wuhan	842.21	181.58	1224.92	525.12	47.27	82.60
长沙	Changsha	1066.88	188.00	1168.47	529.15	31.23	83.53
广州	Guangzhou	1140.62	368.34	1773.00	693.13	80.73	178.64
深圳	Shenzhen	1176.49	502.00	1446.09	465.54	13.72	112.97
南宁	Nanning	775.05	69.09	1078.27	565.32	19.69	82.81
海口	Haikou	802.74	138.00	725.30	280.95	14.70	39.82
重庆	Chongqing	719.86	192.13	1137.79	487.48	66.41	157.51
成都	Chengdu	679.46	144.56	882.47	359.71	23.96	63.01
贵阳	Guiyang	621.53	77.99	871.89	226.91	47.18	50.53
昆明	Kunming	626.68	61.99	601.78	283.41	14.76	39.25
拉萨	Lhasa	556.72	54.92	612.22	82.37	26.65	192.01
西安	Xian	906.36	87.54	831.02	303.74	24.88	65.37
兰州	Lanzhou	631.19	42.23	727.15	331.90	30.86	50.72
西宁	Xining	651.08	77.29	592.35	250.77	29.80	33.09
银川	Yinchuan	815.78	97.64	842.38	382.97	21.54	52.84
乌鲁木齐	Urumqi	483.86	66.92	602.13	180.17	16.40	40.24

4.4 续表 4
Continued 4

城　市	City	4. 家庭日用杂品 Household Articles for Daily Use	5. 家具材料 Furniture Materials	6. 家庭服务 Household Services	五、医疗保健 Health Care	六、交通和通讯 Transportation and Communications	1. 交通 Transport
平均水平	**Average Level**	**442.87**	**13.14**	**93.26**	**1071.57**	**2684.23**	**1726.70**
北　京	Beijing	538.24	8.38	108.67	1373.97	3681.28	2555.76
天　津	Tianjin	318.22	4.61	55.87	1275.64	2454.38	1607.17
石家庄	Shijiazhuang	249.06	10.58	55.26	830.53	1335.98	755.00
太　原	Taiyuan	256.04	0.44	97.24	1283.33	2079.80	1366.13
呼和浩特	Huhhot	416.18	81.04	77.20	1569.26	2477.74	1846.77
沈　阳	Shenyang	419.14	8.47	116.31	1447.89	2428.25	1467.01
大　连	Dalian	419.69	7.84	34.83	1128.17	2519.59	1698.39
长　春	Changchun	327.14	47.56	15.64	1309.88	1631.96	858.11
哈尔滨	Harbin	290.16	8.01	47.35	1221.65	1848.01	1004.48
上　海	Shanghai	624.91	2.51	152.16	1005.54	4076.46	2890.85
南　京	Nanjing	560.48	11.39	160.52	1369.71	1949.63	1105.71
杭　州	Hangzhou	364.12	4.01	142.96	994.16	3909.61	2774.92
宁　波	Ningbo	366.28	6.46	75.01	712.36	3091.11	2180.99
合　肥	Hefei	229.17	5.88	32.42	750.30	1859.22	955.07
福　州	Fuzhou	421.33	1.09	132.43	681.64	2497.13	1402.52
厦　门	Xiamen	498.88	8.52	151.38	656.74	4074.86	3004.15
南　昌	Nanchang	524.24	19.67	77.15	758.50	2327.81	1514.53
济　南	Jinan	387.40	34.90	57.02	1182.77	2645.78	1944.33
青　岛	Qingdao	434.61	42.91	32.90	1048.76	2584.23	1713.04
郑　州	Zhengzhou	451.85	13.96	30.68	1013.67	1591.47	924.26
武　汉	Wuhan	480.38	46.31	43.23	903.61	1694.28	1046.74
长　沙	Changsha	449.53	17.30	57.73	954.32	2608.76	1639.59
广　州	Guangzhou	562.75	8.05	249.69	1358.61	3981.72	2310.54
深　圳	Shenzhen	677.01	0.78	176.06	997.64	4506.65	3047.43
南　宁	Nanning	338.27	1.76	70.42	745.62	2575.17	1791.15
海　口	Haikou	341.65	5.69	42.49	634.28	2320.71	1682.51
重　庆	Chongqing	350.68	23.86	51.84	1150.18	1519.82	682.99
成　都	Chengdu	365.66	1.34	68.80	827.30	2652.83	1624.01
贵　阳	Guiyang	399.47	71.50	76.30	584.03	2040.95	1257.45
昆　明	Kunming	236.19	0.67	27.50	856.30	2003.73	1254.32
拉　萨	Lhasa	289.88	6.08	15.23	487.26	1528.37	778.25
西　安	Xian	405.07	0.53	31.44	1097.74	1473.56	722.29
兰　州	Lanzhou	280.95	7.22	25.49	937.22	1158.05	549.87
西　宁	Xining	247.71	11.04	19.94	809.20	1063.18	569.78
银　川	Yinchuan	351.94	2.20	30.89	1113.78	2159.90	1545.27
乌鲁木齐	Urumqi	329.01	2.08	34.22	666.72	1358.36	792.62

4.4 续表5
Continued 5

城市	City	2. 通信 Communication	七、教育文化娱乐服务 Education, Cultural and Recreation Services	1. 文化娱乐用品 Recreation Articles	2. 文化娱乐服务 Recreation Service	3. 教育 Education	八、杂项商品和服务 Miscellaneous Commodities and Services
平均水平	**Average Level**	**957.53**	**2279.19**	**565.95**	**841.39**	**871.85**	**688.04**
北京	Beijing	1125.53	3228.12	925.72	1206.14	1096.26	945.97
天津	Tianjin	847.21	1899.50	567.58	579.38	752.54	688.73
石家庄	Shijiazhuang	580.98	1029.94	288.58	265.75	475.60	356.89
太原	Taiyuan	713.67	1583.33	359.63	453.92	769.78	407.69
呼和浩特	Huhhot	630.97	1951.70	636.90	491.21	823.60	709.24
沈阳	Shenyang	961.24	2359.29	461.06	747.76	1150.46	804.61
大连	Dalian	821.20	1741.83	493.37	436.69	811.77	632.60
长春	Changchun	773.85	1793.02	264.94	337.78	1190.29	661.75
哈尔滨	Harbin	843.53	1505.42	218.69	423.98	862.75	602.93
上海	Shanghai	1185.61	3363.25	1055.87	1139.48	1167.89	1217.70
南京	Nanjing	843.93	3262.80	747.78	1452.39	1062.63	628.52
杭州	Hangzhou	1134.69	2088.77	518.80	928.68	641.29	565.73
宁波	Ningbo	910.12	3089.24	640.60	925.07	1523.58	779.13
合肥	Hefei	904.15	2043.47	412.85	598.31	1032.30	516.07
福州	Fuzhou	1094.61	2191.04	554.73	1053.85	582.47	575.99
厦门	Xiamen	1070.71	2403.26	654.45	816.45	932.35	582.61
南昌	Nanchang	813.28	1362.77	256.94	534.90	570.94	567.23
济南	Jinan	701.45	1898.05	562.10	537.84	798.11	502.47
青岛	Qingdao	871.20	1748.14	493.49	445.00	809.65	547.74
郑州	Zhengzhou	667.22	1243.83	427.19	406.04	410.61	521.99
武汉	Wuhan	647.54	1480.81	244.58	547.03	689.20	506.66
长沙	Changsha	969.17	2011.44	363.58	723.11	924.76	537.39
广州	Guangzhou	1671.18	4611.35	914.15	2388.93	1308.27	1107.32
深圳	Shenzhen	1459.22	2653.23	671.91	916.68	1064.65	787.11
南宁	Nanning	784.02	1504.66	403.98	632.74	467.93	344.35
海口	Haikou	638.20	1135.95	233.98	278.13	623.84	301.58
重庆	Chongqing	836.84	1644.58	408.19	750.64	485.75	549.75
成都	Chengdu	1028.82	2032.58	476.22	901.41	654.95	679.89
贵阳	Guiyang	783.51	1743.57	456.94	679.57	607.07	424.44
昆明	Kunming	749.41	1354.82	314.74	613.71	426.37	367.53
拉萨	Lhasa	750.12	631.69	158.10	270.13	203.46	646.20
西安	Xian	751.26	2130.90	466.55	519.82	1144.54	475.82
兰州	Lanzhou	608.18	1243.40	301.57	475.69	466.14	411.21
西宁	Xining	493.40	843.02	263.96	228.94	350.13	323.00
银川	Yinchuan	614.63	1604.13	509.81	489.03	605.29	613.05
乌鲁木齐	Urumqi	565.74	1208.04	373.66	351.91	482.47	429.47

4.5 居民家庭消费支出构成(2010 年)
Household Living Expenditure Composition (2010)

单位:% (%)

城市	City	消费支出 Living Expenditure	其中:服务性消费支出 In Which: Expenditure for Services	一、食品 Food	1. 粮食 Grain	2. 油脂类 Oil and Fats	3. 肉类 Meat	4. 禽类 Poultry
平均水平	**Average Level**	**100.00**	**28.29**	**34.99**	**2.61**	**0.80**	**4.52**	**1.53**
北京	Beijing	100.00	28.76	31.76	1.99	0.66	3.67	0.78
天津	Tianjin	100.00	25.96	35.87	2.33	0.79	4.33	0.90
石家庄	Shijiazhuang	100.00	21.18	34.64	3.55	1.13	5.04	1.23
太原	Taiyuan	100.00	28.35	30.64	3.33	0.83	4.06	0.68
呼和浩特	Huhhot	100.00	26.54	30.10	2.81	0.60	3.94	0.62
沈阳	Shenyang	100.00	29.24	31.75	2.17	0.73	3.93	0.67
大连	Dalian	100.00	24.77	37.06	2.39	0.65	4.32	0.74
长春	Changchun	100.00	28.01	32.23	2.84	0.84	5.33	0.82
哈尔滨	Harbin	100.00	25.87	33.34	3.24	1.02	5.77	0.90
上海	Shanghai	100.00	29.98	33.52	2.65	0.49	3.31	1.59
南京	Nanjing	100.00	31.65	35.53	2.16	0.70	4.29	2.33
杭州	Hangzhou	100.00	26.84	38.53	1.95	0.74	2.96	1.91
宁波	Ningbo	100.00	26.57	35.52	2.61	0.94	2.73	1.18
合肥	Hefei	100.00	28.34	35.76	2.40	0.94	3.96	1.58
福州	Fuzhou	100.00	26.74	39.18	3.25	0.87	5.15	2.09
厦门	Xiamen	100.00	27.87	36.45	2.69	0.60	5.00	1.85
南昌	Nanchang	100.00	21.53	34.41	2.54	1.38	5.37	1.76
济南	Jinan	100.00	24.69	31.62	2.14	0.70	3.80	0.77
青岛	Qingdao	100.00	20.37	37.38	2.15	0.85	4.82	1.03
郑州	Zhengzhou	100.00	20.98	33.00	3.51	0.95	4.44	1.23
武汉	Wuhan	100.00	23.28	37.04	5.32	1.21	5.78	1.14
长沙	Changsha	100.00	28.82	34.96	2.15	1.43	5.30	1.54
广州	Guangzhou	100.00	36.59	33.29	2.04	0.50	4.44	2.22
深圳	Shenzhen	100.00	31.92	35.54	2.49	0.66	5.75	2.23
南宁	Nanning	100.00	24.74	35.07	2.76	0.94	7.04	3.89
海口	Haikou	100.00	27.34	42.09	2.37	0.94	6.50	3.29
重庆	Chongqing	100.00	27.11	37.49	2.16	1.39	5.52	2.55
成都	Chengdu	100.00	28.22	37.62	2.53	1.15	6.00	2.21
贵阳	Guiyang	100.00	28.01	37.91	2.55	0.98	5.69	1.84
昆明	Kunming	100.00	26.03	40.80	2.87	0.48	5.17	1.77
拉萨	Lhasa	100.00	25.67	47.03	3.76	1.74	6.89	1.08
西安	Xian	100.00	30.41	36.77	3.20	0.82	3.44	0.81
兰州	Lanzhou	100.00	25.96	38.83	3.57	1.31	4.99	1.13
西宁	Xining	100.00	24.04	41.01	5.28	1.19	6.20	1.19
银川	Yinchuan	100.00	25.60	32.07	2.89	0.94	3.96	0.99
乌鲁木齐	Urumqi	100.00	25.89	38.00	3.27	1.04	5.72	1.49

4.5 续表 1
Continued 1

城市	City	5. 蛋类 Eggs	6. 水产品类 Aquatic Products	7. 蔬菜类 Vegetable	8. 酒类 Liquor	9. 饮料 Beverages	10. 干鲜瓜果类 Fresh and Dried Fruits	11. 奶及奶制品 Milk and Diary Products
平均水平	**Average Level**	**0.64**	**2.59**	**3.39**	**0.92**	**0.79**	**2.78**	**1.60**
北京	Beijing	0.58	1.32	2.58	1.01	1.36	3.18	1.86
天津	Tianjin	0.96	2.68	3.15	1.30	0.85	3.25	1.43
石家庄	Shijiazhuang	1.10	1.12	4.35	1.43	0.84	2.94	1.80
太原	Taiyuan	0.83	0.87	3.57	0.77	0.57	3.10	1.82
呼和浩特	Huhhot	0.40	0.53	2.78	1.27	0.60	2.82	1.49
沈阳	Shenyang	0.58	1.89	2.78	1.08	0.80	2.98	1.54
大连	Dalian	0.93	5.04	3.79	0.98	0.79	4.02	1.63
长春	Changchun	0.66	1.45	3.47	1.06	0.78	3.40	0.98
哈尔滨	Harbin	0.82	1.85	3.56	0.83	0.62	3.39	1.21
上海	Shanghai	0.51	3.52	2.68	0.66	0.79	2.56	1.77
南京	Nanjing	0.68	2.44	3.99	1.01	0.59	2.38	1.89
杭州	Hangzhou	0.49	4.00	3.29	1.34	1.05	3.02	1.65
宁波	Ningbo	0.46	6.54	3.30	0.99	0.48	2.88	1.74
合肥	Hefei	0.94	1.72	3.19	2.55	0.92	1.99	2.47
福州	Fuzhou	0.79	7.67	3.68	0.43	0.74	3.14	1.89
厦门	Xiamen	0.64	5.00	2.89	0.75	1.18	2.66	1.32
南昌	Nanchang	0.71	2.53	4.97	0.47	0.41	2.83	1.62
济南	Jinan	0.77	1.64	2.86	1.17	0.93	2.60	1.54
青岛	Qingdao	0.99	5.27	3.38	1.90	1.48	3.64	1.80
郑州	Zhengzhou	0.88	1.10	3.97	1.40	1.01	2.94	1.40
武汉	Wuhan	0.80	2.84	5.21	1.24	0.28	1.87	1.20
长沙	Changsha	0.58	1.70	4.35	1.19	0.44	2.66	1.06
广州	Guangzhou	0.36	2.47	2.48	0.46	0.66	2.08	1.24
深圳	Shenzhen	0.46	3.00	3.47	0.32	0.79	2.61	1.41
南宁	Nanning	0.55	2.28	3.70	0.47	0.49	2.59	1.28
海口	Haikou	0.41	4.84	4.19	0.54	0.47	2.86	1.59
重庆	Chongqing	0.73	1.55	3.90	0.88	0.45	2.46	1.97
成都	Chengdu	0.74	1.31	4.12	0.72	0.69	2.44	2.08
贵阳	Guiyang	0.64	0.94	3.70	0.98	0.77	2.93	1.84
昆明	Kunming	0.69	1.62	4.81	0.50	0.87	3.05	0.79
拉萨	Lhasa	0.44	0.61	5.94	0.98	0.91	2.79	1.97
西安	Xian	0.65	0.83	3.15	1.10	0.82	3.40	1.92
兰州	Lanzhou	0.78	0.96	4.72	1.37	0.73	3.61	1.76
西宁	Xining	0.78	0.99	4.46	1.43	0.96	3.51	2.23
银川	Yinchuan	0.50	0.73	3.20	0.69	0.64	2.80	1.54
乌鲁木齐	Urumqi	0.76	1.22	3.83	0.83	0.59	3.83	1.77

4.5 续表 2
Continued 2

城市	City	二、衣着 Clothing	1. 服装 Garments	2. 衣着材料 Clothing Materials	3. 鞋类 Shoes	三、居住 Residence	1. 住房 Housing
平均水平	**Average Level**	**10.05**	**7.30**	**0.06**	**2.31**	**9.23**	**3.16**
北京	Beijing	10.47	7.34	0.06	2.65	7.49	3.16
天津	Tianjin	9.47	6.77	0.09	2.15	9.75	3.40
石家庄	Shijiazhuang	11.28	7.88	0.09	2.69	13.27	1.75
太原	Taiyuan	10.20	7.51	0.09	2.30	9.68	2.13
呼和浩特	Huhhot	12.29	8.95	0.09	2.61	10.24	4.01
沈阳	Shenyang	12.61	8.81	0.06	3.18	8.05	1.37
大连	Dalian	10.11	7.25	0.07	2.35	10.50	3.20
长春	Changchun	12.62	8.38	0.11	3.33	11.31	1.43
哈尔滨	Harbin	14.77	10.10	0.04	3.91	8.98	1.88
上海	Shanghai	7.73	5.83	0.08	1.53	9.34	5.23
南京	Nanjing	8.66	6.33	0.08	1.91	8.36	3.18
杭州	Hangzhou	10.20	7.98	0.07	1.93	9.17	3.67
宁波	Ningbo	10.64	8.27	0.14	2.00	8.39	3.55
合肥	Hefei	10.93	7.59	0.05	2.86	10.58	4.90
福州	Fuzhou	8.90	6.81	0.02	1.81	9.43	2.88
厦门	Xiamen	8.00	6.16	0.03	1.60	10.34	4.58
南昌	Nanchang	10.97	8.64	0.03	2.08	9.75	2.77
济南	Jinan	11.78	8.65	0.10	2.63	10.43	3.88
青岛	Qingdao	12.48	8.78	0.06	3.02	9.35	2.44
郑州	Zhengzhou	14.99	10.49	0.07	4.00	7.82	1.63
武汉	Wuhan	11.95	8.88	0.07	2.68	10.91	3.85
长沙	Changsha	8.66	6.03	0.07	2.18	10.21	2.25
广州	Guangzhou	7.53	5.24	0.01	1.87	7.88	1.85
深圳	Shenzhen	7.67	5.93	0.00	1.54	11.23	3.87
南宁	Nanning	7.22	5.49	0.04	1.44	9.15	2.59
海口	Haikou	5.41	4.18	0.01	1.10	11.24	3.65
重庆	Chongqing	12.82	9.50	0.05	2.76	9.01	2.82
成都	Chengdu	9.59	6.99	0.05	2.22	7.18	1.86
贵阳	Guiyang	10.36	7.59	0.14	2.40	7.96	2.55
昆明	Kunming	11.40	8.08	0.09	3.01	8.93	3.77
拉萨	Lhasa	13.43	10.10	0.02	3.22	6.13	0.90
西安	Xian	11.18	7.94	0.08	2.83	9.62	2.60
兰州	Lanzhou	11.68	8.11	0.16	2.85	8.54	2.37
西宁	Xining	11.44	8.41	0.06	2.46	9.02	1.29
银川	Yinchuan	11.52	8.62	0.10	2.42	9.81	3.08
乌鲁木齐	Urumqi	13.75	9.55	0.15	3.43	6.60	1.22

4.5 续表3
Continued 3

城市	City	2. 水电燃料及其他 Water, Electricity, Fuels and Others	3. 居住服务费 Service Charge for Residence	四、家庭设备用品及服务 Household Facilities, Articles and Services	1. 耐用消费品 Durable Consumer Goods	2. 室内装饰品 Room Decorations	3. 床上用品 Bed Articles
平均水平	**Average Level**	**5.15**	**0.92**	**6.87**	**2.91**	**0.22**	**0.56**
北京	Beijing	3.66	0.67	6.91	3.09	0.22	0.52
天津	Tianjin	5.99	0.37	6.76	3.79	0.22	0.46
石家庄	Shijiazhuang	10.90	0.63	7.19	3.68	0.05	0.47
太原	Taiyuan	7.20	0.35	5.25	1.85	0.10	0.38
呼和浩特	Huhhot	5.66	0.56	7.68	3.53	0.23	0.52
沈阳	Shenyang	5.66	1.02	6.08	2.16	0.17	0.54
大连	Dalian	6.88	0.43	6.00	2.43	0.20	0.58
长春	Changchun	9.15	0.73	6.36	2.72	0.30	0.62
哈尔滨	Harbin	6.52	0.58	5.76	2.59	0.17	0.52
上海	Shanghai	3.34	0.77	7.76	3.52	0.31	0.57
南京	Nanjing	4.52	0.66	7.73	2.87	0.21	0.62
杭州	Hangzhou	5.02	0.47	4.73	1.66	0.11	0.43
宁波	Ningbo	4.13	0.71	5.94	2.87	0.23	0.53
合肥	Hefei	4.93	0.76	5.84	2.95	0.28	0.71
福州	Fuzhou	5.72	0.83	6.07	2.04	0.07	0.56
厦门	Xiamen	4.40	1.36	6.55	2.53	0.21	0.50
南昌	Nanchang	6.39	0.58	8.79	3.94	0.03	0.36
济南	Jinan	5.93	0.62	7.16	3.65	0.12	0.39
青岛	Qingdao	6.25	0.66	6.97	3.29	0.23	0.54
郑州	Zhengzhou	5.64	0.55	9.47	4.43	0.23	0.87
武汉	Wuhan	5.81	1.25	8.45	3.62	0.33	0.57
长沙	Changsha	6.77	1.19	7.41	3.36	0.20	0.53
广州	Guangzhou	4.56	1.47	7.09	2.77	0.32	0.71
深圳	Shenzhen	5.16	2.20	6.34	2.04	0.06	0.50
南宁	Nanning	6.02	0.54	8.38	4.39	0.15	0.64
海口	Haikou	6.47	1.11	5.85	2.27	0.12	0.32
重庆	Chongqing	4.88	1.30	7.71	3.30	0.45	1.07
成都	Chengdu	4.38	0.93	5.69	2.32	0.15	0.41
贵阳	Guiyang	4.80	0.60	6.74	1.75	0.36	0.39
昆明	Kunming	4.70	0.46	4.51	2.12	0.11	0.29
拉萨	Lhasa	4.76	0.47	5.24	0.70	0.23	1.64
西安	Xian	6.40	0.62	5.87	2.15	0.18	0.46
兰州	Lanzhou	5.77	0.39	6.65	3.04	0.28	0.46
西宁	Xining	6.91	0.82	6.29	2.66	0.32	0.35
银川	Yinchuan	6.00	0.72	6.20	2.82	0.16	0.39
乌鲁木齐	Urumqi	4.73	0.65	5.88	1.76	0.16	0.39

4.5 续表4
Continued 4

城　市	City	4.家庭日用杂品 Household Articles for Daily Use	5.家具材料 Furniture Materials	6.家庭服务 Household Services	五、医疗保健 Health Care	六、交通和通讯 Transportation and Communications	1.交通 Transport
平均水平	**Average Level**	**2.56**	**0.08**	**0.54**	**6.20**	**15.52**	**9.98**
北　京	Beijing	2.53	0.04	0.51	6.46	17.30	12.01
天　津	Tianjin	1.92	0.03	0.34	7.70	14.82	9.70
石家庄	Shijiazhuang	2.36	0.10	0.52	7.86	12.64	7.14
太　原	Taiyuan	2.12	0.00	0.80	10.60	17.18	11.29
呼和浩特	Huhhot	2.46	0.48	0.46	9.28	14.66	10.93
沈　阳	Shenyang	2.47	0.05	0.69	8.54	14.32	8.65
大　连	Dalian	2.53	0.05	0.21	6.80	15.20	10.24
长　春	Changchun	2.27	0.33	0.11	9.10	11.33	5.96
哈尔滨	Harbin	2.08	0.06	0.34	8.76	13.26	7.21
上　海	Shanghai	2.69	0.01	0.66	4.33	17.57	12.46
南　京	Nanjing	3.09	0.06	0.88	7.54	10.74	6.09
杭　州	Hangzhou	1.80	0.02	0.71	4.92	19.34	13.72
宁　波	Ningbo	1.89	0.03	0.39	3.67	15.92	11.23
合　肥	Hefei	1.64	0.04	0.23	5.35	13.27	6.82
福　州	Fuzhou	2.58	0.01	0.81	4.18	15.30	8.59
厦　门	Xiamen	2.50	0.04	0.76	3.29	20.41	15.05
南　昌	Nanchang	3.77	0.14	0.56	5.46	16.75	10.90
济　南	Jinan	2.43	0.22	0.36	7.40	16.56	12.17
青　岛	Qingdao	2.48	0.24	0.19	5.98	14.74	9.77
郑　州	Zhengzhou	3.59	0.11	0.24	8.05	12.64	7.34
武　汉	Wuhan	3.32	0.32	0.30	6.24	11.69	7.22
长　沙	Changsha	2.85	0.11	0.37	6.05	16.54	10.40
广　州	Guangzhou	2.25	0.03	1.00	5.43	15.92	9.24
深　圳	Shenzhen	2.97	0.00	0.77	4.37	19.76	13.36
南　宁	Nanning	2.63	0.01	0.55	5.79	20.01	13.92
海　口	Haikou	2.76	0.05	0.34	5.11	18.71	13.57
重　庆	Chongqing	2.38	0.16	0.35	7.80	10.30	4.63
成　都	Chengdu	2.36	0.01	0.44	5.33	17.10	10.47
贵　阳	Guiyang	3.09	0.55	0.59	4.51	15.77	9.72
昆　明	Kunming	1.77	0.01	0.21	6.42	15.02	9.40
拉　萨	Lhasa	2.48	0.05	0.13	4.17	13.08	6.66
西　安	Xian	2.86	0.00	0.22	7.75	10.41	5.10
兰　州	Lanzhou	2.57	0.07	0.23	8.57	10.59	5.03
西　宁	Xining	2.63	0.12	0.21	8.59	11.29	6.05
银　川	Yinchuan	2.59	0.02	0.23	8.20	15.89	11.37
乌鲁木齐	Urumqi	3.21	0.02	0.33	6.51	13.27	7.74

4.5 续表5
Continued 5

城市	City	2.通信 Communication	七、教育文化娱乐服务 Education, Cultural and Recreation Services	1.文化娱乐用品 Recreation Articles	2.文化娱乐服务 Recreation Service	3.教育 Education	八、杂项商品和服务 Miscellaneous Commodities and Services
平均水平	**Average Level**	**5.54**	**13.18**	**3.27**	**4.86**	**5.04**	**3.98**
北京	Beijing	5.29	15.17	4.35	5.67	5.15	4.45
天津	Tianjin	5.12	11.47	3.43	3.50	4.54	4.16
石家庄	Shijiazhuang	5.50	9.75	2.73	2.51	4.50	3.38
太原	Taiyuan	5.90	13.08	2.97	3.75	6.36	3.37
呼和浩特	Huhhot	3.73	11.55	3.77	2.91	4.87	4.20
沈阳	Shenyang	5.67	13.91	2.72	4.41	6.78	4.74
大连	Dalian	4.95	10.51	2.98	2.63	4.90	3.82
长春	Changchun	5.37	12.45	1.84	2.35	8.27	4.60
哈尔滨	Harbin	6.05	10.80	1.57	3.04	6.19	4.33
上海	Shanghai	5.11	14.50	4.55	4.91	5.03	5.25
南京	Nanjing	4.65	17.97	4.12	8.00	5.85	3.46
杭州	Hangzhou	5.61	10.33	2.57	4.59	3.17	2.80
宁波	Ningbo	4.69	15.91	3.30	4.76	7.85	4.01
合肥	Hefei	6.45	14.58	2.95	4.27	7.37	3.68
福州	Fuzhou	6.71	13.42	3.40	6.46	3.57	3.53
厦门	Xiamen	5.36	12.04	3.28	4.09	4.67	2.92
南昌	Nanchang	5.85	9.80	1.85	3.85	4.11	4.08
济南	Jinan	4.39	11.88	3.52	3.37	5.00	3.15
青岛	Qingdao	4.97	9.97	2.81	2.54	4.62	3.12
郑州	Zhengzhou	5.30	9.88	3.39	3.23	3.26	4.15
武汉	Wuhan	4.47	10.22	1.69	3.78	4.76	3.50
长沙	Changsha	6.15	12.76	2.31	4.59	5.86	3.41
广州	Guangzhou	6.68	18.44	3.65	9.55	5.23	4.43
深圳	Shenzhen	6.40	11.63	2.95	4.02	4.67	3.45
南宁	Nanning	6.09	11.69	3.14	4.92	3.64	2.68
海口	Haikou	5.15	9.16	1.89	2.24	5.03	2.43
重庆	Chongqing	5.67	11.15	2.77	5.09	3.29	3.73
成都	Chengdu	6.63	13.10	3.07	5.81	4.22	4.38
贵阳	Guiyang	6.06	13.47	3.53	5.25	4.69	3.28
昆明	Kunming	5.62	10.16	2.36	4.60	3.20	2.76
拉萨	Lhasa	6.42	5.40	1.35	2.31	1.74	5.53
西安	Xian	5.31	15.05	3.29	3.67	8.08	3.36
兰州	Lanzhou	5.56	11.38	2.76	4.35	4.26	3.76
西宁	Xining	5.24	8.95	2.80	2.43	3.72	3.43
银川	Yinchuan	4.52	11.80	3.75	3.60	4.45	4.51
乌鲁木齐	Urumqi	5.53	11.80	3.65	3.44	4.71	4.19

4.6 居民家庭年末主要消费品拥有量(2010 年,平均每百户)
Number of Major Durable Consumer Goods Owned of Households at the Year-end (2010, per 100 households)

城 市	City	1. 摩托车 (辆) Motorcycle (set)	2. 助力车 (辆) Helping Hand Car (set)	3. 家用汽车 (辆) Automobile (set)	4. 洗衣机 (台) Washing Machine (set)	5. 电冰箱 (台) Refrigerator (set)	6. 彩色电视机 (台) Freezer (set)
平均水平	**Average Level**	**5.10**	**21.61**	**17.26**	**98.54**	**101.32**	**141.49**
北 京	Beijing	3.17	10.14	35.12	102.04	103.79	145.64
天 津	Tianjin	1.60	28.03	15.96	100.19	107.47	130.59
石 家 庄	Shijiazhuang	5.33	39.33	11.33	97.33	101.67	120.00
太 原	Taiyuan	3.53	20.51	10.58	97.44	98.40	109.94
呼和浩特	Huhhot	3.12	15.35	15.35	101.44	106.00	108.15
沈 阳	Shenyang	2.20	12.77	18.76	99.80	103.39	134.33
大 连	Dalian	2.59	0.60	11.55	94.82	104.38	122.11
长 春	Changchun	5.41	2.23	10.19	99.36	100.32	127.71
哈 尔 滨	Harbin	2.40	1.40	8.80	99.20	100.20	111.60
上 海	Shanghai	2.37	34.22	16.81	99.41	104.25	187.54
南 京	Nanjing	4.50	29.93	14.60	101.22	101.82	163.75
杭 州	Hangzhou	4.53	42.41	22.63	96.06	102.26	179.02
宁 波	Ningbo	5.57	52.78	25.13	94.54	99.07	184.78
合 肥	Hefei	9.63	28.89	7.41	95.80	100.00	137.53
福 州	Fuzhou	21.71	68.75	14.80	104.61	104.93	204.28
厦 门	Xiamen	28.00	14.33	23.33	99.00	108.33	150.67
南 昌	Nanchang	8.71	34.27	5.06	99.16	101.12	148.60
济 南	Jinan	13.33	40.17	22.67	93.17	96.67	115.50
青 岛	Qingdao	10.92	6.07	19.90	96.60	106.07	118.45
郑 州	Zhengzhou	2.54	56.38	10.48	97.46	99.54	123.78
武 汉	Wuhan	4.17	10.93	7.55	99.60	100.99	137.38
长 沙	Changsha	2.50	22.75	18.25	100.00	99.50	122.75
广 州	Guangzhou	0.62	1.37	20.94	100.50	102.82	146.10
深 圳	Shenzhen	3.21	12.02	38.65	94.25	99.14	130.38
南 宁	Nanning	34.00	59.00	15.50	98.00	101.50	142.00
海 口	Haikou	21.67	47.00	17.67	76.33	84.00	119.33
重 庆	Chongqing	3.15	0.73	6.33	99.07	102.35	151.27
成 都	Chengdu	2.36	34.91	22.64	100.47	100.94	151.89
贵 阳	Guiyang	0.98	0.98	10.82	101.64	99.34	123.93
昆 明	Kunming	7.67	37.15	22.71	97.88	94.44	123.71
拉 萨	Lhasa	3.50	7.50	31.50	91.00	96.50	144.00
西 安	Xian	7.39	18.47	9.38	98.86	95.17	131.25
兰 州	Lanzhou	1.33	3.33	2.33	98.00	94.67	108.33
西 宁	Xining	1.00	0.33	5.00	96.67	94.00	107.00
银 川	Yinchuan	8.06	19.35	7.10	92.90	91.29	104.19
乌鲁木齐	Urumqi	1.25	1.50	6.98	97.51	94.51	101.00

4.6 续表1
Continued 1

城市	City	7. 家用电脑（台）Computer (set)	8. 组合音响（套）Hi-Fi Stereo Component System (set)	9. 摄像机（架）Pickup Camera (set)	10. 照相机（台）Camera (set)	11. 钢琴（架）Piano (set)	12. 其他中高档乐器（件）Other Medium and High Grade Musical Instrument (set)	13. 微波炉（台）Oven (set)
平均水平	**Average Level**	**90.18**	**34.34**	**14.22**	**64.63**	**4.19**	**5.07**	**78.48**
北京	Beijing	110.68	30.88	26.13	102.64	5.79	8.73	93.63
天津	Tianjin	90.68	25.86	14.18	62.77	1.85	2.68	88.25
石家庄	Shijiazhuang	76.67	21.33	12.33	49.00	2.00	3.33	76.00
太原	Taiyuan	62.50	14.10	8.97	45.51	2.56	3.21	50.00
呼和浩特	Huhhot	60.91	13.67	8.15	40.05	2.16	5.52	57.07
沈阳	Shenyang	88.22	39.32	31.74	79.24	7.58	4.59	84.43
大连	Dalian	88.05	37.25	13.55	68.13	3.19	8.96	79.08
长春	Changchun	75.80	24.20	17.20	54.46	3.82	7.01	72.61
哈尔滨	Harbin	63.80	21.20	11.60	45.20	2.40	3.00	64.60
上海	Shanghai	128.19	51.34	16.62	94.96	6.73	7.32	97.53
南京	Nanjing	91.48	31.39	15.21	74.57	4.50	4.62	97.32
杭州	Hangzhou	99.43	29.94	11.00	54.89	4.11	1.87	78.68
宁波	Ningbo	92.87	30.64	10.30	53.73	3.96	5.77	75.12
合肥	Hefei	65.93	14.57	7.41	37.28	1.48	2.22	76.30
福州	Fuzhou	117.11	32.89	11.84	67.11	3.95	6.25	95.07
厦门	Xiamen	117.00	43.33	11.67	61.00	6.33	7.33	91.33
南昌	Nanchang	71.35	27.53	8.71	48.31	2.81	3.93	80.06
济南	Jinan	81.00	16.17	10.83	54.00	4.33	3.50	55.83
青岛	Qingdao	85.44	35.19	19.66	70.39	7.52	6.07	78.88
郑州	Zhengzhou	68.38	15.14	9.91	46.88	2.12	2.19	62.56
武汉	Wuhan	70.38	36.98	9.34	42.35	2.39	4.37	73.56
长沙	Changsha	71.50	34.25	10.75	46.25	4.75	4.25	65.50
广州	Guangzhou	125.20	70.38	19.52	103.26	8.02	6.46	89.01
深圳	Shenzhen	111.22	45.70	19.02	77.05	4.43	5.47	67.87
南宁	Nanning	103.50	34.50	8.00	61.00	3.00	7.50	82.00
海口	Haikou	61.33	27.00	7.33	26.67	3.33	1.00	41.67
重庆	Chongqing	79.83	35.52	9.02	41.89	2.65	2.27	81.79
成都	Chengdu	89.15	37.03	10.61	59.67	3.30	4.25	81.84
贵阳	Guiyang	75.08	44.92	8.85	44.26	2.30	9.18	63.61
昆明	Kunming	68.18	41.12	9.66	56.83	2.51	5.55	78.20
拉萨	Lhasa	63.00	43.50	13.00	56.00	1.50	1.50	49.50
西安	Xian	80.68	24.15	9.94	63.07	4.26	7.67	66.76
兰州	Lanzhou	46.00	30.33	4.33	28.00	1.33	2.00	54.33
西宁	Xining	38.33	8.00	4.67	24.67	2.33	1.33	52.00
银川	Yinchuan	57.42	14.84	2.90	22.26	1.29	2.58	55.81
乌鲁木齐	Urumqi	57.36	18.45	5.74	31.42	2.74	4.49	49.88

4.6 续表2
Continued 2

城 市	City	14. 空调器（台） Conditioner (set)	15. 淋浴热水器（台） Shower (set)	16. 消毒碗柜（台） Disinfection Cupboard (set)	17. 洗碗机（台） Dishwasher (set)	18. 健身器材（套） Health Equipment (set)	19. 普通电话（部） Telephone (set)	20. 移动电话（部） Mobile Telephone (set)
平均水平	**Average Level**	**142.31**	**94.04**	**22.70**	**1.42**	**5.52**	**83.26**	**204.56**
北 京	Beijing	175.86	97.63	10.14	1.85	7.76	101.07	226.98
天 津	Tianjin	142.46	96.17	1.47	0.26	2.23	80.72	203.77
石家庄	Shijiazhuang	135.67	87.33	3.67	2.00	3.67	70.33	180.00
太 原	Taiyuan	34.94	64.74	1.92	1.28	3.53	84.94	141.35
呼和浩特	Huhhot	9.59	76.26	3.36	0.96	5.52	72.18	181.06
沈 阳	Shenyang	55.09	94.61	17.37	2.79	8.98	87.43	205.99
大 连	Dalian	33.86	89.64	11.55	1.20	6.77	88.25	203.19
长 春	Changchun	16.24	71.66	13.06	1.27	3.82	73.57	225.16
哈尔滨	Harbin	18.60	72.00	8.60	1.40	3.60	80.00	188.80
上 海	Shanghai	199.90	98.32	16.12	0.10	8.61	97.92	229.67
南 京	Nanjing	205.35	102.68	19.34	1.70	5.72	95.50	188.81
杭 州	Hangzhou	214.08	99.44	18.76	2.31	5.90	89.24	193.44
宁 波	Ningbo	197.00	100.96	20.05	1.15	6.10	88.38	194.79
合 肥	Hefei	140.99	95.80	9.14	0.74	0.25	78.02	184.69
福 州	Fuzhou	233.22	108.55	25.99	0.33	5.26	91.12	237.50
厦 门	Xiamen	237.00	113.67	72.33	1.00	7.33	91.00	244.67
南 昌	Nanchang	133.15	97.75	12.64	1.40	2.81	81.46	164.61
济 南	Jinan	121.50	82.00	6.50	0.33	4.33	46.33	179.67
青 岛	Qingdao	98.54	90.05	13.35	3.64	11.65	75.49	206.31
郑 州	Zhengzhou	134.94	92.71	9.84	0.13	3.84	75.83	162.51
武 汉	Wuhan	147.51	92.84	18.49	1.79	5.77	74.35	175.94
长 沙	Changsha	149.00	100.25	33.00	4.00	4.50	90.00	191.50
广 州	Guangzhou	261.70	105.58	86.60	3.32	5.84	99.29	251.74
深 圳	Shenzhen	222.22	105.50	74.70	2.37	5.98	87.14	233.08
南 宁	Nanning	162.50	104.00	76.00		7.50	68.50	226.50
海 口	Haikou	90.33	89.33	56.00	2.33	4.33	90.67	169.00
重 庆	Chongqing	179.14	101.41	17.80	1.07	4.27	82.82	197.29
成 都	Chengdu	143.63	99.29	21.70	1.42	5.66	76.89	228.54
贵 阳	Guiyang	20.33	74.43	44.59		5.57	70.16	207.21
昆 明	Kunming	0.73	89.23	15.44	1.27	4.58	54.38	204.33
拉 萨	Lhasa	11.50	51.50	12.00	1.00	4.00	87.00	181.50
西 安	Xian	136.93	93.18	10.51	0.28	3.69	60.80	219.60
兰 州	Lanzhou	6.00	63.67	1.00	0.33	2.33	57.33	161.33
西 宁	Xining	1.67	46.33	1.67	0.33	1.67	82.33	148.67
银 川	Yinchuan	10.65	86.45	0.32		0.65	56.45	188.39
乌鲁木齐	Urumqi	5.99	83.04	4.74	0.75	2.49	93.27	170.07

主要统计指标解释

家庭人口数 指居住在一起,经济上合在一起共同生活的家庭成员。凡计算为家庭人口的成员其全部收支都应包括在本家庭中。

就业人口数 指家庭人口中从事社会劳动并取得劳动报酬或经营收入的人口。包括通过国家统筹规划和指导由劳动部门介绍就业,自愿组织起来就业和自谋职业等方式,在国有、集体、中外合资、中外合作、外商在华独资的企事业单位和私营企事业单位工作或从事个体劳动的有固定性职业或临时性职业的人口。聘用和留用的离退休人员也计入就业人口。

家庭总收入 指家庭成员得到的工薪收入、经营净收入、财产性收入、转移性收入之和,不包括出售财物收入和借贷收入。

可支配收入 指家庭成员得到可用于最终消费支出和其它非义务性支出以及储蓄的总和,即居民家庭可以用来自由支配的收入。它是家庭总收入扣除交纳的所得税、个人交纳的社会保障费以及记账补贴后的收入。计算公式为:

可支配收入=家庭总收入—交纳所得税—记账补贴—个人交纳的社会保障支出。

家庭总支出 指除借贷支出以外的全部家庭支出。包括消费性支出、购房建房支出、转移性支出、财产性支出、社会保障支出。

消费性支出 指家庭用于日常生活的全部支出,按用途划分为食品、衣着、家庭设备用品及服务、医疗保健、交通和通讯、娱乐教育文化服务、居住、杂项商品和服务等八大类支出。

服务性消费支出 指家庭用于支付社会提供的各种非商品性服务费用。

Explanatory Notes of Main Statistical Indictors

Number of Household Population refers to family members who live together and economically combine together. All the income and expenditures of the members calculated as household population should be included together.

Number of Employed Population refer to members of household population who are engaged in social labor work and get paid or engaged in business, including members working at state-owned, collective-owned, joint cooperative and solely foreign invested enterprises and institutions and private enterprises and institutions, or members with fixed occupation or temporary occupation who are engaged in individual labor work through means of national overall planning and guidance, labor department introduction, voluntarily organized employment and self employment. Re-employed retired and resigned people are calculated as employed population.

Total Income of Households refers to the sum of wage and salary, net business income, income from properties, and income from transfers of members of the households, excluding income from selling of properties and income from debit and credit.

Disposable Income refers to the income used for final consumer expenditure and other compulsory expenditure and savings.

Disposable income = Family income − personal income tax − survey subsidies − social security disbursement

Total Expenditure of Households refer to all expenditure of the households except expenditure on debit and credit. It includes expenditure on consumption, purchasing or building houses, transfers, properties and social security.

Consumptive Expenditures refers to all the expenditures of household used for daily living, which are divided into 8 categories by purposes: food, clothing, household facilities and supplies and services, health care, transportation and communications, recreational, educational and cultural services, habitation and miscellaneous goods and services.

Expenditure on Consumption of Services refers to expenditure of households on services of various kinds provided by the society.

五、香港特别行政区主要社会经济指标
Chapter 5 MAIN SOCIAL AND ECONOMIC INDICATORS IN HONGKONG SPECIAL ADMINISTRITIVE REGION

简 要 说 明

本部分资料来源于国家统计局《中国统计年鉴-2011》,主要反映香港特别行政区的社会、经济发展情况。由香港特别行政区政府统计处提供所有数据,国家统计局国际统计信息中心负责整理、编辑。

本章节表中的符号使用说明:本章节表中使用的部分符号与其它章节略有差异。“-”表示不适用;“空格”表示没有数字;“#”表示临时数字;“§”表示数字少于单位的一半。

Brief Explanation

The materials of this part are from *China Statistic Yearbook –2010* of State Statistic Bureau, mainly reflecting the social and economic development status of Hong Kong Special Administration Region. Statistic Division of Hong Kong SAR provides all the data, which are sorted out and edited by International Statistic Information Center of State Statistic Bureau.

Notations used in this chapter: Some notations used in this chapter are not agreed with other chapters, but with Hong Kong publications. "–" indicates not applicable. "(blank)" indicates not available. "#" indicates provisional figure. " § " indicates the magnitude of figure is less than half of the unit employed.

5.1 主要统计指标概览
Summary of Key Statistics

项 目	Item	2006	2007	2008	2009	2010
人口及生命统计	Population and Vital Events					
年中人口（万人）	Mid-year Population (10000 persons)	685.7	692.6	697.8	700.4	706.8
粗出生率（‰）	Crude Birth Rate (‰)	9.6	10.2	11.3	11.7	12.5
粗死亡率（‰）	Crude Death Rate (‰)	5.5	5.7	6.0	5.9	5.9
婴儿死亡率（‰）（按每千名登记活产婴儿计算）		1.8	1.8	1.8	1.7	1.5
劳动、就业	Labour and Employment					
劳动人口（万人）	Labour Force (10000 persons)	357.2	363.0	364.9	367.7	365.4
劳动人口参与率（%）	Labour Force Participation Rate (%)	61.2	61.2	60.9	60.7	59.7
失业率（%）	Unemployment Rate (%)	4.8	4.0	3.6	5.4	4.4
就业人数（万人）	Number of Employed Persons (10 000 persons)	340.1	348.4	351.9	348.0	349.3
选定行业的就业人数①（万人）	Number of Employed Persons in Selected Industries (10 000 persons)					
(i) 制造业	(i) Manufacturing			16.69	15.1	13.4
(ii) 建筑业	(ii) Construction			26.93	26.9	27.1
(iii) 进出口贸易及批发	(iii) Import/Export Trade and Wholesale			58.69	55.9	54.3
(iv) 零售、住宿及膳食服务	(iv) Retail, Accommodation and Food services			55.92	55.60	57.10
(v) 运输、仓库、邮政及速递服务、资讯及通讯	(v) Transportation, Storage, Postal and Courier Services, Information and Communications			43.2	42.6	42.6
(vi) 金融、保险、地产、专业及商用服务	(vi) Financing, Insurance, Real Estate, Professional and Business Services			63.62	63.6	64.4
(vii) 公共行政、社会及个人服务	(vii) Community, Social and Personal Services			84.6	86.10	87.90
实际工资指数②（1992 年 9 月=100）	Real Wage Index ② (September 1992=100)	115.9	117.6	123.4	120.2	121.7
对外商品贸易	External Merahandise Trade					
进口（亿港元）	Imports (HKD 100 million)	25998	28680	30253	26924	33648
港产品出口（亿万港元）	Domestic Exports (HKD 100 million)	1345	1091	908	577	695
转口（亿万港元）	Re-exports (HKD 100 million)	23265	25784	27334	24113	29615
对外服务贸易						
服务出口（亿港元）		5651	6609	7186	6698	8269
服务进口（亿港元）		2879	3322	3665	3406	3952
工业生产	Industrial Production					
工业生产指数(2008 年=100)	Index of Industrial Production(2008=100)	108.7	107.2	100	91.7	95
运输、通讯、旅游	Transport, Communications and Tourism					
进出香港货物	Inward and Outward Movements of Cargo					
总卸下（万吨）	Total Discharged (10 000tons)	16366	16317	16571	15567	17282
总装上（万吨）	Total Loaded (10 000tons)	11567	12229	12916	11745	12882
集装箱吞吐量（万标准集装箱）	Container Thnoughput	2354	2400	2449	2104	2370
电话服务（万条操作线路）	Telephone Services (10000 working lines)	384	409	411	419	426
访港旅客③（万人次）	Visitor Arrivals③ (10000 person-times)	2525.1	2816.9	2950.7	2959.1	3603.0
居民消费物价指数（2009 年 10 月至 2010 年 9 月=100）	Consumer Price Indices (Oct. 2004-Sept. 2005 =100)					
综合消费物价指数	Composite Consumer Price index	92	93.8	97.8	98.4	100.7
甲类消费物价指数	Consumer Price Index(A)	93.3	94.4	97.8	98.3	100.8
乙类消费物价指数	Consumer Price Index(B)	91.5	93.5	97.8	98.4	100.6
丙类消费物价指数	Consumer Price Index(C)	91.1	93.5	97.9	98.5	100.6
教育（人）	Education (person)					
小学学生人数	Student Enrolment in Primary Schools	410516	385949	365056	344748	331112
中学学生人数④	Student Enrolment in Secondary Schools④	489498	492410	489362	481188	458131
大专院校学生人数④	Student Enrolment in Institutions④	91564	171580	182499	158043	164857

5.1 续表
Continued

项　目	Item	2006	2007	2008	2009	2010
卫生	Health					
医生（人）	Doctors (persons)	11739	11961	12215	12424	12620
中医（人）	Chinese Medicine Practitioners (person)	5268	5540	5860	6048	6241
病床（张）	Hospital Beds (beds)	34532	34928	35048	35062	35525
社会保障	Social Security					
综合社会保障援助⑥	Comprehensive Social Security Assistance⑥					
个案数目⑦（个）	Number of Cases⑦ (case)	294204	285773	289469	287822	282732
发放款项（亿港元）	Amount (HKD 100 million)	176	180	186	190	185
公共福利金⑥	Social Security Allowances⑥					
个案数目⑦（个）	Number of Cases⑦ (case)	583474	594341	612128	627816	642979
发放款项（亿港元）	Amount (HKD 100 million)	55	60	88	89	91
交通意外伤亡援助⑥	Traffic Accident Victims Assistance⑥					
获批个案数目（个）	Number of Cases Authorised for Payment (case)	7604	7841	7224	7350	7203
本地生产总值	Gross Domestic Product (GDP)					
按2009年环比物量计算⑧	In Chained (2009) dollars⑧					
年增长率（%）	Annual Growth Rate (%)	7	6.4	2.3	-2.7	7.0
本地生产总值（亿港元）	GDP (HKD 100 million)	15313	16291	16667	16223	17354
人均本地生产总值（港元）	Per Capita GDP (HKD)	223309	235217	238856	231638	245536
按当年价格计算	At Current Market Prices					
年增长率（%）	Annual Growth Rate (%)	6.7	9.5	3.8	-3.3	7.5
本地生产总值（亿港元）	Total GDP (HKD 100 million)	14754	16156	16770	16223	17439
人均本地生产总值（港元）	Per Capita GDP (HKD)	215158	233266	240339	231638	246733
本地居民生产总值	Gross National Product (GNP)					
按当年价格计算	At Current Market Prices					
本地居民生产总值（亿港元）	GNP (HKD 100 million)	15027	16600	17603	16652	17804
人均本地居民生产总值（港元）	Per Capita GNP (HKD)	219146	239682	252278	237758	251907
国外净要素收入（亿港元）	Net External Factor Income Flows (HKD 100 million)	273	444	833	429	366

注：①由2009年开始，数字是按"香港标准行业分类2.0版"编制，其数列已作出后向估计至2008年。

②实际工资指数是从名义工资指数中，以2009至10年为基期的甲类消费物价指数扣除通胀的影响而计算出来。工资统计数字是按"香港标准行业分类2.0版"编制，

③访港旅客数字包括经澳门访港的非澳门居民。

④数字涵盖日、夜校。

⑤是指香港城市大学、香港浸会大学、岭南大学、香港中文大学、香港教育学院、香港理工大学、香港科技大学和香港大学就读学生。数字包括大学教育资助委员会（教资会）资助课程及教资会资助院校本部和辖下持续进修部门开办的本地经评审自资课程的学生人数。

⑥数字是以相应的财政年度为根据。例如2010年的数字代表2010至2011财政年度数字。

⑦于财政年度终结时的数字。除特别注明外，财政年度是由4月1日至翌年3月31日。

⑧以环比物量计算的本地生产总值及其组成部分的参照年，已由2008年重订为2009年。重订参照年会影响环比物量估算的数值，但不会改变其变动率。

Notes: ①Starting from 2009, figures are compiled based on the Hong Kong Standard Industrial Classification Version 2.0 and the series has been backcasted to 2008.

②The Real Wage Indices are derived by deflating the Nominal Wage Indices by the 2009/10-based Consumer Price Index (A). Wage statistics are compiled based on the Hong Kong Standard Industrial Classification (HSIC) Version 2.0.

③Figures include arrival of non-Macao residents via Macao.

④Figures cover both day and evening schools.

⑤Refer to City University of Hong Kong, Hong Kong Baptist University, Lingnan University, The Chinese University of Hong Kong, The Hong Kong Institute of Education, The Hong Kong Polytechnic University, The Hong Kong University of Science and Technology and The University of Hong Kong. Figures include students attending University Grants Committee-funded programmes and students attending locally accredited self-financing programmes offered by institution proper and their continuation education arms.

⑥Figures are for the corresponding financial year. For example, figures for 2010represent those for financial year 2010/11.

⑦Figures are as at end of the financial year. Financial year is from 1 April to 31 March of the next year, unless otherwise specified.

⑧The chain volume measures of Gross Domestic Product (GDP) and its components have been re-referenced from 2008 to 2009.

5.2 人口主要指标
Main Indicators of Population

项目	Item	2006	2007	2008	2009	2010
年中人口（万人）	Mid-year Population（10 000 persons）	685.7	692.6	697.8	700.4	706.8
粗出生率（‰）	Crude Birth Rate（‰）	9.6	10.2	11.3	11.7	12.5
粗死亡率（‰）	Crude Death Rate（‰）	5.5	5.7	6.0	5.9	5.9
婴儿死亡率（‰）	Infant Mortality Rate（‰）	1.8	1.8	1.8	1.7	1.5
自然增长率（‰）	Rate of Natural Increase（‰）	4.1	4.5	5.3	5.8	6.6
总和生育率①	Total Fertility Rate ①	984	1024	1056	1042	1108
登记结婚数（对）	Registered Marriages（couple）	50328	47453	47331	51175	52558
登记离婚数（对）	Divorce Decrees（couple）	17424	18403	17771	17002	18167
出生时平均预期寿命(岁)	Expectation of Life at Birth（years）					
男	Male	79.4	79.4	79.3	79.7	80.0
女	Female	85.5	85.5	85.5	85.9	85.9

注：①不包括外籍佣工。每千名女性的活产婴儿数目。

Notes：①Excluding female foreign domestic helpers. Refers to live births per 1000 women.

5.3 劳动人口及失业状况
Labour Force and Unemployment

项目	Item	2006	2007	2008	2009	2010
劳动人口数目(万人)	Labour Force（10 000 persons）	357.2	363.0	364.9	367.7	365.4
男	Male	195.1	195.8	194.9	196.2	194.1
女	Female	162.1	167.1	169.9	171.4	171.3
劳动人口参与率(%)	Labour Force Participation Rate（%）	61.2	61.2	60.9	60.7	59.7
就业人数（万人）	Employed Persons（10 000 persons）	340.1	348.4	351.9	348.0	349.3
失业人数（万人）	Unemployed Persons(10 000 persons)	17.1	14.6	13.0	19.7	16.1
失业率（%）	Unemployment Rate（%）	4.8	4.0	3.6	5.4	4.4

注:数字是根据每年1月至12月进行的「综合住户统计调查」结果,以及由统计处与跨部门人口分布推算小组共同编制按区议会分区划分年中人口估计数字编制。

Note：Figures are compiled based on data collected in the General Household Survey from January to December of the year concerned as well as the mid-year population estimates by District Council district compiled jointly by the Census and Statistics Department and an inter-departmental Working Group on Population Distribution Projections.

5.4 按行业划分的就业人数
Employed Persons by Industry

单位：万人 (10000 persons)

行业（按香港标准行业分类1.1版分类）	Industry (based on HSIC Version 1.1)	2005	2006	2007
制造业	Manufacturing	22.4	21.7	20.2
建筑业	Construction	26.4	26.9	27.5
批发、零售、进出口贸易、饮食及酒店业	Wholesale, Retail and Import/Export Trades, Restaurants and Hotels	109.4	110.5	114.4
运输、仓库及通讯业	Transport, Storage and Communications	35.7	36.9	37.2
金融、保险、地产及商用服务业	Financing, Insurance, Real Estate and Business Services	50.3	52.6	54.8
社区、社会及个人服务业	Community, Social and Personal Services	87.0	89.2	92.1
其他	Others	2.4	2.3	2.2
总计	Total	333.7	340.1	348.4

行业（按香港标准行业分类2.0版分类）	Industry (based on HSIC Version 2.0)	2008	2009	2010
制造	Manufacturing	16.7	15.1	13.4
建筑	Construction	26.9	26.9	27.1
进出口贸易及批发	Import/Export Trade and Wholesale	58.7	55.9	54.3
零售、住宿及膳食服务	Retail, Accommodation and Food services	55.9	55.6	57.1
运输、仓库、邮政及速递服务、资讯及通讯	Transportation, Storage, Postal and Courier Services, Information and Communications	43.2	42.6	42.6
金融、保险、地产、专业及商用服务	Financing, Insurance, Real Estate, Professional and Business Services	63.6	63.6	64.4
公共行政、社会及个人服务	Public Administration, Social and Personal Services	84.6	86.1	87.9
其它	Others	2.2	2.2	2.3
总计	Total	351.9	348.0	349.3

注：数字是根据每年1月至12月进行的「综合住户统计调查」结果，以及由统计处与跨部门人口分布推算小组共同编制按区议会分区划分年中人口估计数字编制。由2009年开始，数字是按「香港标准行业分类2.0版」编制，其数列已作出后向估计至2008年。

Notes: Figures are compiled based on data collected in the General Household Survey from January to December of the year concerned as well as the mid-year population estimates by District Council district compiled jointly by the Census and Statistics Department and an inter-departmental Working Group on Population Distribution Projections. Starting from 2009, figures are compiled based on the Hong Kong Standard Industrial Classification Version 2.0 and the series has been backcasted to 2008.

5.5 本地生产总值
Gross Domestic Product

年 份 Year	本地生产总值(按当年价格计算) Gross Domestic Product(GDP) At Current Market Prices		本地生产总值与上年比较的实际增长(%) GDP Real Growth Rate over the Preceding Year(%)	人均本地生产总值(按当年价格计算) Per Capita GDP At Current Market Prices	
	(亿港元) (HKD 100 million)	(亿美元) (USD 100 million)		(港元) (HKD)	(美元) (USD)
1990	5990	769	3.9	104996	13480
1991	6903	888	5.7	120015	15444
1992	8051	1040	6.1	138795	17930
1993	9280	1200	6.0	157261	20328
1994	10475	1355	6.0	173554	22458
1995	11157	1442	2.3	181241	23428
1996	12295	1590	4.2	191047	24702
1997	13650	1763	5.1	210350	27170
1998	12928	1669	-6.0	197559	25508
1999	12667	1633	2.6	191731	24714
2000	13177	1691	8.0	197697	25375
2001	12992	1666	0.5	193500	24811
2002	12773	1638	1.8	189397	24285
2003	12348	1586	3.0	183449	23558
2004	12919	1659	8.5	190451	24454
2005	13826	1778	7.1	202928	26093
2006	14754	1899	7.0	215158	27698
2007	16156	2071	6.4	233266	29902
2008	16770	2154	2.3	240339	30864
2009	16223	2093	-2.7	231638	29881
2010	17439	2245	7.0	246733	31759

5.6 工业生产指数
Index of Industrial Production

(2008 年=100) (Year 2008=100)

行业组别	Industry Group	2006	2007	2008	2009	2010
制造业	Manufacturing Sector	108.7	107.2	100.0	91.7	95.0
食品、饮品及烟草制品业	Food, Beverages and Tobacco	85.6	97.5	100.0	99.1	105.3
纺织制品	Textiles	122.5	112.5	100.0	77.8	71.3
成 衣	Wearing Apparel	151.9	128.2	100.0	70.2	61.6
纸制品、印刷及已储录资料媒体的复制	Paper products, Printing and Reproduction of Recorded Media	98	100.2	100.0	92.0	93.3
金属、电脑、电子及光学产品、机械及设备	Metal, Computer, Electronic and Optical Products, Machinery and Equipment	126.3	111.7	100	89.6	98.5
其他制造行业	Miscellaneous Manufacturing Industries	93.1	100.3	100	96.2	102.4
污水处理、废弃物管理及污染防治活动	Sewerage, Waste Management and Remediation Activities	–	–	100	97.5	102.3

注:以上统计数字是按“香港标准行业分类2.0版”编制。
Note: The above statistics are compiled based on the Hong Kong Industrial Standard Classification Version 2.0.

5.7 消费价格指数 Consumer Price Indices

(2004 年 10 月至 2005 年 9 月 = 100)　　(Oct. 2004-Sep. 2005 = 100)

项　目	Item	权数 Weight	2005	2006	2007	2008	2009
综合消费物价指数	**Composite Consumer Price Index**						
总指数	**All Items**	**100.00**	**92**	**93.8**	**97.8**	**98.4**	**100.7**
食品	Food	27.45	84.7	88.3	97.3	98.6	100.9
外出用膳	Meals Bought away from Home	(17.07)	89.7	92.0	97.4	99.0	100.6
食品(不包括外出用膳)	Food, Excluding Meals Bought away from Home	(10.38)	77.6	83.1	97.1	98.0	101.4
住房①	Housing①	31.66	91	92.8	96.6	100.3	100.6
电力、煤气及水	Electricity, Gas and Water	3.10	104.3	103.6	96.9	72.2	103.6
烟酒	Alcoholic Drinks and Tobacco	0.59	82.5	81.5	81.6	96.9	100.1
衣履	Clothing and Footwear	3.45	91.6	95.4	96.2	98.6	100.5
耐用物品	Durable Goods	5.27	112	106.8	104.7	101.7	98.7
杂项物品	Miscellaneous Goods	4.17	89.3	91.5	96.1	98.3	100.6
交通	Transport	8.44	97.4	97.2	99.6	98.8	100.8
杂项服务②	Miscellaneous Services②	15.87	98.4	100.1	100.8	98.7	100.7
甲类消费物价指数	**Consumer Price Index (A)**						
总指数	All Items	100.00	93.3	94.4	97.8	98.3	100.8
食品	Food	33.68	83.5	87.3	97.3	98.6	100.9
外出用膳	Meals Bought away from Home	(19.23)	89.7	91.7	97.3	98.9	100.6
食品(不包括外出用膳)	Food, Excluding Meals Bought away from Home	(14.45)	76.4	82.2	97.2	98.1	101.3
住房①	Housing①	32.19	97.9	97.3	97.2	101.2	100.7
电力、煤气及水	Electricity, Gas and Water	4.36	108.4	107.5	98.7	68.9	104.7
烟酒	Alcoholic Drinks and Tobacco	0.91	79.1	78.8	79.4	96.5	100.2
衣履	Clothing and Footwear	2.60	91.4	93.7	96.1	98.9	100.1
耐用物品	Durable Goods	3.73	113.5	107.9	105.3	102.2	98.5
杂项物品	Miscellaneous Goods	3.87	88.4	90.8	95.9	98.4	100.5
交通	Transport	7.22	97.4	97.4	98.6	99.3	100.5
杂项服务②	Miscellaneous Services②	11.44	103.5	103.7	102.3	99.3	100.5
乙类消费物价指数	**Consumer Price Index (B)**						
总指数	All Items	100.00	91.5	93.5	97.8	98.4	100.6
食品	Food	27.16	85.3	88.6	97.3	98.6	100.9
外出用膳	Meals Bought away from Home	(17.90)	89.9	91.9	97.5	99.0	100.6
食品(不包括外出用膳)	Food, Excluding Meals Bought away from Home	(9.26)	78	83.4	97.1	98.0	101.4
住房①	Housing①	31.43	89.2	91.8	96.3	99.9	100.5
电力、煤气及水	Electricity, Gas and Water	2.84	102.3	101.5	95.4	72.8	103.2
烟酒	Alcoholic Drinks and Tobacco	0.56	84.8	83.2	82.9	97.1	100.1
衣履	Clothing and Footwear	3.45	91.8	94.2	96.2	98.7	100.2
耐用物品	Durable Goods	5.73	114.6	108.5	105.8	102.2	98.6
杂项物品	Miscellaneous Goods	4.17	89.1	91.3	95.9	98.3	100.7
交通	Transport	8.35	97.2	97.2	99.5	98.8	100.7
杂项服务②	Miscellaneous Services②	16.31	97.4	99.3	100.6	98.6	100.6
丙类消费物价指数	**Consumer Price Index (C)**						
总指数	All Items	100.00	91.1	93.5	97.9	98.5	100.6
食品	Food	20.87	85.9	89.7	97.2	98.5	100.9
外出用膳	Meals Bought away from Home	(13.55)	89.4	92.5	97.4	98.9	100.7
食品(不包括外出用膳)	Food, Excluding Meals Bought away from Home	(7.32)	79.5	84.6	96.8	97.7	101.4
住房①	Housing①	31.36	86.1	89.4	96.2	99.7	100.4
电力、煤气及水	Electricity, Gas and Water	2.03	99.7	99.3	95.8	78.4	101.7
烟酒	Alcoholic Drinks and Tobacco	0.29	89.2	87.2	86.2	97.8	100
衣履	Clothing and Footwear	4.39	91.8	98.3	96.2	98.2	101.1
耐用物品	Durable Goods	6.39	108.6	104.4	103.2	101.0	99
杂项物品	Miscellaneous Goods	4.49	90.4	92.4	96.6	98.4	100.6
交通	Transport	9.93	97.5	97.1	100.8	98.4	101.1
杂项服务②	Miscellaneous Services②	20.25	96.5	98.7	100.2	98.5	100.7

注:2009 年 10 月起的消费价格指数是根据 2009 至 2010 年住户开支统计调查所得的开支权数编制。较早的指数则是根据旧的开支权数而经过按比例换算与新基期的指数拼接。

①除"私人房屋租金"及"公营房屋租金"外,"住房"类别还包括"管理费及其他住房杂费"和"保养住所材料"。而丙类消费物价指数中的"住房"类别并不包括"公营房屋租金"。②"杂项服务"类别包括"教育服务"、"电话及其他通讯服务"、"医疗服务"及其他杂项服务。

Notes: The CPIs from October 2009 onwards are compiled based on expenditure weights obtained from the 2009/10 Household Expenditure Survey. The CPIs for earlier periods are compiled based on old weights and have been re-scaled to the new base period for linking with the new index series.

①Apart from "Private Housing Rent" and "Public Housing Rent", the "Housing" section also includes "Management Fees and Other Housing Charges" and "Materials for House Maintenance." For CPI©, the "Housing" section does not include "Public Housing Rent".

②"Miscellaneous Services" section includes "Educational Services", "Telephone and other Communications Services", "Medical Services" and other miscellaneous services.

主要统计指标解释

粗出生率 是指某一年内的活产婴儿数目相对该年年中每千名人口的比率。

粗死亡率 是指某一年内的死亡人数相对该年年中每千名人口的比率。

劳动人口 是指 15 岁及以上陆上非住院人口,并符合就业人口或失业人口定义的人士。

劳动人口参与率 是指劳动人口占所有十五岁及以上陆上非住院人口的比例。

失业率 是指失业人士在劳动人口中所占的比例。

就业人口 包括在统计前 7 天内有做工赚取薪酬或利润或有一份正式工作的 15 岁及以上人士。无酬家庭从业人员及在统计前 7 天内正休假的就业人士亦包括在内。

工业生产指数 量度本地制造业生产量的实质变动,即撇除价格调整因素后的本地生产量变动。

消费物价指数 量度住户一般购买的消费商品和服务价格水平变动情况。消费物价指数的按年变动率是一个重要指标,用以量度通胀对消费者的影响。每个项目的开支权数,是其在住户总开支中所占的比重。根据住户开支统计调查结果,每隔五年更新整套开支权数一次,以确保使用不同开支范围住户的最新开支模式来编制相应的消费物价指数。

本地生产总值 是指一个国家或地区的所有常住生产单位,在一个指定的期间内,未扣除固定资本消耗的生产总值。

人均本地生产总值 是指该国家或地区在某统计年的本地生产总值除以该国家或地区在该年度的人口总数而得的数字。

本地居民生产总值 是指一个国家或地区的居民从事各项经济活动而赚取的收益,不论该经济活动是否在该国家或地区的经济领域内进行。换言之,编制国民生产总值应包括本地居民在经济领域内或领域以外从事各类经济活动的收益,而扣除非本地居民在经济领域内从事经济活动的收益。

计算国民生产总值,可以采用以下方程式:

国民生产总值=国内生产总值+本地居民从经济领域外所赚取的要素收益

-非本地居民从经济领域内所赚取的要素收益。

要素收益组成部分主要分为投资收益及雇员报酬,而投资收益包括了直接投资收益、有价证券投资收益及其他投资收益。

人均本地居民生产总值 是指该国家或地区在某统计年的本地居民生产总值除以该年的人口总数而得的数字。

Explanatory Notes on Main Statistical Indicators

CrudeBirth Rate refers to the number of live births occurred during a calendar year to the mid-year population of that year. It is usually expressed in terms of 1000 population.

CrudeDeath Rate refers to the number of deaths occurred during a calendar year to the mid-year population of that year. It is usually expressed in terms of 1000 population.

LaborForce refers to the land-based non-institutional population aged 15 and over who meet the definition of employed population or unemployed population.

LaborForce Participation Rate refers to the proportion of labor force in the land-based non-institutional population aged 15 and over.

UnemploymentRate refers to the proportion of unemployed persons in the labor force.

EmployedPopulation consists of persons aged 15 and over who have been working for pay or profit during the seven days before enumeration or who have had formal job attachment. Unpaid family workers and persons who were on leave/holiday during the seven days before enumeration are included.

Index ofIndustrial Production measures the changes in local manufacturing output in real terms, i. e. changes in the volume of local production after discounting the effect of price changes.

Consumer Price Index (CPI) measures the changes over time in the price level of consumer goods and services purchased by households. The year-on-year rate of change in the CPI is widely used as an indicator of inflation affecting consumers. Four CPI series are compiled to reflect the impact of consumer price changes on households in different expenditure ranges. The CPI(A), CPI(B) and CPI(C) are compiled based on the expenditure patterns of households in the relatively low, medium and relatively high expenditure ranges respectively. A Composite CPI is compiled based on the overall expenditure pattern of all the above households taken together to reflect the impact of consumer price changes on the household sector as a whole. The expenditure weight of each item is the share of the item in the total expenditure of households. Derived from the results of the Household Expenditure Survey, the set of expenditure weights is updated once every five years to ensure that up-to-date expenditure patterns of households in different expenditure ranges are used in the compilation of the respective CPIs.

Gross Domestic Product (GDP) is a measure of the total value of production of all resident producing units of a country or territory in a specified period, before deducting allowance for consumption of fixed capital.

Per capita GDP is obtained by dividing total GDP in a year by the corresponding population of that country or territory in the same year.

Gross National Product (GNP) refers to the total income of the residents of a country or region from engaging in various economic activities, irrespective of whether the economic activities are carried out in the economic territory of the country or region or not. In other words, the gross national product should include the income of the residents engaged in various economic activities within or outside the economic territory of the country or region, but exclude the income of non-residents engaged in economic activities in the economic territory of the country or region. The following formula is used in the calculation of the gross national product:

GNP = Gross Domestic Product

+Factor income earned by residents from outside the economic territory of the country or region

−Factor income earned by non-residents from within the economic territory of the country or region.

The components of factor income are mainly classified into investment income and compensation of employees. Investment income includes direct investment income, portfolio income and other investment income.

Per capita GNP is obtained by dividing GNP in a year by the population of that country or territory in the same year.

六、澳门特别行政区主要社会经济指标

Chapter 6 MAIN SOCIAL AND ECONOMIC INDICATORS IN MACAU SPECIAL ADMINISTRITIVE REGION

简要说明

本部分资料来源于国家统计局《中国统计年鉴-2011》,主要反映澳门特别行政区的社会、经济发展情况。由澳门特别行政区政府统计暨普查局提供所有数据,国家统计局国际统计信息中心负责整理、编辑。

本章节表中的符号使用说明:"_"表示绝对数值为零;"空格"表示没有数字或未能提供;"..."表示不适用;"p"表示临时性数字;"o"表示数据小于本表最小单位半数;"*"或"①"等表示本表下有注解。

Brief Explanation

The materials of this part are from *China Statistic Yearbook - 2011* of State Statistic Bureau, mainly reflecting the social and economic development status of Macao Special Administration Region. All the data are provided by Statistic and General Survey Bureau of Macao SAR, which are sorted out and edited by International Statistic Information Center of State Statistic Bureau.

Notations used in this chapter: "-" indicates absolute value equals zero; (blank) indicates no figure provided or not available; ".." indicates not applicable; "p" indicates provisional data; "o" indicates less than half of the unit employed; " * " or "①" indicates footnote.

6.1 主要统计指标概况
Principal Statistical Indicators

项目	Item	2006	2007	2008	2009	2010
人口及生命事件	Population and Demographics Characteristics					
年中人口估计(万人)	Mid-year Estimates Population (10000persons)	49.9	52.6	55.2	54.4	54.5
出生率(‰)	Crude Birth Rate (‰)	8.1	8.6	8.5	8.8	9.4
死亡率(‰)	Crude Mortality (‰)	3.1	2.9	3.2	3.1	3.3
婴儿死亡率(‰)	Infant Mortality Rate(‰)	2.7	2.4	3.2	2.1	2.9
(按每千名出生登记活产婴儿计算)	(per 1000 registered live births)					
劳动、就业	Labour					
劳动人口①(万人)	Labour Force① (10000 persons)	27.5	31	33.3	32.9	32.8
劳动力参与率(%)	Labour Force Participation Rate (%)	65.9	69.2	70.6	72	71.5
失业率(%))	Unemployment Rate (%)	3.8	3.1	3	3.6	2.8
就业不足率(%)	Underemployment Rate (%)	1	1	1.6	1.9	1.8
就业人口(万人)	Employed Population (10000 persons)	26.5	30	32.3	31.8	31.8
制造业	Manufacturing	3.1	3.9	3.8	3.3	2.7
批发及零售业	Wholesale and Retail	3.6	3.8	4	4.1	4.2
酒店及饮食业	Hotels and Restaurants	3	3.5	4.1	4.4	4.3
团体、社会及个人的其他服务	Other Community, Social and Personal Services	5.3	6.9	7.9	7.5	7.6
对外贸易	External Trade					
出口(亿澳门元)	Exports (100 Million MOP)	205	204	160	77	70
进口(亿澳门元)	Imports (100 Million MOP)	365	431	430	369	441
运输、通讯、旅游	Transport, Communications, Tourism					
进出澳门 重型货运车辆数目(万次)	Lorries Entering and Departing Macao(10000 times)	66.5	67.4	56.4	40.3	35.8
电话线(万条)	Telephone Lines (10000 units)	81.3	97.2	110.9	120.9	129.1
访澳旅客②(万人次)	Visitors② (10000 person-times)	2200	2700	2293	2175	2497
酒店入住率(%)	Hotel Occupancy Rate (%)	72	77	74	71	80
财政收支、货币、金融	Government Accounts, Montary and					
(亿澳门元)	Finance (100 Million MOP)					
财政总收入③	Total Government Revenue③	372	537	623	699	796
财政总支出③	Total Government Expenditur ③	273	233	304	355	378
居民消费物价指数	Consumer Price Index					
(2008 年 4 月至 2009 年 3 月 = 100)	(October/1999 - September/2000 = 100)					
综合消费物价指数	Composite Consumer Price Index	87.4	92.3	100.2	101.4	104.25
甲类消费物价指数	Consumer Price Index (A)	87.1	92.3	100.7	101.5	103.77
乙类消费物价指数	Consumer Price Index (B)	87.5	92.3	100.1	101.4	104.38
本地生产总值	Gross Domestic Product (GDP)					
按以环比物量(2009 年)计算	In Chained (2009) Dollars					
支出法本地生产总值实际增长率(%)	Expenditure-based GDP Real Growth Rate(%)	14.5	14.5	3.4	1.6	26.4
本地生产总值(亿澳门元)	GDP (100 Million MOP)	1414.2	1618.8	1674	1700.9	2149.4
人均本地生产总值(万澳门元)	GDP per Capita (10000 MOP)	28.3	30.8	30.5	31.3	39.4
按当年价格计算	At Current Prices					
支出法本地生产总值名义增长率(%)	Expenditure-based GDP Nominal Growth Rate(%)	23.5	24.6	14.6	2.5	31.5
本地生产总值(亿澳门元)	GDP (100 Million MOP)	1162.1	1448.2	1660.1	1700.9	2237.4
人均本地生产总值(万澳门元)	GDP per Capita (10000 MOP)	23.3	27.5	30.2	31.3	41

注:①2009 年起劳动人口的年龄下限由 14 岁改为 16 岁。

②自 2008 年开始访澳旅客不包括外地雇员及学生等。

③由于公共会计编制方法及概念的改变,2007 年与前期的收支及入账方式有所不同,因此 2007 年的收支项目不宜与前期资料直接比较。2010 年数字在日后得到更多资料时会作出修订。

Notes:①Lower age boundary in defining labour force is revised from 14 years old to 16 years old starting 2009.

②Starting from 2008, visitor arrivals exclude arrivals of non-resident workers, students, etc..

③Due to changes in the compilation method and concept of public accounts, data on revenue and expenditure, as well as booking of the accounts for 2007 were different and incomparable with those of the previous years. Figures of 2010 are subject to revisions as more data become available.

6.2 人口主要指标
Main Indicators of Population

项　目	Item	2006	2007	2008	2009	2010
年中人口估计(万人)	Mid-year Estimates of Population (10000 persons)	49.9	52.6	55.2	54.4	54.5
出生率(‰)	Crude Birth Rate (‰)	8.1	8.6	8.5	8.8	9.4
死亡率(‰)	Crude Mortality (‰)	3.1	2.9	3.2	3.1	3.3
婴儿死亡率(‰)	Infant Mortality Rate (‰)	2.7	2.4	3.2	2.1	2.9
自然增长率(‰)	Natural Growth Rate (‰)	5	5.7	5.4	5.7	6.1
总和生育率	Total Fertility Rate	1	1.0	1.0	1.0	1.0
登记结婚数(宗)	No. of Registered Marriages (case)	2100	2047	2778	3035	3103
离婚数目(宗)	No. of Registered Divorces (case)	592	684	658	782	889
		2003-2006	2004-2007	2005-2008	2006-2009	2007-2010
出生时平均预期寿命(岁)	Life Expectancy at Birth(Years)	81.5	82.0	82.1	82.4	82.5p
男	Male	79	79.0	79.1	79.4	79.5p
女	Female	83.8	84.8	84.9	85.2	85.4p

6.3 经济活动人口及失业状况
Economically Active Population and Unemployment

项　目	Item	2006	2007	2008	2009①	2010①
劳动人口(万人)	Labour Force (10000 persons)	27.5	31.0	33.3	32.9	32.8
男	Male	14.7	16.6	17.8	17.1	16.8
女	Female	12.8	14.4	15.5	15.8	16.0
就业人口(万人)	Employed Population (10000)	26.5	30.0	32.3	31.8	31.8
失业人口(万人)	Unemployed Population(10000)	1.0	0.9	1.0	1.2	0.9
失业率(%)	Unemployment Rate (%)	3.8	3.1	3.0	3.6	2.8

注:①2009 年起劳动人口的年龄下限由 14 岁改为 16 岁。

Note: ①Lower age boundary in defining labour force is revised from 14 years old to 16 years old starting 2009.

6.4 按行业划分的就业人口
Employed Population by Industry

单位：万人 (10000 persons)

行业	Industry	2008	2009①	2010①
总数	**Total**	**32.30**	**31.75**	**31.83**
农业、畜牧业、狩猎、林业、捕渔业及采矿业	Agriculture, Farming of Animals, Hunting, Forestry, Fishing, Mining and Quarrying	0.06	0.11	0.06
制造业	Manufacturing	2.46	1.70	1.53
电力、气体及水的生产与供应业	Electricity, Gas and Water Supply	0.09	0.10	0.09
建筑	Construction	3.84	3.27	2.75
批发及零售业	Wholesale and Retail Trade	3.96	4.15	4.23
酒店及饮食业	Hotels and Restaurants	4.13	4.37	4.32
运输、仓储及通信业	Transport, Storage and Communications	1.6	1.67	1.85
金融、保险业	Financial Activities	0.75	0.75	0.74
不动产业务、租赁及向企业提供的服务	Real Estate, Renting and Business Activities	2.38	2.56	2.77
公共行政、社会及个人服务业	Public Administration, Community, Social and personal Security	2.02	2.03	2.16
教育	Education	1.15	1.23	1.18
医疗卫生及社会福利	Health and Social Welfare	0.65	0.73	0.81
团体、社会及个人的其他服务	Other Community, Social and Personal Services	7.89	7.52	7.61
雇用佣人的家庭	Households with Employed Persons	1.33	1.57	1.71
其他及不详	Others and Unknown	0	0	0.01

注：①2009 年起劳动人口的年龄下限由 14 岁改为 16 岁。

Note: ①Lower age boundary in defining labour force is revised from 14 years old to 16 years old starting 2009.

6.5 按行业划分的每月工作收入中位数
Median Monthly Employment Earnings

单位：澳门元 (MOP)

行业	Occupation	2008	2009	2010
总数	**Total**	**8000**	**8500**	**9000**
制造业	Manufacturing	4000	5000	6000
电力、气体及水的生产与供应业	Production and Distribution of Electricity, Gas and Water	15000	15000	16000
建筑	Construction	10000	9000	9500
批发及零售业	Wholesale and Retail Trade	7000	7000	7500
酒店及饮食业	Hotels, Restaurants and Similar Activities	6100	6500	7000
运输、仓储及通信业	Transport, Storage and Communications	8500	8500	8500
金融、保险业	Financial Activities	11000	12000	13000
不动产业务、租赁及向企业提供的服务	Real Estate, Renting and Business Activities	5600	6000	6400
公共行政、社会及个人服务业	Public Administration, Community, Social and personal Security	18000	19600	19500
教育	Education	12000	13000	13300
医疗卫生及社会福利	Health and Social Welfare	10000	10300	10000
团体、社会及个人的其他服务	Other Community, Social and Personal Services	12000	12000	12000
雇用佣人的家庭	Households with Domestic Helpers	2700	2800	3000

6.6 本地生产总值(按当年价格计算)
Gross Domestic Product (At Current Prices)

年 份 Year	本地生产总值 GDP		本地生产总值与上年比较的实际增长(%) GDP Real Growth Rate Over the Preceding Year(%)	人均本地生产总值 GDP Per Capital	
	(亿澳门元) (100 Million MOP)	(亿美元) (100 Million USD)		(澳门元) (MOP)	(美元) (USD)
1992	385.1	48.3	13.3	103828	13024
1993	442.1	55.5	5.2	115137	14450
1994	492.8	61.9	4.3	124192	15602
1995	552.5	69.3	3.3	134983	16941
1996	561.2	70.5	-0.4	135208	16972
1997	563.6	70.7	-0.3	135055	16935
1998	523.4	65.6	-4.6	123951	15535
1999	500.3	62.6	-2.4	117055	14647
2000	514.2	64.1	5.7	119420	14879
2001	521.2	64.9	2.9	120063	14945
2002	560.8	69.8	8.9	127935	15925
2003	633.4	79.0	12.6	142314	17742
2004	820.1	102.2	26.9	179478	22372
2005	941.2	117.5	8.5	197673	24676
2006	1162.1	145.2	14.5	232725	29088
2007	1448.2	180.2	14.5	275450	34277
2008	1660.1	207.0	3.4	302413	37705
2009	1700.9	213.0	1.6	312512	39141
2010①	2237.4	279.6	26.4	409828	51214

注:①估算数字在日后得到更多资料时会作出修订。

Notes:①The estimates are subject to revisions as more data become available.

6.7 支出法本地生产总值
Gross Domestic Product (Expenditure-based Estimates)

单位:亿澳门元 (100 million MOP)

本地生产总值组成部分	GDP Components	2006	2007	2008	2009	2010①
按当年价格计算	**At Current Prices**					
居民消费支出	Private Consumption Expenditure	324.3	378.8	442.7	461.5	507.5
政府最终消费支出	Government Final Consumption Expenditure	100.6	124.7	141.5	160.1	175.0
固定资本形成总额	Gross Fixed Capital Formation	391.1	535.1	502.7	318.9	274.8
存货增加	Changes in Inventories	10.4	8.9	13.1	2.2	2.6
货物出口	Exports of Goods	204.6	204.3	167.8	86.7	83.1
减:货物进口	Less: Imports of Goods	461.6	577.3	573.8	434.0	500.1
服务出口	Exports of Services	845.2	1152.6	1445.6	1515.2	2309.1
减:服务进口	Less: Imports of Services	252.5	378.9	479.5	409.6	614.5
本地生产总值	**GDP**	**1162.1**	**1448.2**	**1660.1**	**1700.9**	**2237.4**
人均本地生产总值(澳门元)	**GDP per Capita (MOP)**	**232725**	**275450**	**302413**	**312512**	**409828**
以环比物量(2009 年)计算	**In Chained (2009) Dollars**					
居民消费支出	Private Consumption Expenditure	386.7	426.3	451.0	461.5	491.3
政府最终消费支出	Government Final Consumption Expenditure	122.6	140.4	143.6	160.1	168.8
固定资本形成总额	Gross Fixed Capital Formation	446.3	553.2	471.2	318.9	256.8
存货增加	Changes in Inventories	11.7	9.6	12.5	2.2	2.4
货物出口	Exports of Goods	213.7	214.7	167.5	86.7	80.4
减:货物进口	Less: Imports of Goods	514.9	623.7	571.4	434.0	480.6
服务出口	Exports of Services	995.5	1273.0	1458.6	1515.2	2228.4
减:服务进口	Less: Imports of Services	274.8	395.4	468.7	409.6	598.0
本地生产总值	**GDP**	**1414.2**	**1618.8**	**1674.0**	**1700.9**	**2149.4**
人均本地生产总值(澳门元)	**GDP per Capita (MOP)**	**283222**	**307894**	**304937**	**312512**	**393701**

注:①估算数字在日后得到更多资料时会作出修订。

Notes: ① The estimates are subject to revisions as more data become available.

6.8 居民消费价格指数
Consumer Price Index

(2008 年 4 月至 2009 年 3 月 = 100) (April/2008 - March/2009 = 100)

项　目	Items	权数 Weights	2006	2007	2008	2009	2010
综合消费物价指数	**Composite Consumer Price Index**						
总指数	**Global Index**	**100.00**	**87.41**	**92.28**	**100.23**	**101.4**	**104.25**
食品及非酒精饮料	Food and Non-alcoholic Beverages	32.78	76.64	82.92	97.19	102.57	107.41
烟酒	Alcoholic Drinks and Tobacco	1.12	96.81	97.55	99.34	109.08	114.23
服装、鞋	Clothing and Footwear	6.75	87.63	88.73	95.04	104.07	110.84
住房及燃料	Housing and Fuels	22.82	83.61	91.59	99.05	97.80	98.21
家居设备及用品	Household Goods and Furnishings	3.13	94.63	96.40	99.26	101.44	102.94
医疗	Health	2.90	84.28	86.65	98.68	102.08	106.57
交通	Transport	7.88	93.72	96.22	102.82	96.87	102.97
通讯	Communications	3.52	107.77	104.48	97.32	95.64	92.3
康乐及文化	Recreation and Culture	5.93	89.07	91.04	97.41	100.55	104.56
教育	Education	5.16	121.22	123.58	119.84	107.21	99.42
其他商品及服务	Miscellaneous Goods and Services	8.02	90.95	94.30	99.78	104.22	110.61
甲类消费物价指数	**Consumer Price Index (A)**						
总指数	**Global Index**	**100.00**	**87.12**	**92.27**	**100.65**	**101.45**	**103.77**
食品及非酒精饮料	Food and Non-alcoholic Beverages	36.94	75.58	81.94	97.11	102.6	107.54
烟酒	Alcoholic Drinks and Tobacco	1.44	96.56	97.34	98.76	109.23	114.74
服装、鞋	Clothing and Footwear	4.82	88.01	88.86	95.41	104.17	110.95
住房及燃料	Housing and Fuels	27.22	85.81	93.27	100.11	98.11	98.32
家居设备及用品	Household Goods and Furnishings	2.19	90.78	93.07	98.41	101.93	103.47
医疗	Health	2.71	83.26	85.84	99.09	102.76	107.31
交通	Transport	5.78	94.68	96.92	102.92	95.65	100.85
通讯	Communications	4.22	106.76	103.39	97.02	95.64	92.45
康乐及文化	Recreation and Culture	4.71	90.03	91.98	97.04	100.53	105.02
教育	Education	4.00	120.71	123.59	119.91	107.13	99.13
其他商品及服务	Miscellaneous Goods and Services	5.96	89.33	92.89	98.54	103.17	108.31
乙类消费物价指数	**Consumer Price Index (B)**						
总指数	**Global Index**	**100.00**	**87.52**	**92.33**	**100.12**	**101.37**	**104.38**
食品及非酒精饮料	Food and Non-alcoholic Beverages	32.59	77.06	83.33	97.22	102.58	107.42
烟酒	Alcoholic Drinks and Tobacco	1.06	96.26	96.99	98.67	108.6	113.85
服装、鞋	Clothing and Footwear	7.63	87.36	89.02	94.89	103.87	110.59
住房及燃料	Housing and Fuels	20.76	84.43	92.25	99.28	97.82	98.08
家居设备及用品	Household Goods and Furnishings	3.60	93.42	95.38	98.83	101.24	102.50
医疗	Health	2.91	84.22	86.86	98.09	101.68	106.54
交通	Transport	8.04	93.83	96.40	103.65	96.17	102.74
通讯	Communications	3.32	108.75	104.94	97.38	95.50	92.08
康乐及文化	Recreation and Culture	6.45	89.93	91.76	97.90	100.88	104.78
教育	Education	5.03	118.61	120.96	117.68	106.04	99.00
其他商品及服务	Miscellaneous Goods and Services	8.60	90.44	93.97	99.69	104.17	110.56

主要统计指标解释

出生率 参考期内出生活婴数目与平均人口之千分比。

死亡率 参考期内死亡人数与平均人口之千分比。

劳动人口 在参考期间,可参与生产商品或提供服务的14岁或以上人士的总合。包括就业人口和失业人口。

劳动力参与率 指劳动人口在14岁或以上的居住人口中所占的比例。

失业率 指失业人口在劳动人口中所占的比例。

就业不足率 指就业不足人口在劳动人口中所占的比例。

就业人口 在参考期间,为了金钱或物质报酬、利润或家庭收入而工作至少1小时的14岁或以上人士的总合。亦包括那些被雇用而没有上班,但与雇主保持正式联系,或拥有1间公司,但因特别原因暂时没有上班的人士。

出口 指将货物输出澳门特区,但暂时出口和转运制度下输出者除外。

进口 指将产自外地的货物输入澳门特区,但再进口和转运制度下输入者除外。

酒店入住率 入住客房数量与可供应客房数量之百分比。

居民消费物价指数 反映澳门特区家庭于购买一篮子指定商品或服务时,在不同时间该等商品或服务之价格变动。

本地生产总值 反映每年在澳门特区生产的货物和提供各种服务的总量。本年鉴中的本地生产总值用支出法及生产法估算,支出法等于私人消费支出、政府最终消费支出、固定资本形成总额、库存变化和货物及服务出口净值(出口减进口)的总和。而生产法等于各经济行业的增加值总额的总和,这种方法可以评估澳门特区的产业结构。

Explanatory Notes on Main Statistical Indicators

Crude Birth Rate Live births per 1,000 inhabitants.

Crude Mortality Rate Deaths per 1,000 inhabitants.

Labor Forcerefers to population aged 14 or over who are able to participate in the production of goods or services. This comprises both the employed population and the unemployed population.

Labor Force Participation Rate The proportion of labor force in the population aged 14 and over.

Unemployment Rate The proportion of unemployed in the labor force.

Underemployment Rate The proportion of underemployed in the labor force.

Employed Populationrefer to individuals aged 14 or over who have worked for at least 1 hour for pay, profits or family gains in cash or in kind during the reference period. It also includes individuals who are employed, not at work temporarily but maintain an official relationship, and owners of a company, temporarily not at work because of specific reasons.

ImportsThe entry of any commodities into the Territory, except Re-imports and Direct Transit.

ExportsThe outgoing from the Territory of any commodities, excluding Temporary Exports and Direct Transit.

Hotel Occupancy Raterefers to the percentage of rooms occupied by guests over total number of available rooms.

Consumer Price Indexreflects the price change of a representative basket of goods and services consumed by families of Macao.

Gross Domestic Product (GDP) reflects the total of goods produced and services provided annually in Macao, China. GDP in this statistical yearbook is estimated by using the expenditure and production approaches. The expenditure-based GDP is measured as the sum of household consumption expenditure; government final consumption expenditure; gross fixed capital formation; changes in inventories, and net exports (exports less imports) of goods and services. The production-based GDP, which is measured as the sum of gross value added of all economic activities, can be used to evaluate the structure of the industrial sectors in Macao, China.

附录一、台湾省主要社会经济指标

Annex 1 MAIN SOCIAL AND ECONOMIC INDICATORS IN TAIWAN PROVINCE

附录 1.1 面积和人口主要指标
Main Indicators of Area and Population

项目	Item	2006	2007	2008	2009	2010
土地面积（万平方公里）	Area (10 000 sq. km)	3.6	3.6	3.6	3.6	3.6
户籍登记人口数（万人）	Year-end Population (10 000 persons)	2287.7	2295.8	2303.7	2312	2316.2
男	Male	1159.2	1160.9	1162.6	1163.7	1163.5
女	Female	1128.5	1135	1141.1	1148.3	1152.7
粗出生率（‰）	Crude Birth Rate (‰)	8.96	8.92	8.64	8.29	7.21
粗死亡率（‰）	Crude Death Rate (‰)	6.0	6.2	6.3	6.2	6.3
人口自然增加率（‰）	Natural Population Growth Rate (‰)	3.01	2.76	2.4	2.07	0.91
一般生育率（‰）	Fertility Rate (‰)	33	32.00	31	31	27.00
结婚率（对/千人）	Marriage Rate (couple/1000 persons)	6.25	5.89	6.73	5.07	6
离婚率（对/千人）	Divorce Rate (couple/1000 persons)	2.83	2.55	2.43	2.48	2.51
期望寿命（岁）	Life Expectancy at Birth (Year)					
男	Male	74.86	75.46	75.59	75.88	
女	Female	80.41	81.72	81.94	82.46	
人口的年龄分配（%）	Age-specific Distribution (%)					
0-14 岁	0-14	18.12	17.56	16.95	16.34	15.65
15-64 岁	15-64	71.88	72.24	72.62	73.03	73.61
65 岁及以上	65 and Over	10	10.21	10.43	10.63	10.74
性别比(女=100)	Sex Ratio (Famel=100)	102.72	102.28	101.89	101.34	100.94
人口密度(人/平方公里)	Population Density (persons/sq. km)	632.2	634.4	636.6	638.82	640.0

附录 1.2 劳动力和就业状况
Labor Force and Employment

项目	Item	2006	2007	2008	2009	2010
劳动力总计（万人）	Labor Force (10 000 persons)	1052.2	1071.3	1085.3	1091.7	1107.0
男	Male	605.6	611.6	617.3	618.0	624.2
女	Female	446.7	459.7	468.0	473.7	482.8
就业人数（万人）	Employment (10 000 persons)	1011.1	1029.4	1040.3	1027.9	1049.3
男	Male	581	586.8	590.2	577.6	588.0
女	Female	430.1	442.6	450.1	450.2	461.3
就业者行业构成（%）	Distribution of Employment by Industry (%)	100.0	100.0	100.0	100.0	100.0
农、林、渔、猎业	Agriculture, Forestry, Fishery and Hunting	5.5	5.3	5.1	5.3	5.2
工业	Industry	36.6	36.8	36.8	35.8	35.9
矿业及土石采取业	Mining and Quarrying	0.1	0.1	0.1	0.0	0.0
制造业	Manufacturing	27.5	27.6	27.7	27.1	27.3
电力及燃气供应业	Electricity, Gas	0.3	0.3	0.3	0.3	0.3
用水供应及污染整治业	Water Supply and Pollution Management	0.6	0.6	0.7	0.7	0.7
建筑业	Construction	8.2	8.2	8.1	7.7	7.6
服务业	Services	57.9	57.9	58.0	58.9	58.8
批发及零售业	Wholesale and Retail Trade	17.4	17.3	17.0	16.9	16.6
运输及仓储业	Transport, Storage, Communications	4.1	4.0	4.0	3.9	3.9
金融及保险业	Financing, Insurance	4.0	3.9	4.0	4.0	4.1
咨讯及通讯传播	Information and Communication	2.1	2.0	2.0	2.0	2.0
住宿及餐饮业	Hotels and Restaurants	6.6	6.6	6.6	6.7	6.9
教育服务业	Education	5.6	5.7	5.8	6.0	5.9
公共行政	Public Administration	3.3	3.2	3.3	3.7	3.7
失业人数（万人）	Unemployment (10 000 persons)	41.1	41.9	45.0	63.9	57.7
失业率（%）	Unemployment Rate (%)	3.9	3.9	4.1	5.9	5.2

附录1.3 本地居民生产总值 Gross National Product

年 份 Year	本地居民生产总值 Gross National Product			人均本地居民生产总值 Per Capita Gross National Product	
	新台币亿元 NT $100 million	实际年增长率% Annual Growth Rate over the Preceding Year %	亿 美元① USD 100 million①	新台币 元 NT $	美元 USD
2003	110251	4.5	3203	488645	14197
2004	117374	6.4	3511	518280	15503
2005	120311	3.8	3739	529313	16449
2006	125552	5.5	3860	550099	16911
2007	132433	6.0	4033	577869	17596
2008	129348	0.5	4101	562439	17833
2009	128908	-1.2	3899	558565	16895
2010	140206	10.6	4432	605921	19155

注:①按当年汇率折算。
Note:①Adjusted by current exchange rate.

附录1.4 本地生产总值支出构成 Expenditures on Gross Domestic Product

单位:% (%)

年 份 Year	本地生产总值(新台币亿元) Gross Domestic Product (NT $ 100 million)	居民消费 Household Consumption Expenditure	政府消费 Government Consumption Expenditure	固定资本形成 Gross Fixed Capital Formation	存货增加 Change in Stocks	货物及服务出口 Exports of Goods and Services	减:货物及服务进口 Minus: Imports of Goods and Services
2003	106963	59.8	13.2	19.8	0.1	55.5	48.5
2004	113653	59.9	12.7	22.8	0.9	61.4	57.7
2005	117403	60.4	12.5	22.5	0.3	62.5	58.1
2006	122435	59.2	12.0	22.3	0.4	68.0	61.9
2007	129105	58.1	11.8	22.0	0.1	72.1	64.1
2008	126202	60.3	12.4	21.1	1.3	73.0	68.1
2009	124772	60.8	13.0	18.9	-1.2	62.5	53.9
2010	136035	58.0	12.2	21.7	0.9	73.7	66.5

附录 1.5 本地生产总值及部门构成
Gross Domestic Product by Kind of Economic Activity

单位:% (%)

年 份 Year	本地生产总值 (新台币亿元) Gross Domestic Product (NT $ 100 million)	农 业 Agriculture Forestry, Hunting and Fishery	工 业 Industry	制造业 Manufacturing	水、电、燃气业 Electricity Gas & Water	建筑业 Construction
2003	106963	1.72	31.28	26.19	2.31	2.37
2004	113653	1.68	31.76	26.81	1.99	2.53
2005	117403	1.67	31.31	26.58	1.93	2.43
2006	122435	1.61	31.33	26.46	1.84	2.72
2007	129105	1.48	31.22	26.38	1.62	2.77
2008	126202	1.60	29.04	24.82	1.18	2.88
2009	124772	1.73	28.83	23.73	2.02	2.67
2010	136035	1.58	31.34	26.27	1.83	2.77

附录 1.5 续表
Continued

年 份 Year	服务业 Services	批发、零售及餐饮业 Wholesale and Retail Trade, and Hotels Restaurants	金融及保险 Finance, Insurance	不动产业 Real Estate	咨询及通讯传播业 Information & Communication
2003	67.25	16.69	7.55	8.35	3.77
2004	66.58	17.08	7.56	8.15	3.60
2005	67.20	17.66	7.67	8.18	3.50
2006	67.06	17.88	7.28	8.54	3.39
2007	66.77	18.13	7.22	8.49	3.43
2008	69.32	18.94	7.26	8.78	3.61
2009	68.99	18.59	6.38	9.13	3.68
2010	67.08	18.18	6.37	8.59	3.47

附录 1.6　农业生产指数
Indices of Agricultural Production

(2006 年=100)　　(2006=100)

年　份 Year	总指数 Total	种植业 Crops	林　业 Forestry	畜牧业 Livestock	渔　业 Fishery
1950	20.6	54.3	413.6	4.9	6.7
1961	37.2	80.8	930.8	12.5	21.9
1971	59.1	109.2	1210.6	25.1	48.7
1981	83.4	117.0	667.1	51.5	81.5
1991	106.2	113.4	211.7	96.8	110.7
2000	106.8	108.1	114.4	104.3	108.6
2001	105.5	103.4	94.7	104.6	110.4
2002	109.8	109.1	105.6	102.7	119.4
2003	109.9	106.2	115.0	100.6	127.8
2004	105.3	101.0	114.8	100.5	118.7
2005	99.3	91.4	89.8	97.6	116.3
2006	100.0	100.0	100.0	100.0	100.0
2007	97.5	93.5	68.5	97.6	105.1
2008	92.7	93.0	63.4	93.2	91.4
2009	91.0	93.9	64.4	92.9	83.2

附录 1.7　工业生产指数
Indices of Industrial Production

(2006 年=100)　　(2006=100)

年　份 Year	总指数 General	矿业 Mining	制造业 Manufacturing	电力和煤气业 Electricity & Gas	供水业 Water	建筑业 Construction
2003	84.22	120.88	83.94	90.71	97.00	78.60
2004	92.05	116.20	92.31	93.74	96.72	82.36
2005	95.51	105.28	95.69	97.72	97.25	91.73
2006	100.00	100.00	100.00	100.00	100.00	100.00
2007	107.77	82.96	108.34	102.97	100.29	99.52
2008	105.85	79.07	106.65	101.11	98.50	90.30
2009	97.30	72.43	98.15	97.83	96.26	73.07
2010	123.50	83.25	126.22	102.81	97.56	65.90

附录 1.8 居民消费价格指数
Consumer Price Indices

(2006 年 = 100)　　(2006 = 100)

年 份 Year	总指数 General Index	食品类 Food	服装 Clothing	居住 Housing	交通 Transportation	医药保健 Medicines and Medical Care	教育娱乐 Education and Entertainment	杂项 Miscellaneous
2003	95.6	90.0	99.4	98.9	95.1	91.3	100.0	95.5
2004	97.17	93.84	102.54	98.78	97.09	93.09	100.06	96.08
2005	99.41	100.64	102.5	99.16	98.35	96.8	99.83	95.76
2006	100.0	100.0	100.0	100.0	100.0	100.0	100.0	100.0
2007	101.8	102.9	103.0	100.9	101.7	103.9	100.6	101.9
2008	105.4	111.7	104.9	102.4	104.1	106.2	101.9	103.5
2009	104.5	111.2	104.8	102.1	99.9	106.8	100.1	106.5
2010	105.5	111.8	107.3	102.6	102.7	107.5	100.1	109.4

附录二、国际劳工统计资料
Annex 2 STATISTICAL DATA OF INTERNATIONAL LABOURER

附录 2.1 劳动参与率
Labor Force Participation Rate

国家和地区	Countries or Regions	劳动力人口(万人) Total Labor Force (10 000 persons)		劳动参与率(%) Labor Force Participation Rate (%)		女性劳动参与率(%) Female Labor Force Participation Rate (%)	
		2000	2007	2000	2007	2000	2007
世 界	**World**	**276243**	**309981**	**65.6**	**65.1**	**52.3**	**52.6**
中 国	China	72971	78279	77.8	75.1	72.7	70.6
中国香港	Hong Kong, China	338	370	60.9	61.5	49.6	53.4
中国澳门	Macao, China	22	29	64.7	65.6	55.2	59.1
孟加拉国	Bangladesh	6332	7566	71.2	71.2	54.8	57.2
文 莱	Brunei Darussalam	16	19	67.6	66.8	55.2	58.3
柬 埔 寨	Cambodia	591	754	79.6	80.4	75.4	74.9
印 度	India	39138	44697	59.3	58.6	34.3	34.2
印度尼西亚	Indonesia	9700	11045	67.5	67.7	50.2	49.6
伊 朗	Iran	2222	2851	51.1	53.5	28.3	31.8
以 色 列	Israel	246	286	54.5	55.3	48.3	50.3
日 本	Japan	6772	6583	62.5	59.6	49.3	48.0
哈萨克斯坦	Kazakhstan	755	820	70.1	69.4	64.7	64.6
韩 国	Korea, Rep.	2270	2420	61.0	60.9	48.8	49.3
老 挝	Laos	249	295	80.8	79.3	80.0	79.0
马来西亚	Malaysia	974	1158	62.9	62.7	44.3	44.7
蒙 古	Mongolia	97	113	61.9	59.7	57.6	58.3
缅 甸	Myanmar	2493	2749	77.7	77.6	68.8	69.2
巴基斯坦	Pakistan	4143	5449	51.1	53.8	16.1	20.8
菲 律 宾	Philippines	3143	3771	65.0	65.1	48.6	49.8
新 加 坡	Singapore	206	245	65.5	65.0	52.3	53.6
斯里兰卡	Sri Lanka	797	887	58.0	58.6	38.4	42.8
泰 国	Thailand	3440	3791	73.7	72.8	66.6	65.7
越 南	Viet Nam	3807	4489	73.7	72.6	70.3	69.3
埃 及	Egypt	2059	2550	46.5	47.3	21.1	23.8
尼日利亚	Nigeria	3860	4611	55.1	54.5	37.0	38.7
南 非	South Africa	1554	1762	53.2	53.4	45.4	47.0
加 拿 大	Canada	1626	1849	65.3	67.6	58.6	62.5
墨 西 哥	Mexico	3945	4439	60.2	59.9	38.8	41.2
美 国	United States	14787	15629	66.8	65.3	59.5	58.6
阿 根 廷	Argentina	1604	1830	60.1	62.3	45.1	49.7
巴 西	Brazil	8277	9774	67.5	70.2	53.8	59.5
委内瑞拉	Venezuela	1002	1266	62.2	66.3	43.6	51.6
捷 克	Czech Rep.	518	523	60.4	59.1	51.6	51.0
法 国	France	2615	2800	54.7	55.6	47.8	49.8
德 国	Germany	4038	4144	58.2	58.5	49.2	51.3
意 大 利	Italy	2352	2517	48.2	49.4	35.5	38.9
荷 兰	Netherlands	809	853	62.4	63.6	52.9	56.6
波 兰	Poland	1742	1732	56.1	53.8	49.3	47.0
俄罗斯联邦	Russian Fed.	7229	7587	60.4	62.6	54.0	57.1
西 班 牙	Spain	1829	2195	53.3	57.3	40.9	47.0
土 耳 其	Turkey	2330	2509	50.5	47.5	26.6	24.4
乌 克 兰	Ukraine	2296	2330	56.6	58.3	50.5	52.8
英 国	United Kingdom	2973	3139	62.3	62.5	54.4	55.8
澳大利亚	Australia	963	1090	63.4	64.3	54.7	57.4
新 西 兰	New Zealand	194	225	65.0	67.4	57.0	60.7

资料来源:世界银行世界 WDI 数据库。
Source: World Bank WDI Database.

附录2.2 就业人数
Employment

单位:万人 (10 000 persons)

国家和地区	Countries or Regions	2000	2004	2005	2006	2007	2008
中　　国①	China①	72085	75200	75825	76400	76990	77480
中国香港②	Hong Kong, China②	321	327	334	340	348	352
中国澳门	Macao, China	20	22	24	27	30	32
孟加拉国	Bangladesh	5176		4736			
柬 埔 寨③	Cambodia③	528	656				
印　　度	India	36897					
印度尼西亚	Indonesia	8984	9372	9396	9546	9993	10255
伊　　朗③	Iran③			2062	2084	2109	
以 色 列④	Israel④	222	240	249	257	268	278
日　　本	Japan	6446	6329	6356	6382	6412	6385
哈萨克斯坦	Kazakhstan	620	718	726	740	763	786
韩　　国④	Korea, Rep. ④	2116	2256	2286	2315	2343	2358
老　　挝	Laos			274			
马来西亚④⑤	Malaysia④⑤	927	998	1005	1028	1054	1066
蒙　　古⑥	Mongolia⑥	78	95	97	101	102	104
巴基斯坦③④	Pakistan③④	3685	4201	4292	4695	4765	
菲 律 宾④	Philippines④	2745	3161	3231	3264	3356	3409
新 加 坡	Singapore	148	163		180	180	185
斯里兰卡⑦	Sri Lanka⑦	631③	739⑧	752	711	704	717
泰　　国④	Thailand④	3300⑨	3571	3630	3634	3712	3784
越　　南	Viet Nam	3837	4232	4253	4334	4417	4492
埃　　及④⑤	Egypt④⑤	1720	1872	1934	2044	2172	
南　　非	South Africa	1224	1164	1230	1280	1323	1371
加 拿 大④⑩	Canada④⑩	1476	1595	1617	1648	1687	1713
墨 西 哥⑪	Mexico⑪	3804	4056	4079	4220	4291	4387
美　　国④⑥	United States④⑥	13521	13925	14173	14443	14605	14536
阿 根 廷③⑫	Argentina③⑫	826	942	964	1004	1012	1028
巴　　西③	Brazil③	6563	8460	8719	8932	9079	
委内瑞拉④	Venezuela④	896③	1042③	1073③	1112③	1149	1186
捷　　克	Czech Rep.	473	471	476	483	492	500
法　　国	France	2326	2480	2498	2513	2557	2591
德　　国	Germany	3660	3566	3657	3732	3816	3873
意 大 利	Italy	2123	2240	2256	2299	2322	2340
荷　　兰	Netherlands	780	793	796	811	831	846
波　　兰④	Poland④	1453	1380	1412	1459	1524	1580
俄罗斯联邦⑬	Russian Fed. ⑬	6507	6728	6817	6886	7057	7097
西 班 牙④⑥	Spain④⑥	1551	1797	1897	1975	2036	2026
土 耳 其④	Turkey④	2158	2179	2205	2233	2074	2119
乌 克 兰⑭	Ukraine⑭	2018	2030	2068	2073	2090	2097
英　　国⑥	United Kingdom⑥	2740	2837	2867	2893	2910	2948
澳大利亚④	Australia④	895	962	997	1022	1051	1074
新 西 兰④	New Zealand④	180	202	208	213	217	219

资料来源:联合国ILO数据库。

Source: ILO Database.

注:①不包括军人和反聘的退休人员。②不包括军人和域外机构人员。③10岁及以上。④不包括军人。⑤15岁至64岁。⑥16岁及以上。⑦不包括北部和东部省。⑧不包括北部省。⑨13岁及以上。⑩不包括生活在保护区的居民。⑪14岁及以上。⑫部分城市地区。⑬15岁至72岁。⑭15岁至70岁。

Note: ①Excluding armed forces and reemployed retired persons. ②Excluding marine, military and institutional populations. ③Persons aged 10 years and over. ④Excluding armed forces. ⑤Persons aged 15 to 64 years. ⑥Persons aged 16 years and over. ⑦Excluding Northern and Eastern provinces. ⑧Excluding Northern province. ⑨Persons aged 13 years and over. ⑩Excluding residents of the territories and indigenous persons living on reserves. ⑪Persons aged 14 years and over. ⑫Some urban agglomerations. ⑬Persons aged 15 to 72 years. ⑭Persons aged 15 to 70 years.

附录 2.3 失业人数及女性失业人数
Unemployment and Female Unemployment

单位:万人 (10 000 persons)

国家和地区	Countries or Regions	失业人数 Unemployment			女性失业人数 Female Unemployment		
		2000	2007	2008	2000	2007	2008
中　国①	China①	595.0	830.0	886.0			
中国香港②	Hong Kong, China②	16.7	14.6	13.0	5.7	5.7	5.1
孟加拉国	Bangladesh	175.0			66.6		
文　莱	Brunei Darussalam	0.7			0.4		
柬埔寨③	Cambodia③	13.4			7.9		
印　度	India						
印度尼西亚	Indonesia	581.3	1001.1	939.5	247.3	443.9	415.0
伊　朗③	Iran③		248.6	239.2		72.2	67.7
以色列	Israel	21.4	21.2	18.0	10.2	10.7	9.0
日　本	Japan	319.0	257.0	265.0	123.0	103.0	106.0
哈萨克斯坦	Kazakhstan		59.7	55.8		35.3	33.1
韩　国	Korea, Rep.		78.3	76.9		26.6	26.5
马来西亚④	Malaysia④	28.7	35.1	36.9	10.4	13.5	14.5
蒙　古⑤⑥	Mongolia⑤⑥	3.9	3.0	3.0	2.1	1.7	1.2
缅　甸⑤⑦	Myanmar⑤⑦	38.2	11.9	13.8			
巴基斯坦③	Pakistan③	312.7	268.0		108.1	87.3	
菲律宾	Philippines	345.9	265.3	271.6	134.6	97.8	100.2
新加坡	Singapore		7.5	7.6		3.5	3.7
斯里兰卡⑧	Sri Lanka⑧	51.7⑨	44.7	39.4	25.7⑨	23.7	21.9
泰　国	Thailand	81.3⑩	44.2	45.1	35.8⑩	18.4	18.3
越　南	Viet Nam	88.6			41.8		
埃　及④	Egypt④	169.8	213.5		95.5	105.8	
南　非⑪	South Africa⑪	416.2	394.5	407.5	217.9	205.9	215.8
加拿大⑫	Canada⑫	108.3	107.9	111.9	48.8	47.5	48.7
墨西哥⑬	Mexico⑬	99.9	150.5	159.3	43.9	62.0	66.6
美　国⑥	United States⑥	565.5	707.8	892.4	270.1	319.6	389.1
阿根廷③	Argentina③	146.1 ⑭			65.1 ⑭		
巴　西③	Brazil③		806.0			466.9	
委内瑞拉	Venezuela	136.6	92.8	87.3	54.5	39.2	36.7
白俄罗斯⑤⑮	Belarus⑤⑮	9.6	4.4	3.7	5.8	2.9	2.3
捷　克	Czech Republic						
法　国	France	226.5	222.2	207.0	122.8	113.0	105.3
德　国	Germany		360.8	314.1		166.4	145.1
意大利	Italy	249.5	150.6	169.2	131.6	78.4	87.2
荷　兰④	Netherlands④	24.6	30.0	25.7	13.5	15.7	12.8
波　兰	Poland	278.5	161.9⑯	121.1⑯	144.0	78.8⑯	61.2⑯
俄罗斯联邦⑰	Russian Fed. ⑰	770.0	458.8	479.1	364.3	213.6	225.0
西班牙⑥	Spain⑥	249.6	183.4	259.1	145.9	101.9	128.0
土耳其	Turkey	149.7	237.6	261.1	38.7	66.0	73.4
乌克兰⑱	Ukrain⑱	265.6	141.8	142.5	129.8	64.7	65.6
英　国⑥	United Kingdom⑥	155.9	162.1	164.3	61.7	69.1	67.4
澳大利亚	Australia	60.8	48.8	47.1	26.0	24.2	23.4
新西兰	New Zealand	11.8	8.3	9.5	5.2	4.2	4.5

资料来源:联合国 ILO 数据库。

Source: ILO Database.

注:①城镇地区失业人数。②不包括军人和域外机构人员。③10 岁及以上。④15 至 64 岁。⑤登记失业人数。⑥16 岁及以上。⑦18 岁及以上。⑧不包括北部和东部省。⑨不包括北部省。⑩13 岁及以上。⑪15 至 65 岁。⑫不包括生活在保护区的居民。⑬14 岁及以上。⑭28 个城镇地区。⑮男性指 16 至 59 岁;女性指 16 至 54 岁。⑯15 至 74 岁。⑰15 至 72 岁。⑱15 至 70 岁。

Note: ①Unemployed persons in urban areas. ②Excludes marine, military and institutional populations. ③Persons ages 10 and above. ④Persons ages 15 to 64. ⑤Registered unemployment persons. ⑥Persons ages 16 and above. ⑦Persons ages 18 andabove. ⑧Excludes Northern and Eastern provinces. ⑨Excludes Northern province. ⑩Persons ages 13 and above. ⑪Persons ages 15 to 65. ⑫Excludes residents of the territories and indigenous persons living on reserves. ⑬Persons ages 14 and above. ⑭28 urban agglomerations. ⑮Men ages 16 to 59 years; women ages 16 to 54 years. ⑯Persons ages 15 to 74. ⑰Persons ages 15 to 72. ⑱Persons ages 15 to 70.

附录2.4 失业率
Unemployment Rate

单位:% (%)

国家和地区	Countries or Regions	2000	2004	2005	2006	2007	2008
中　　国①	China①	3.1	4.2	4.2	4.1	4.0	4.2
中国香港②	Hong Kong, China②	4.9	6.8	5.6	4.8	4.0	3.6
中国澳门③	Macao, China③	6.8	4.9	4.1	3.8	3.1	3.0
中国台湾省	Taiwan, China	3.0	4.4	4.1	5.1	3.9	4.1
阿 根 廷④⑤	Argentina④⑤	15.0	12.6	10.6	9.5⑥		
澳大利亚	Australia	6.4	5.5	5.0	4.8	4.4	4.2
孟加拉国	Bangladesh	3.3		4.3			
巴　　西④	Brazil④		8.9	9.3	8.4	8.2	
保加利亚	Bulgaria	16.3	12.0	10.1	9.0	6.9	5.6
加 拿 大⑦	Canada⑦	6.8	7.2	6.8	6.3	6.0	6.1
捷　　克	Czech Republic	8.8	8.3	7.9	7.1	5.3	4.4
埃　　及⑧	Egypt⑧	9.0	10.3	11.2	10.6	8.9	
法　　国	France	10.0	8.8	8.8	8.8	8.0	7.4
德　　国	Germany	7.9	11.0	11.1	10.3	8.6	7.5
印度尼西亚	Indonesia	6.1	9.9	11.2	10.3	9.1	8.4
以 色 列	Israel	8.8	10.4	9.0	8.4	7.3	6.1
意 大 利	Italy	10.5	8.0	7.7	6.8	6.1	6.7
日　　本	Japan	4.7	4.7	4.4	4.1	3.9	4.0
哈萨克斯坦	Kazakstan		8.4	8.1	7.8	7.3	6.6
马来西亚⑧	Malaysia⑧	3.0	3.5	3.5	3.3	3.2	3.3
墨 西 哥③	Mexico③	2.6	3.7	3.5	3.2	3.4	3.5
荷　　兰⑧	Netherlands⑧	3.1	5.0	5.1	4.2	3.5	3.0
新 西 兰	New Zealand	6.0	3.9	3.7	3.8	3.7	4.2
巴基斯坦④	Pakistan④	7.8	7.7	7.7	6.2	5.3	
菲 律 宾	Philippines	10.1	10.9	7.4	7.4	7.3	7.4
波　　兰⑨	Poland⑨	16.1	19.0	17.7	13.8	9.6	7.1
罗马尼亚	Romania	7.1	8.0	7.2	7.3	6.4	5.8
俄罗斯联邦⑩	Russian Fed. ⑩	9.8	7.8	7.2	7.2	6.1	6.3
新 加 坡	Singapore		5.8		4.5	4.0	4.0
西 班 牙⑪	Spain⑪	13.9	11.0	9.2	8.5	8.3	11.3
斯里兰卡⑫	Sri Lanka⑫	8.0	8.5	7.2	6.5	6.0	5.2
泰　　国	Thailand	2.4⑭	1.5	1.4	1.2	1.2	1.2
土 耳 其	Turkey	6.5	10.3	10.3	9.9	10.3	11.0
乌 克 兰⑬	Ukraine⑬	11.6	8.6	7.2	6.8	6.4	6.4
英　　国⑪	United Kingdom⑪	5.5	4.6	5.0	5.4	5.3	5.3
美　　国⑪	United States⑪	4.0	5.5	5.1	4.6	4.6	5.8
委内瑞拉	Venezuela	13.9				7.5	6.9

资料来源:联合国ILO数据库。

Source: ILO Database.

注:①城镇失业率。②不包括军人和域外机构人口。③14岁及以上。④10岁及以上。⑤28个城镇地区。⑥31个城镇地区。⑦不包括居住在保护区的居民。⑧15至64岁。⑨15至74岁。⑩15至72岁。⑪16岁及以上。⑫2005年前不包括北部省,2005年开始不包括东部和北部省。⑬15至70岁。⑭13岁及以上。

Note: ①Unemployment rate in urban areas. ②Excluds marine, military and institutional populations. ③Persons ages 14 years and above. ④Persons ages 10 years and above. ⑤28 urban agglomerations. ⑥31 urban agglomerations. ⑦Excludes residents of the territories and indigenous persons living on reserves. ⑧Persons ages 15 to 64 years. ⑨Persons ages 15 to 74 years. ⑩Persons ages 15 to 72 years. ⑪Persons ages 16 years and above. ⑫Prior to 2005, excludes Northern province; from 2005, excludes Northern and Eastern provinces. ⑬Persons ages 15 to 70 years. ⑭Persons ages 13 years and above.

附录 2.5 非农部门雇员平均工资
Average Wages of Employees in Non-Agriculture Sector

单位:本币 (local currency unit)

国家和地区	Countries and Regions	2000	2004	2005	2006	2007	2008
每月收入	**Earninges per Month**						
中国香港①②	Hong Kong, China①②	11573.7	10534.6	10671.1	10985.1	11378.5	
以色列③	Israel③	6882.0	7190.0	7373.0	7627.0		
日本	Japan	302200.0					
韩国④⑤	Korea, Rep.④⑤	1727.3	2373.0	2524.9	2666.6	2823.0	
蒙古⑤	Mongolia⑤	58.2	91.8	103.3			
南非	South Africa	4990.0		6979.5	7595.0	8281.0	9235.0
墨西哥	Mexico	3101.3	4147.7	4346.2	4617.6	4898.3	
巴西	Brazil	785.6					
白俄罗斯	Belarus	94.0	458.0	592.0	701.0	831.0	
捷克	Czech Republic	13789.0	18238.0	17985.0	19167.0		
荷兰⑥	Netherlands⑥	5236.0	2800.0	2846.0			
波兰⑦	Poland⑦	1896.8	2275.3	2362.3	2477.2	2682.1	
俄罗斯联邦	Russian Fed.	2358.0	7027.0	8907.0	11010.0	13997.0	
乌克兰	Ukraine	257.1	625.5	847.7	1086.1	1400.0	
每周收入	**Earninges per Week**						
埃及⑧	Egypt⑧	163.0	188.0	207.0	229.0		
每日收入	**Wages per Day**						
菲律宾①	Philippines①		262.2	276.9	297.9	299.0	
斯里兰卡⑧⑨	Sri Lanka⑧⑨	220.1	298.6	319.0	354.9	414.5	
每小时收入	**Earninges per Hour**						
斯里兰卡⑧⑨	Sri Lanka⑧⑨	24.3	34.6	36.1	39.3	45.7	
加拿大⑧	Canada⑧	16.5	17.7	18.1	18.5		
法国⑩	France⑩	13.6	15.8	16.2			
荷兰⑥	Netherlands⑥	34.6	18.2	18.5			
西班牙⑪	Spain⑪	8.3	9.5	9.9	10.3	10.8	
英国	United Kingdom	10.8	12.6	13.2	13.6	14.0	
澳大利亚	Austrilia	19.9	22.5		25.7		
新西兰⑫	New Zealand⑫	17.6	20.2	20.6	21.7		

资料来源:联合国 ILO 数据库。

Source: ILO Database.

注:①工资率。②不包括采掘业和建筑业。③包括所得税。④包括家庭补贴和以实物形式支付的价值。⑤千本币。⑥不包括加班报酬。⑦包括以实物形式支付的价值。⑧工资收入者。⑨不包括"建筑业;金融保险、房地产和商务服务业;社区、社会和个人服务业"。⑩不包括"公共管理和国防;社会基本保障;教育;卫生和社会工作;其他社区、社会和个人服务活动;雇人的私人住户"。不包括"公共管理和国防;社会基本保障;雇人的私人住户"。⑪未全部包括"公共管理和国防;社会基本保障;教育"。

Note: ①Wage rates. ②Excludes "minining and quarring; construction". ③Includes payments subject to income tax. ④Includes family allowances and the value of payments in kind. ⑤Figures in thousands. ⑥Includes the value of payments in kind. ⑦Excludes orvertime payments. ⑧ Wages earners. ⑨Excludes "construction; Financing, Insurance, Real Estate and Business Services; Community, Social and Personal Services". ⑩Excludes "Public Administration and Defence; Compulsory Social Security; Education; Health and Social Work Other Community, Social and Personal Services Acitivities; Private Households with Employed Persons". ⑪Excludes "Public Administration and Defence; Compulsory Social Security; Education; Private Households with Employed Persons". ⑫"Public Administration and Defence; Compulsory Social Security; Education" not fully covered.

附录2.6 制造业雇员平均工资
Average Wages of Employees in Manufacturing

单位:本币 (local currency unit)

国家和地区	Country or Area	2000	2004	2005	2006	2007	2008
每月收入	**Earnings per Month**						
中　国①	China①	729.2	1169.4	1313.1	1497.2	1740.3	2016.0
中国香港②	Hong Kong, China②	11869.7	11498.1	11622	11972.4	11878	11881.3
印　度	India	1280.8	1731.8	1234.4	3525.9		
以色列③	Israel③	8738.0					
日　本	Japan	293100.0	293100.0	292100.0	299600.0	296800.0	293400.0
哈萨克斯坦	Kazakhstan	17717.0	30234.0	35400.0	43600.0	54400.0	
韩　国④⑤	Korea, Rep. ④⑤	1601.5	2280.0	2458.0	2594.8	2772.0	2757.8
蒙　古④	Mongolia④	66.0	92.8	100.5	124.1	160.2	268.0
菲律宾	Philippines	7300.0		12973.0			
新加坡	Singapore	3036.0	3350.0	3495.0	3618.0	3764.0	3955.0
泰　国②	Thailand②	5839.0	6129.0	6407.4	6941.6	6999.2	
南　非	South Africa	4323.0		6546.5	6911.8	7430.0	
墨西哥	Mexico	2944.1	3887.9	4140.3	4422.6	4689.2	4679.3
捷　克	Czech Republic	13188.0	17035.0	17337.0	18482.0		
荷　兰⑥	Netherlands⑥	4958.0	2637.0	2689.0			
波　兰	Poland	1756.4	2053.7	2123.6	2246.0	2450.7	
俄罗斯联邦	Russian Fed.	2365.0	6849.0	8421.0	10199.0	12879.0	16050.0
乌克兰	Ukrain	270.7	700.0	905.1	1137.3	1456.4	1849.0
每周收入	**Earnings per Week**						
埃　及⑦	Egypt⑦	125.0	162.0	179.0	203.0	220.0	
加拿大⑧	Canada⑧	794.8	860.6	895.4	904.7	939.6	947.4
英　国	United Kingdom	377.0	437.0	467.0	477.0	491.0	513.0
每日收入	**Earnings per Day**						
中国香港②	Hong Kong, China②	335.4	324.3	279.0	321.7	342.8	341.2
菲律宾②	Philippines②		239.4	246.6	265.0	277.2	289.6
斯里兰卡⑦	Sri Lanka⑦	222.5	309.0	336.5	356.1	412.2	432.6
每小时收入	**Earnings per Hour**						
缅　甸②	Myanmar②	13.5	29.9	31.9			
斯里兰卡⑦	Sri Lanka⑦	24.9	35.5	36.9	39.9	45.4	49.9
阿根廷⑦	Argentina⑦	4.3	6.3	7.6	9.7		
加拿大⑦⑧	Canada⑦⑧	18.3	20.0	20.5	20.5	21.6	22.0
墨西哥	Mexico	15.3					
法　国	France	14.1	16.4	16.8	17.3	17.9	
德　国⑦	Germany⑦	27.8	15.4	15.6	15.7	19.1	19.5
荷　兰	Netherlands	34.4	18.2	18.5			
西班牙	Spain	8.7	10.1	10.5	11.0	11.4	12.0
英　国	United Kingdom	8.9	10.5	11.2	11.4	11.7	12.3
澳大利亚	Australia	18.2	22.8		25.4		
新西兰	New Zealand	17.0	19.3	19.6	20.5	21.5	22.41

资料来源:联合国ILO数据库。

Source: ILO Database.

注:①国有单位、城镇集体所有制和其它所有制单位。②工资率。③包括采掘业;包括所得税。④千本币。⑤包括家庭补助和以实物形式支付的价值。⑥包括以实物形式支付的价值。⑦指工资收入者。⑧包括加班报酬。

Note: ①State-owned units, urban collective-owned units and other ownership units. ②Wage rates. ③Includes mining and quarrying; includes payments subject to income tax. ④Figures in thousands. ⑤Includes family allowances and the value of payments in kind. ⑥Includes the value of payments in kind. ⑦Wage earners. ⑧Includes overtime payments.

附录 2.7 每个就业者创造的 GDP 增长率
Growth Rate of GDP per Person Employed

单位：% (%)

国家(地区)	Countries or Regions	2000	2004	2005	2006	2007	2008
世　界	**World**	**3.2**	**3.6**	**3.3**			
中　国	China	7.1	9.1	9.4	10.5	10.6	8.6
中国香港	Hong Kong, China	4.6	5.5	4.5	4.5	3.5	1.8
孟加拉国	Bangladesh	3.7	3.9	2.9	4.1	4.6	2.3
文　莱	Brunei Darussalam	-0.3	-2.0	-2.2	2.5	-1.9	-2.8
柬埔寨	Cambodia	4.5	7.1	10.3	8.1	6.4	3.8
印　度	India	2.4	7.4	7.0	7.4	7.3	5.4
印度尼西亚	Indonesia	2.8	3.3	4.0	5.3	1.5	4.2
伊　朗	Iran	1.2	0.2	2.6	2.2	3.3	1.4
以色列	Israel	5.3	1.6	2.4	1.8	3.0	2.3
日　本	Japan	3.1	2.6	1.5	1.9	3.2	0.4
哈萨克斯坦	Kazakhstan	8.7	8.5	8.5	9.5	5.2	2.8
韩　国	Korea, Rep.	4.3	2.8	3.4	3.9	4.4	1.9
老　挝	Laos	3.3	3.5	4.3	4.7	3.8	4.3
马来西亚	Malaysia	3.4	4.3	2.6	3.3	2.9	3.6
蒙　古	Mongolia	-1.1	6.4	7.4	5.9	7.5	7.9
缅　甸	Myanmar	7.8	1.4	3.3	11.6	9.8	3.0
巴基斯坦	Pakistan	1.4	2.0	2.6	-0.1	2.4	1.8
菲律宾	Philippines	6.4	5.3	0.1	3.7	1.9	3.1
新加坡	Singapore	7.9	8.0	4.5	5.8	5.3	-0.9
斯里兰卡	Sri Lanka	4.1	3.7	4.1	5.9	4.1	4.3
泰　国	Thailand	2.1	5.0	3.1	4.6	4.0	3.3
越　南	Viet Nam	5.9	5.7	6.0	5.9	6.3	4.0
埃　及	Egypt	4.6	1.6	2.2	3.6	3.6	4.5
尼日利亚	Nigeria	2.9	7.7	2.2	3.5	3.5	2.4
南　非	South Africa	3.9	-3.3	5.0	2.6	-0.2	2.7
加拿大	Canada	2.7	1.5	1.6	1.0	-0.3	-0.6
墨西哥	Mexico	4.7	1.1	1.2	1.1	3.8	0.6
美　国	United States	2.1	2.5	1.5	1.0	1.5	3.0
阿根廷	Argentina	-3.2	6.8	6.9	6.4	7.2	5.0
巴　西	Brazil	1.3	1.8	1.3	0.8	2.9	3.8
委内瑞拉	Venezuela	-1.4	12.3	4.7	2.4	3.2	2.7
捷　克	Czech Rep.	4.4	5.3	5.5	5.1	3.5	3.6
法　国	France	1.3	2.2	1.3	1.5	0.7	0.5
德　国	Germany	2.6	1.1	0.6	0.7	1.2	-0.7
意大利	Italy	1.9	-0.8	0.3	0.4	-0.4	-0.4
荷　兰	Netherlands	2.3	2.4	1.3	0.8	1.6	0.5
波　兰	Poland	7.3	4.1	1.3	2.2	1.7	1.3
俄罗斯联邦	Russian Fed.	4.2	6.6	4.9	7.9	4.8	6.3
西班牙	Spain	-0.2	-0.9	-1.6	0.5	3.4	7.1
土耳其	Turkey	9.0	6.1	7.0	5.4	4.3	0.1
乌克兰	Ukraine	5.2	11.4	0.2	7.4	6.2	3.0
英　国	United Kingdom	2.4	2.3	1.2	2.2	2.5	1.0
澳大利亚	Australia	1.2	2.1	-0.6	0.7	3.3	0.6
新西兰	New Zealand	-0.1	0.4	-0.9	-0.3	2.8	-0.4

资料来源：世界银行世界 WDI 数据库。
Source: World Bank WDI Database.

附录 2.8 罢工和停工
Strikes and Lockouts

国家和地区	Country or Area	年 份 Year	罢工和停工次数(次) Strikes and Lockouts (number)	罢工和停工人数(人) Workers Involved (person)
中国香港①②	Hong Kong, China①②	2006	3	67
柬 埔 寨②	Cambodia②	2001	95	38558
印 度③	India③	2006	460	1809424
以 色 列④	Israel④	2006	35	125730
日 本②⑤	Japan②⑤	2005	50	4119
韩 国②	Korea, Rep. ②	2006	138	131359
马来西亚②⑥	Malaysia②⑥	2002	4	506
缅 甸	Myanmar	2005	4	1250
巴基斯坦	Pakistan	2003	17	1263
菲 律 宾②⑦	Philippines②⑦	2006	12	1415
斯里兰卡⑧⑨	Sri Lanka⑧⑨	2006	52	209804
泰 国	Thailand	2005	9	2578
埃 及②	Egypt②	2003	4	1046
尼日利亚②	Nigeria②	2004	36	127377
南 非②	South Africa②	2006	99	250787
加 拿 大②⑩	Canada②⑩	2006	150	41484
墨 西 哥⑥	Mexico⑥	2006	55	59788
美 国⑪	United States⑪	2006	23	73500
阿 根 廷	Argentina	2006	774	1185076
巴 西⑥	Brazil⑥	2004	304	1289332
委内瑞拉⑥	Venezuela⑥	2002	35	
法 国	France	2004	699	60355
德 国②⑫	Germany②⑫	2006		168723
意 大 利	Italy	2006	549	417249
荷 兰	Netherlands	2006	31	11300
波 兰	Poland	2006	27	24647
俄罗斯联邦⑬	Russian Fed. ⑬	2006	8	1193
西班牙	Spain	2006	783	499551
土耳其⑥	Turkey⑥	2006	26	2061
乌克兰	Ukraine	2006	13	2266
英国⑨⑭	United Kingdom ⑨⑭	2006	158	713300
澳大利亚④	Australia④	2006	222	122700
新西兰⑮	New Zealand⑮	2005	60	17752

资料来源:联合国 ILO 数据库。

Source: ILO Database.

注:①包括少于 10 个工人不足 1 天的停工,不包括政府部门。②不包括间接参与的工人。③不包括政治罢工和同情罢工;不包括少于 10 个工人的停工。④不包括少于 10 个工作日的停工。⑤不包括少于半天的停工。⑥仅指罢工。⑦不包括少于 1 天或 1 个轮班的停工。⑧不包括少于 5 个工人的停工,包括停工少于 1 天、累计超过 50 个工作日的停工。⑨不包括政治罢工。⑩指至少持续半天,10 个工作日以上的罢工。⑪不包括涉及人数少于 1000 人,持续时间少于 1 天或 1 个轮班的停工。⑫包括少于 1 天,累计达 100 个工作日的停工;不包括公共管理部门。⑬不包括少于 1 天的停工。⑭包括 10 人以下或持续时间小于 1 天、累计超过 100 个工作日的停工。⑮不包括少于 5 个工作日的停工。

Note: ①Including stoppages involving fewer than 10 workers or lasting less than one day; excluding government sector. ②Excluding workers indirectly involved. ③Excluding political and sympathetic strikes, excluding work stoppages involving fewer than 10 workers. ④Excluding work stoppages lasting less than 10 workdays not worked. ⑤Excluding work stoppages lasting less than half a day. ⑥Strikes only. ⑦Excluding work stoppages lasting less than a full day or shift. ⑧Excluding work stoppages involving fewer than 5 workers; including stoppages lasting less than one day if more than 50 workdays not worked. ⑨Including political strikes. ⑩Strikes lasting at least half a day with more than 10 days not worked. ⑪Excluding work stoppages involving fewer than 1000 workers and lasting less than a full day or shift. ⑫Including work stoppages lasting less than one day if more than 100 workdays not worked; excluding public administration. ⑬Excluding work stoppages lasting less than one day. ⑭Including stoppages involving fewer than 10 workers or lasting less than one day if 100 or more workdays not worked. ⑮Excluding work stoppages less than 5 workdays not worked.